ZHUANLI BUJU
YU
TIAOZHAN
ZHI
CELÜE

专利布局与挑战之策略

——近年医药领域专利复审无效十大典型案例解析

李红团　编著

知识产权出版社
全国百佳图书出版单位
—北京—

图书在版编目（CIP）数据

专利布局与挑战之策略：近年医药领域专利复审无效十大典型案例解析 / 李红团编著. —北京 ：知识产权出版社，2022. 10

ISBN 978-7-5130-8237-2

Ⅰ. ①专… Ⅱ. ①李… Ⅲ. ①医药学-专利-判决-案例-中国 Ⅳ. ①D923. 425

中国版本图书馆 CIP 数据核字（2022）第 120815 号

内容提要

本书通过分析近年来具有较大影响力的专利复审和专利无效经典案例，从实际的微观角度和布局的宏观角度，全面展示和解析了国内外企业进行专利布局的经验教训、典型策略，对创新主体及专利从业人员具有一定的参考价值。

本书适合相关医药企业专利运营与管理人员阅读，也可供专利申请、运维等人员参考。

责任编辑：彭喜英　　**责任印制**：孙婷婷

专利布局与挑战之策略

——近年医药领域专利复审无效十大典型案例解析

ZHUANLI BUJU YU TIAOZHAN ZHI CELÜE——JINNIAN YIYAO LINGYU ZHUANLI FUSHEN WUXIAO SHIDA DIANXING ANLI JIEXI

李红团　编著

出版发行：	知识产权出版社有限责任公司	**网　　址**：	http://www. ipph. cn http://www. laichushu. com
电　　话：	010 - 82004826		
社　　址：	北京市海淀区气象路 50 号院	**邮　　编**：	100081
责编电话：	010 - 82000860 转 8539	**责编邮箱**：	laichushu@ cnipr. com
发行电话：	010 - 82000860 转 8101	**发行传真**：	010 - 82000893
印　　刷：	北京建宏印刷有限公司	**经　　销**：	新华书店、各大网上书店及相关专业书店
开　　本：	720mm×1000mm　1/16	**印　　张**：	18. 25
版　　次：	2022 年 10 月第 1 版	**印　　次**：	2022 年 10 月第 1 次印刷
字　　数：	302 千字	**定　　价**：	98. 00 元

ISBN 978-7-5130-8237-2

前　　言

医药产业具备“长周期、高投入、高风险、高收益”的特征，一种新药从研发到批准上市，需要的时间基本在10年以上，费用多以亿元计，成功率则在10%以下。因此，围绕一种药物，原研企业、仿制企业、竞品生产企业、公益组织、政府等各方经常会展开旷日经久的行政和司法攻防行动。相关专利在攻防两端都具有战略性核心意义，如何制定专利布局策略并在布局的基础上实践专利攻防是企业在相关市场占据一席之地的关键。

相比相近的化学、材料等领域，医药专利在可用的保护形式、保护范围的认定、对实验数据的要求、创造性的评价等方面均有其特点。除了法律知识和一般专利知识外，做好医药专利相关工作还需要对这些特点及相应的操作方式有清楚的认识。

专利复审和无效在专利行政行为中的层级高于一般专利初审和专利实质审查；其合议制审查方式可以有效避免专利初审和专利实质审查中单人审查时可能出现的认识误区；相比司法层级，专利复审和无效审查人员在学科专业性上又有明显优势（这也是近年来法院积极推进技术调查官制度的缘由）。因此，专利复审和无效案例，特别是专利复审委员会[1]每年推出的十大典型案例，是研究专利攻防和布局的良好素材。

本书以近年来专利复审委员会推出的十大典型案例的解析为基础，辅以相近或相反情况的引申案例解析以及具体药物的布局和攻防实例，希望能在医药专利常见问题的处理、医药专利布局、医药专利攻防等方面为广大医药专利工作者带来帮助。

---

[1] 专利复审委员会2019年已更名为复审和无效审理部，本书中的案例涉及此名称时遵循案例发生时间该部门的名称。

目　　录

专利布局的种类和意义

专利布局是指企业结合自身的企业愿景、战略规划和短期的经营目标，在考虑相应产业发展状况、技术发展轨迹、市场整体竞争环境和法律制度等因素后，灵活运用各种专利手段，在技术领域、专利申请地域、申请时间、申请类型和申请数量等方面有针对性、策略性和前瞻性地进行规划和动态部署的过程。专利布局有以下多种模式。

（1）路障式布局，是指将实现某一技术目标必需的一种或几种技术解决方案申请专利，形成路障式专利的布局模式，其优点是申请与维护成本较低，缺点是给竞争者绕过自身所设置的障碍留下了一定的空间，竞争者容易通过回避方式突破障碍，当技术方案是实现某一技术主题目标必需的、竞争者很难绕开或需要投入大量人力、财力才能回避时，适合使用该种布局模式。

（2）城墙式布局，是指将实现某一技术目标的所有规避设计方案申请专利，形成城墙式系列专利的布局模式，该模式可以抵御竞争者侵入自己的技术领域，防止竞争者规避或寻找替代方案；当有许多不同的技术方案能够解决某一技术问题，且每种技术方案均能达到类似的技术效果时，就可使用这种布局模式形成一道围墙，防止为竞争者留下任何回避的空间。

（3）地毯式布局，是指将解决某一技术问题的所有技术方案申请专利，形成地毯式专利网的布局模式，该模式通过进行充分的专利挖掘获得大量专利，围绕某一技术问题形成牢固的专利网，但是这种布局模式需要大量资金及研发人力的配合，成本高，比较适合在某一技术领域内拥有较强的研发实力、各种研发方向都有研发成果产生且期望快速与技术领先企业相抗衡的企业在专利网策略中使用，也适用于专利产出较多的电子或半导体行业，但该模式在可预见性较低的医药、生物或化工类行业中应用较为困难。

（4）围栏式布局，是指当核心专利由竞争者掌握时，将围绕该技术主题的许多技术解决方案申请专利，形成围栏式专利群的布局模式，这些小专利的技术含量也许无法与核心专利相比，但其组合可以阻止竞争者的重要专利进行有效的商业使用，给竞争者造成很大的麻烦，该模式特别适合不具备足够的技术和资金实力，主要采用“跟随型”研发策略的企业。

（5）糖衣式布局，是指本企业掌握核心专利时，将围绕该技术主题的许多技术解决方案申请专利，形成糖衣式专利群的布局模式，该模式近似于有计划实施的地毯式布局，采用该策略布局时应尽量采用核心专利和外围专利同时申请的策略，如果企业拥有某技术领域的一项或多项核心技术，可等待与之配套的技术也开发成功后再同时提交专利申请，以避免给竞争者留下外围技术开发和申请专利的机会。

专利的本质在于排他，排他价值所在即为专利价值所在，作为原研药企业，通过专利布局捍卫自己的市场空间，是构建专利布局的重要意义。专利从来都不只是技术问题，更不是法律问题，更多的是商业策略，是企业抢夺市场的武器。合理的专利布局有利于正确引导研发方向，促进理性研发，提高研发成效；有利于理性进行专利申请，节约申请成本；有利于构建合理的专利保护网，避免杂乱无章的专利申请情形出现；有利于在保护自身的同时，削弱竞争者的优势，抑制竞争者的发展。

近年来，中国知识产权保护状况不断改善，逐步建立起完备的知识产权保护体系。但是，我国的科技发展也遭遇了一些瓶颈，有许多“卡脖子”技术难题亟待解决，对企业来说，进行合理的专利布局能够形成对自身商业经营有利的专利格局。首先，在进行专利布局时，从企业的总体经营战略出发，综合考虑行业总体及竞争对手布局分析，对企业的专利进行宏观上的总体筹划，包括专利布局的类型、数量、领域、地域、时间等。其次，要对专利进行组合布局。围绕某款或该系列产品进行专利组合布局，将彼此相互关联的多个专利进行有效组合而形成专利集合，这一步可以有效保护企业产品的技术创新，提升企业的商业竞争力。最后，是进行单件专利布局。对单件具体专利进行规划和布局，力争做到有利于授权、确权、维权。

在进行专利布局时，企业需要考虑如下因素：在技术层面上，要前瞻性地预测技术的演进趋势、技术的生命周期、技术的应用前景、技术的预计规模、技术的替代方案等；在企业层面上，要明确企业的专利战略定位、企业相关人员的数量和资源投入、企业产品的市场占有情况、市场扩展情况、商业运作情况等；在产业层面上，要了解产业的发展阶段、产业专利分布现状和变化情况；在产品层面上，要考虑产品的重要度、成熟度、原创性、系列性。此外，还要综合考虑竞争对手及合作伙伴的情况，绕过或赶超竞争对手的研究方向，并与合作伙伴建立良好的合作共赢关系。总之，专利布局无论是对于国家发展还是对于企业自身都非常重要，不过具体操作起来需要极强的专业性。

新颖性和创造性篇

在发明专利审查、复审和无效等专利实践中，新颖性和创造性，特别是创造性问题往往是争议的核心问题。专利制度最早是由西方国家建立的，在19世纪初期，当时建立专利制度的国家对可授权专利的条件只规定了新颖性和实用性，而没有创造性的要求。随着专利制度的运行，各国逐渐意识到如果仅满足新颖性条款就授予专利权，则会导致与现有技术区别不大的申请也获得授权，长期发展就会导致专利权的泛滥。因此，一些国家逐渐发展出第三条件，即发明必须具备一定程度的创造性。1952年修订的《美国专利法》第一次在实质审查程序中增加了“非显而易见性”条款，1968年的《法国专利法》、1976年的《德国专利法》也都增加了类似条款。尽管“创造性”在不同国家的专利法中有不同的表述方式，但它们的内涵是基本相同的。

《中华人民共和国专利法》（以下简称《专利法》）第二十二条第三款规定：创造性，是指与现有技术相比，该发明具有突出的实质性特点和显著的进步，该实用新型具有实质性特点和进步。判断发明是否具有突出的实质性特点，其标准是，对所属领域的技术人员而言，发明相对于现有技术是否显而易见，这种判断通常可按照以下三个步骤（以下简称“三步法”）进行：一是确定最接近的现有技术；二是确定发明的区别特征和发明实际解决的技术问题；三是判断要求保护的发明对所述领域的技术人员来说是否显而易见。最接近的现有技术，是指现有技术中与要求保护的发明最密切相关的一个技术方案，它是判断发明是否具有突出的实质性特点的基础。对于最接近的现有技术的确定，应从现有技术所属的技术领域、所涉及的技术问题、产生的技术效果及技术方案本身等多个角度进行判断。最接近的现有技术既可以是“与要求保护的发明技术领域相同、所要解决的技术问题、实现的技术效果或公开了发明的技术特征最多的现有技术”，也可以是“与要求保护的发明技术领域不同，但能够实现发明的功能，并且公开发明的技术特征最多的现有技术”。确定最接近的现有技术对于“三步法”的后续步骤具有重要意义，最接近的现有技术将作为现有技术的对比，通过分析要求保护的发明与最接近的现有技术相比存在哪些区别特征，然后根据所述区别特征带给发明的技术效果确定发明实际解决的技术问题。区别特征是通过发明和最接近的现有技术的比较得来的，只有准确认定区别特征，才能找到发明的真正创新所在。上述过程应当在充分理解发明和现有技术的技术方案的基础上完成，权利要求技术方案通常由多个技术特征构成，为避免在对比过程中割裂发明所做的贡献，往往需要预先对权利要求涉及的技术特征或技术特征的组合进行分析。在确定了发明与最接近的现有技术之间的区别特征后，需要根据该区别特征确定本发明实际解决的技术问题。发明实际解决的技术问题与发明记载的技术问题可能相同，也可能不同，应当根据区别特征给整个发明带来的技术效果确定。“判断要求保护的发明对所属领域的技术人员来说是否显而易见”是创造性“三步法”判断中的第三步，要确定现有技术整体上是否能产生某种技术启示，也就是说现有技术中有没有给出将上述的区别特征应用到所述最接近的现有技术，从而能够解决所要解决的技术问题的启示。这种启示能否使所属领域技术人员在面临该技术问题时，产生动机对其进行改进，并获得所要求保护的技术方案。如果存在技术启示，则发明不具备创造性。该步骤既包括对现有技术公开的事实的认定过程，也包括基于认定事实进行法律适用的过程，相比“三步法”的第一步和第二步，更容易带入主观性的内容。只有当区别特征在对比文件中所起的作用或所获得的技术效果与其在要求保护的发明中所起的作用或效果相同时，才能认为该对比文件给出了结合的技术启示。基于发明的技术方案及所用对比文件的整体构思，发明的技术效果是创造性评判中的重要因素，在创造性的评判中，不能忽略技术效果及技术特征的关联性，而仅停留在片面的技术特征是否公开的层面上。

在“三步法”的运用中，把握发明构思对于准确理解发明创造、客观评述创造性具有重要意义。除根据上述审查基准进行审查外，对以下一些辅助因素的考虑有助于保障创造性评判结论的准确性：（1）发明是否解决了人们一直渴望解决而始终未能获得成功的技术难题；（2）是否克服了技术偏见；（3）是否取得了预料不到的技术效果等。如果发明解决了人们一直渴望解决但始终未能获得成功的技术难题，则发明具有突出的实质性特点和显著的进步。但是，如果有证据表明现有技术中已经存在有效解决技术问题的技术手段，则不应当认为该技术问题属于“人们一直渴望解决但始终未能获得成功的技术难题”。技术偏见是指在某段时间内、某个领域中，技术人员对某个技术问题普遍存在的、偏离客观事实的认识，它引导人们不去考虑某些方面的可能性，阻碍人们进一步研究和开发。如果发明克服了这种技术偏见，采用了人们由于技术偏见而舍弃的技术手段，反而解决了技术问题，则这种发明具有突出的实质性特点和显著的进步，具备创造性。判断预料不到的技术效果，核心在于应以所属技术领域技术人员的视角判断发明取得的技术效果是否预料不到，其通常是指将发明实际取得的技术效果与所属领域技术人员在其掌握的知识和能力的基础上预期的技术效果进行比较，确认发明的技术效果是否超越了所属领域技术人员的预期，从而认定发明是否取得了预料不到的技术效果。

下面笔者将结合医药领域专利复审和无效的典型案例对专利创造性评判中的关键问题进行具体探讨。

案例一

“丁苯酞环糊精或环糊精衍生物包合物及其制备方法和用途”无效宣告案

——应用常规辅料的创造性考量

案情介绍

一、案件基本信息

涉案专利申请号：ZL 02123000.5
案件类型：发明专利无效宣告案
发明名称：丁苯酞环糊精或环糊精衍生物包合物及其制备方法和用途
专利权人：石药集团中奇制药技术（石家庄）有限公司、石药集团恩必普药业有限公司
无效请求人：张某某
无效决定编号：43478

二、案件技术方案情况

涉案专利涉及我国脑血管病领域第一个拥有自主知识产权的Ⅰ类创新药物“丁苯酞”，其适应证为缺血性脑卒中（脑梗死）。丁苯酞本身呈油性，因此在早期的剂型中该化合物本身只能制备为胶囊剂口服给药，起效较慢。在涉案专利中，使用具有空腔结构的羟丙基-β-环糊精包合丁苯酞，在很大程度上提高了丁苯酞的水溶性，从而制备出丁苯酞氯化钠注射液，通过静脉给药

使其能够快速抵达人体脑部，重构血液微循环，目前已经广泛用于救治缺血性脑卒中病患。

经过实质审查，涉案专利于2004年9月15日被授予专利权，本专利授权公告时的主要权利要求包括：

1. 一种丁苯酞环糊精或环糊精衍生物包合物，其特征在于：含有丁苯酞和环糊精或环糊精衍生物，丁苯酞与环糊精或环糊精衍生物的分子摩尔比为1：(1~10)。

6. 一种丁苯酞环糊精或环糊精衍生物包合物的制备方法，其特征在于：将环糊精或环糊精衍生物加入适宜溶媒中，制成浓度范围在5%~60%的溶液，加入丁苯酞，搅拌，即得液体丁苯酞环糊精或环糊精衍生物包合物。

9. 一种丁苯酞环糊精或环糊精衍生物包合物的制备方法，其特征在于：将环糊精或环糊精衍生物置于胶体磨或研钵中，加入适量适宜溶媒，使成糊状物，加入丁苯酞，过滤，干燥，即得固体丁苯酞环糊精或环糊精衍生物包合物。

10. 一种丁苯酞环糊精或环糊精衍生物包合物的制备方法，其特征在于：将环糊精或环糊精衍生物加入适宜溶媒中，制成浓度范围在5%~60%的溶液，将丁苯酞溶解于适量99%乙醇中，两溶液混合，搅拌，干燥，即得固体丁苯酞环糊精或环糊精衍生物包合物。

12. 一种丁苯酞环糊精或环糊精衍生物包合物的用途，其特征在于：液体丁苯酞环糊精或环糊精衍生物包合物可直接用于制备输液、水针、粉针、口服液、糖浆剂等液体剂型；固体丁苯酞环糊精或环糊精衍生物包合物可制成片剂、胶囊、颗粒剂、分散片等固体剂型。

涉案专利在本次被提起无效之前已经被提起无效一次，无效决定编号为36374的无效宣告请求审查决定维持有效的主要权利要求，包括：

1. 一种丁苯酞环糊精衍生物包合物，其特征在于：含有丁苯酞和环糊精衍生物，丁苯酞与环糊精衍生物的分子摩尔比为1：(1~10)；环糊精衍生物为羟丙基-β-环糊精。

3. 一种丁苯酞环糊精衍生物包合物的制备方法，其特征在于：将环糊精衍生物加入水、乙醇或以上两种的混合溶媒中，制成质量分数范围在5%～60%的溶液，加入丁苯酞，搅拌，即得液体丁苯酞环糊精衍生物包合物，其中，丁苯酞与环糊精衍生物的分子摩尔比为1：(1～10)；环糊精衍生物为羟丙基-β-环糊精。

6. 一种丁苯酞环糊精衍生物包合物的制备方法，其特征在于：将环糊精衍生物置于胶体磨或研钵中，加入适量水、乙醇或以上两种的混合溶媒，使成糊状物，加入丁苯酞，过滤，干燥，即得固体丁苯酞环糊精衍生物包合物，其中，丁苯酞与环糊精衍生物的分子摩尔比为1：(1～10)；环糊精衍生物为羟丙基-β-环糊精。

7. 一种丁苯酞环糊精衍生物包合物的制备方法，其特征在于：将环糊精衍生物加入水、乙醇或以上两种的混合溶媒中，制成质量分数范围在5%～60%的溶液，将丁苯酞溶解于适量99%乙醇中，两溶液混合，搅拌，干燥，即得固体丁苯酞环糊精衍生物包合物，其中，丁苯酞与环糊精衍生物的分子摩尔比为1：(1～10)；环糊精衍生物为羟丙基-β-环糊精。

8. 一种丁苯酞环糊精衍生物包合物的用途，其特征在于：液体丁苯酞环糊精衍生物包合物可直接用于制备输液、水针、粉针、口服液、糖浆剂的液体剂型；其中丁苯酞与环糊精衍生物的分子摩尔比为1：(1～10)；环糊精衍生物为羟丙基-β-环糊精。

其中将环糊精进一步限定为"羟丙基-β-环糊精"。

三、主要无效理由和证据

无效请求人提起无效请求的主要理由为全部权利要求不具备创造性。

在无效审查过程中，无效请求人先后提交了3组证据（证据1～27）。无效请求人认为最接近的现有技术为证据1（CN 1100097 A）：其公开了芹菜甲素（丁苯酞）具有广谱抗惊厥作用。证据1还公开了芹菜甲素在制备预防和治疗脑缺血引起的疾病，尤其是缺血性脑神经元损伤和坏死的药物中的应用。涉案专利权利要求1与证据1相比，区别在于：证据1未公开丁苯酞由羟丙基-β-环糊精包合；证据 1 未公开丁苯酞和环糊精衍生物的分子摩尔比为 1：（1~10）。

根据涉案专利说明书的记载，无论是治疗因脑缺血引起的各类疾病，还是治疗血栓，都无一例外地需要所使用的药物制剂具有快速释放、迅速达到治疗效果的目的，采用静脉滴注是临床上对于急性病症的最常用方法，由于丁苯酞呈油性，只能将其简单地制成软胶囊供口服使用，因此将丁苯酞制成注射剂，必须首先解决其不溶于水的问题。涉案专利通过环糊精或环糊精衍生物对丁苯酞的包合作用，来提高丁苯酞的水溶性，解决了丁苯酞水溶性低、不能直接用于注射剂型的欠缺。经测定，在 25℃时丁苯酞羟丙基-β-环糊精包合物在水中的溶解度达 924mg/100mL。可见基于上述区别，权利要求 1 实际解决的技术问题是提供一种改善丁苯酞水溶性的包合物。

无效请求人主张，大量证据表明，羟丙基-β-环糊精或类似的环糊精及环糊精衍生物可以用来包合多种药物，解决药物水溶性差的技术问题，因此本领域技术人员根据这些证据给出的技术启示能够想到使用羟丙基-β-环糊精包合丁苯酞，从而得到涉案专利的包合物。

合议组分别考察了这些证据，由于篇幅限制，在此主要列举代表性证据 2 和证据 4 及相关意见：

证据 2 涉及“药物的溶解性可以通过转化为无定形态或通过以环糊精包合而得到改善”的技术内容，其要解决的技术问题是获得稳定的无定形态药物，有效阻止药物结晶。证据 2 给出了 34 种药物通过羟丙基-β-环糊精等环糊精衍生物增溶效果的数据，其中包合后的药物溶解度最大为 238mg/mL，最小为 0. 2mg/mL，相差 1000 多倍，而且不同药物包合前、后溶解度的变化情况也差异巨大，增溶作用从增加不到一倍到增加到三个数量级不等，增溶效果参差不齐。无效请求人认为本领域技术人员据此可以获得将羟丙基-β-环糊精用于保护丁苯酞来提高溶解度的启示。

证据 2 的权利要求 23 公开了使用环糊精包合抗惊厥药物，这样的技术方案进一步增强了本领域技术人员以羟丙基-β-环糊精包括作用类似的丁苯酞研究的动机。

由于该案中说明书记载的最高 924mg/100mL 的溶解度在证据 2 的记载中不算增溶倍数很高的技术效果，这一技术效果也并没有达到预料不到的程度。

证据4公开了环糊精对几种药物溶解度和稳定性的研究，无效请求人认为其具体公开的环糊精包合阿司匹林中阿司匹林的结构与丁苯酞相近，本领域技术人员据此有动机尝试将环糊精用于结构接近的丁苯酞。

四、主要审查结论

对于无效请求人的主张，合议组认为：

证据2涉及“药物的溶解性可以通过转化为无定形态或通过以环糊精包合而得到改善”的技术内容，证据2中34种药物在结构上和丁苯酞差异明显，没有结构近似的药物成功被羟丙基-β-环糊精包合的例子被公开。

在化合物领域中，能够作为药物和增溶剂的化合物数量庞大，本领域技术人员需要经过长期、大量的研究，才能分门别类地确定某一具体增溶剂对各种药物的作用，以及增溶后所能达到的效果。也就是说，羟丙基-β-环糊精能否用于丁苯酞的包合，能否增溶、增溶程度均是不可预期的。而本专利说明书中已验证了羟丙基-β-环糊精确实能提高丁苯酞的水溶性，这直接为将丁苯酞制备成注入体内的针剂等剂型提供了可能性，而这对于丁苯酞的临床应用是极为重要的突破，足以证明二者的结合取得了预料不到的技术效果。因此，证据2没有对区别特征（1）给出相应的技术启示。

虽然924mg/100mL的溶解度在证据2的表格当中不算增溶倍数很高的技术效果，但对于不同的药物而言，其溶解度增加程度的意义和价值是各不相同的，而这种意义和价值取决于药物、剂型的医学价值能够治疗疾病的严重程度，是否具有其他可替代药物，增溶后药物使用的安全性等诸多方面的因素。

对于证据2的权利要求23提到了使用环糊精包合抗惊厥药物，具体的化合物，其是否能被包合，由其具体的结构、疏水还是亲水、分子的大小等因素决定，而两种化合物可以治疗相同的化合物，它们的药效原理和化学结构等有可能完全不同，因此，不能因为两种化合物能够治疗某个相同的疾病，就认定这两种化合物的各项性能参数均相同，从而认定能被同样的环糊精包合。

对于证据4公开了环糊精对几种药物溶解度和稳定性的研究。在丁苯酞的结构中，在苯环旁并有一个内酯环，该内酯环上还有一个丁基取代基，而在阿司匹林的结构中，只有一个苯环，没有其他的环状结构，此外，苯环上还带有一个羧基和一个乙氧羰基，这两个化合物在结构上存在明显的差异，一个环和两个环的空间结构就有所不同，而且是否带有羧基导致化合物的拉电子性能、形成氢键的能力也有差异，因此，本领域技术人员不会得出这两种化合物结构相近的结论。

结论：在第36374号无效宣告请求审查决定维持有效的权利要求的基础上维持ZL 02123000.5发明专利权有效。

案件看点

药物新剂型或改进剂型不仅是提高药物疗效的途径，在法律上也是药物核心专利的延伸，对于扩展保护范围、增加保护强度、延长保护期限都有重要意义。实际剂型设计中使用的多数剂型和辅料均为本领域现有的种类，药物剂型的辅料运用是药剂相关案件中常见的争议焦点。

在药剂领域中，如何站位本领域技术人员，客观评价技术效果是尤为重要的工作。

从专利审查指南相关授权条款的具体判断规则来看，技术效果是各个授权条款判断的基本要素。在各个授权要件的基本判断中，一方面技术效果的认定，包括经过理解发明后确定其预期的效果，以及从事实上认定或确定的发明实际所达到的技术效果，以此为判断基础确定是否符合相关条款的判断尺度；另一方面是依据技术效果来确定对发明的认识和理解，并在此基础上确定相关的判断要素，如技术问题等，由此确定相关法律条款的适用尺度，如创造性判断等。从专利审查指南的规定[1]来看，不同的授权实质要件之间，尽管各有各的逻辑结构和判断方式及标准，但是不同的条款都需要基本的判断要素，包括技术问题、技术效果等。一方面这些判断要素构成这些条款的

[1] 还可参照考虑到，实际上在其他主要专利制度国家或地区中，对于相关授权要件的规定具有大致十分类似的框架与基本判断步骤，对于判断过程中的逻辑要素的分解也类似。

逻辑判断步骤；另一方面也是基于这些基本要素，各个条款需要达成体系及个案上的协调与自洽。

合议组对该申请技术效果的考量主要包括以下三个方面。

（1）对该申请和证据中实验效果的考量。

证据2表1给出了34种药物通过羟丙基-β-环糊精增溶效果的数据，其中包合后的药物溶解度最大为238mg/mL，最小为0.2mg/mL，相差1000多倍，而且不同药物包合前、后溶解度的变化情况也差异巨大，增溶作用从增加不到一倍到增加到三个数量级不等，增溶效果参差不齐。而且，这34种药物在结构上都与丁苯酞的结构差异很大，并没有任何一种与丁苯酞结构相近的药物。证据4中的阿司匹林的结构在苯环、羧基和乙氧羰基结构上也与丁苯酞差异显著。

合议组认为在通常情况下，药物领域中优良助剂的出现仅仅提供了制备优良制剂的可能性。对于羟丙基-β-环糊精而言，包合物的形成依赖羟丙基-β-环糊精与被包合物之间的范德瓦尔斯力、疏水作用和氢键等，包合的程度取决于被包合物分子的结构、大小等多种因素，因此，其作为一种潜在的优良增溶剂，具体能适用于哪种活性化合物中，适用之后又能起到何种程度的增溶效果，都需要进一步探究。

（2）对于环糊精包合后效果的可预期程度。

除查证相关专业知识外，合议组还充分发掘了双方提交的证据来印证环糊精包合后效果的可预期程度。

在专利权人提交的反证9——《药剂学》这本教材当中，有一个关于“注射液”的章节，其中记载了对于不溶或难溶于水或在溶液中不稳定的药物，常用乙醇、甘油等非水溶剂制备注射液。此外，该书还记载了作为注射液的增溶剂是吐温-20等表面活性剂。可见，在本领域技术人员欲将丁苯酞制备成注射液时，有多种可选的技术路线，并非直接就聚焦于环糊精辅料。此外，如上所述，请求人提交的证据当中不同药物被增溶后效果参差不齐、差异巨大，因此丁苯酞被包合之后的效果难以预测。

无效请求人提交的证据4第283页表3下右栏明确记载了“表3列出了一些CD（即环糊精）对药物的增溶作用。CD对难溶性药物在水溶液中的增溶作用与所用的CD及被增溶的药物分子的结构和性质有关。要预测某一CD分子对一种药物的增溶作用的程度是困难的，至今只有一些经验性的认识”。可见，证据4记载的技术信息也印证了丁苯酞是否能够被环糊精增溶是不可预料的。因此，证据4也没有就上述区别特征（1）给出相关的技术启示。

（3）实际临床价值和商业价值的考量。

对于丁苯酞而言，924mg/100mL的溶解度直接为将丁苯酞制备成注入体内的针剂等剂型提供了可能性。经查证，急性脑梗死患者发病后，有半数患者的吞咽功能会受到影响，在这种情形下，口服药不仅存在起效慢的问题，更严峻的是无法顺利完成给药。这更加凸显了丁苯酞增溶后制备成注射液直接静脉给药的临床价值，此外商业上实际产品的成功也是对临床价值、创造性高度和预料不到的技术效果的印证。

此外，该申请中可以借鉴的是合议组对“本领域技术人员”能力的认定：本案中合议组查阅并核对了大量证据和资料后对本领域技术人员有了清晰的站位。“本领域技术人员”在创造性的判断中属于假设的执行主体，真正的主体通常是审查人员和审判人员，不可避免存在主观性和不确定性。无论是在专利审查阶段，还是在后期的诉讼阶段，对创造性判断中涉及的“技术启示”界定较难，且存在较大的争议。美国联邦上诉法院起初对“本领域技术人员”的解释是在该领域内从传统角度思考、没有创造性的人，后来被批评低估创造能力之后，认为应该将可能会查阅参考文献和该领域一般技术人员所具备的创造水平考虑在内。自由裁量空间宽泛会导致对技术启示的程度的把握存在差异，可能会造成实质审查和复审不一致，或者前后审级对技术启示的程度把握存在差异。日本为了避免差异在审查的时候引入专业委员会制度，由专家学者对其进行把握，增加专业性，降低差异概率。中国国家知识产权局和法院也设立了技术专家库或调查官之类的固定或临时性职位来辅助解决专利审查和审判中的站位本领域技术人员问题。法律从业者在佐证自己的观点时，除了使用现有技术论文和书籍外，以证人证言、会议发言论文等形式积极主动引入专家意见也是一条可行的陈述途径。

最后，在技术效果的判断过程中，合议组在双方证据碰撞交互的过程中对技术和证据进行梳理归纳，客观评价，最终认为药物领域中优良助剂的出现仅仅提供了制备优良制剂的可能性，不能将这种可能性直接等同于确定性。而涉案专利提供了一种确定且效果优异的丁苯酞包合物的技术方案，与之相应的产品在临床上有着巨大的医学价值，已广泛用于救治急性脑梗死病患。

在该案中，合议组对技术效果的详细调查和梳理是该案最值得参考和借鉴的亮点。虽然行政/司法工作人员和专利代理师/律师的站位不同，但该案中站位本领域技术人员对效果的显著性和技术方案的显而易见进行的分析同样值得专利代理师和律师借鉴。此外，该案也提供了“商业上的成功”作为创造性考虑条件的正面案例。

案例引申

引申案例 1-1

“一种改善溶出性能的尼美舒利药物组合物及其制备方法”无效宣告案

一、案件基本信息

涉案专利申请号：ZL 201010526114. 1

案件类型：发明专利无效宣告案

发明名称：一种改善溶出性能的尼美舒利药物组合物及其制备方法

专利权人：海南康芝药业股份有限公司

无效请求人：广州东山食品有限公司

无效决定编号：29370

二、案件技术方案和无效请求情况

尼美舒利为非甾体抗炎药，可用于治疗类风湿性关节炎导致的炎症疼痛及上呼吸道感染引起的发热。与其他的非甾体抗炎药相比，尼美舒利化学结构包含磺酰苯胺部分作为酸性基团，具有较高的抗炎、止痛和退热作用，较低的胃毒性和良好的耐受性。但美舒利是疏水性极强的药物，不溶于水，其在室温下的水溶性约为0.01mg/mL。极差的水溶性和可湿性为制备具有良好的释放和不可变的生物利用度的药物制剂带来困难。本领域中已有一些改善尼美舒利水溶性的尝试，但制造方法和辅料的成本较高。该申请提供了使用常用辅料、成本较低的尼美舒利水溶制剂。

经过实质审查，涉案专利于2012年9月5日被授予专利权，该专利授权公告时的主要权利要求包括：

1. 一种改善溶出性能的尼美舒利的药物组合物，其特征在于，所述组合物由下列质量百分配比的组分组成：

颗粒剂　　制成1000袋

成分	量/(g/袋)	
尼美舒利	50	
PEG400	250	
微晶纤维素	1000	
二氧化硅	50	
羧甲淀粉钠	71	
羟丙甲纤维素	19.5	
65%乙醇	适量	在加工过程中消失

通过下列方法制得：

(1) 将尼美舒利加入PEG400中，搅拌混匀；

(2) 将微晶纤维素、二氧化硅过80目筛，混匀；加入步骤(1)的混合物，混合均匀；

(3) 加入羧甲淀粉钠，混匀；

(4) 用60%乙醇制备2%的羟丙甲纤维素乙醇溶液作为黏合剂；

（5）用步骤（4）的黏合剂将步骤（3）的混合物湿法制备颗粒；

（6）将步骤（5）制备的颗粒于65℃烘干即得。

2. 一种改善溶出性能的尼美舒利的药物组合物，其特征在于，所述组合物由下列质量百分配比的组分组成：

颗粒剂　　制成1000袋

成分	量/（g/袋）	
尼美舒利	50	
PEG300	100	
微晶纤维素	500	
二氧化硅	25	
羧甲淀粉钠	40	
羟丙甲纤维素	14.5	
60%乙醇	适量	在加工过程中消失

通过下列方法制得：

（1）将尼美舒利加入PEG400中，搅拌混匀；

（2）将微晶纤维素、二氧化硅过80目筛，混匀；加入步骤（1）的混合物，混合均匀；

（3）加入羧甲淀粉钠，混匀；

（4）用60%乙醇制备2%的羟丙甲纤维素乙醇溶液作为黏合剂；

（5）用步骤（4）的黏合剂将步骤（3）的混合物湿法制备颗粒；

（6）将步骤（5）制备的颗粒于65℃烘干即得。

3. 一种改善溶出性能的尼美舒利的药物组合物，其特征在于，所述组合物由下列质量百分配比的组分组成：

颗粒剂　　制成1000袋

成分	量/（g/袋）
尼美舒利	50
PEG200	100
乳糖	1000
二氧化硅	50

羧甲淀粉钠	63	
羟丙甲纤维素	8.1	
60% 乙醇	适量	在加工过程中消失

通过下列方法制得：

(1) 将尼美舒利加入 PEG400 中，搅拌混匀；

(2) 将乳糖、二氧化硅过 80 目筛，混匀；加入步骤 (1) 的混合物，混合均匀；

(3) 加入羧甲淀粉钠，混匀；

(4) 用 60% 乙醇制备 2% 的羟丙甲纤维素乙醇溶液作为黏合剂；

(5) 用步骤 (4) 的黏合剂将步骤 (3) 的混合物湿法制备颗粒；

(6) 将步骤 (5) 制备的颗粒于 65℃ 烘干即得。

4. 一种改善溶出性能的尼美舒利的药物组合物，其特征在于，所述组合物由下列质量百分配比的组分组成：

颗粒剂　　制成 1000 袋

成分	量/(g/袋)	
尼美舒利	50	
PEG300	50	
PEG400	50	
淀粉	750	
二氧化硅	25	
羧甲淀粉钠	40	
羟丙甲纤维素	7.9	
60% 乙醇	适量	在加工过程中消失

通过下列方法制得：

(1) 将尼美舒利加入 PEG400 中，搅拌混匀；

(2) 将淀粉、二氧化硅过 80 目筛，混匀；加入步骤 (1) 的混合物，混合均匀；

(3) 加入羧甲淀粉钠，混匀；

(4) 用 60% 乙醇制备 2% 的羟丙甲纤维素乙醇溶液作为黏合剂；

(5) 用步骤 (4) 的黏合剂将步骤 (3) 的混合物湿法制备颗粒;

(6) 将步骤 (5) 制备的颗粒于65℃烘干即得。

5. 一种改善溶出性能的尼美舒利的药物组合物，其特征在于，所述组合物由下列质量百分配比的组分组成:

片剂　　制成1000片

成分	量/(g/袋)	
尼美舒利	25	
PEG400	50	
微晶纤维素	250	
二氧化硅	12.5	
羧甲淀粉钠	20	
羟丙甲纤维素	3.2	
纯滑石	2.5	
60%乙醇	适量	在加工过程中消失

通过下列方法制得:

(1) 将尼美舒利加入PEG400中，搅拌混匀;

(2) 将微晶纤维素、二氧化硅过80目筛，混匀; 加入步骤 (1) 的混合物，混合均匀;

(3) 加入羧甲淀粉钠，混匀;

(4) 用60%乙醇制备2%的羟丙甲纤维素乙醇溶液作为黏合剂;

(5) 用步骤 (4) 的黏合剂将步骤 (3) 的混合物湿法制备颗粒;

(6) 将步骤 (5) 制备的颗粒于65℃烘干后，加入纯滑石;

(7) 压片，即得。

在本次被提起无效之前已经被提起无效两次。无效决定编号25033号、27871号，无效宣告请求审查决定的结论均为维持专利权有效，且专利权人未修改过授权文本。本次无效宣告请求仅针对权利要求5提出。

无效请求人先后提交学位论文证据1(《尼美舒利片生产工艺与质量研究》，杨昕，《中国优秀硕士学位论文全文数据库工程科技Ⅰ辑》，2007年第5期)和公知常识书籍证据2(《药用辅料手册》，R. C. 罗等编，化学工业出版社，2005年1月第1版）。无效请求人认为，证据1公开了尼美舒利片剂的配方：尼美舒利100g，乳糖60g，微晶纤维素85g，低取代羟丙基纤维素10g；黏合剂：4% HPMC60RT5、2% PEG6000、3%微粉硅胶水溶液适量；外加羧甲基淀粉钠20g、硬脂酸镁3g。制成1000片，片重约300mg。并公开了其制备工艺：①将原辅料分别过100目筛；②按处方比例配制黏合剂；③按处方量分别称取尼美舒利、乳糖、微晶纤维素、低取代羟丙基纤维素并混匀；④将混合原辅料置顶空流化床，进风温度50℃，预热5min；⑤雾化压力0.3MPa，供液速度20mL/min；⑥向流化床内喷加黏合剂至增重16%～18%；⑦进风温度维持在50～60℃，20min左右，使颗粒干燥，外加剩余辅料，混匀，整粒（30目）；⑧测定中间体含量，压片，包装；获得的片剂的溶出曲线显示其5min时，溶出度在50.9%～55.8%之间，10min时溶出度在94.2%～97.9%之间。

本专利权利要求5与证据1相比，二者均为片剂，区别在于：①每片中尼美舒利含量不同，本专利为25mg/片，而证据1为100mg/片；②辅料的组成及用量不同，主要为：a）本专利中使用了PEG400增加对难溶性药物尼美舒利的溶解，而证据1中并未使用助溶剂；b）二者稀释剂不同，本专利中为大量（用量为活性成分10倍）的微晶纤维素，而证据1使用的是用量少于活性成分用量的乳糖；c）二者崩解剂不同，本专利中仅使用了羧甲基淀粉钠，而证据1为羧甲基淀粉钠和低取代羟丙基甲基纤维素的组合；d）二者黏合剂不同，本专利为HPMC而证据1为4% HPMC60RT5、2% PEG6000和3%微粉硅胶水溶液；e）二者润滑剂不同，本专利为纯滑石而证据1为硬脂酸镁。证据2为药用辅料聚乙二醇的介绍，其中记载了典型的聚乙二醇（包括PEG400）的平均分子量，并记载采用适当的聚乙二醇与难溶性药物制成固体分散物，能增加难溶性药物的水溶解度和溶出速度。使用PEG400溶解难溶性药物是本领域技术人员公知的技术，且在证据2中已经有所记载，其他辅料均为药典中记载的常用辅料，辅料的常用用量范围也属于药物制剂领域的公知常识，证据1中已经公开了可采用正交实验的方法对辅料的种类及用量进行选择，每片中药物含量的不同属于不同的药品规格，为常规范围；效果方面，本申请中的溶出效果与证据1的实际类似。因此，在证据1的基础上结合本领域公知常识可以显而易见地获得权利要求5的技术方案，权利要求5

不具备创造性。

专利权人提交了多份反证，主张：使用不同种类的黏合剂均会对片剂的结构产生影响，进而影响溶出度；而崩解剂的种类不同，崩解机制也各异，对片剂的溶出度显然也会产生影响；微晶纤维素、低取代羟丙基纤维素的用量也会对片剂的溶出产生影响，不同硬度下片剂的溶出度也会发生改变。因此，虽然本专利中的片剂和证据1中的片剂仅在辅料方面有区别，但这种区别在药剂领域并非显而易见的常规改进，其获得的效果也明显优于现有片剂。

三、主要审查结论和解析

合议组作出的无效审查决定，维持ZL 201010526114.1专利权有效。

合议组支持了无效请求人对于该申请效果的意见，认为说明书附图5记载了实施例5制得的产品的溶出曲线图，但本专利说明书中并未记载对应图5的相关实验数据，专利权人所述本专利在10min达到100%的溶出度属于通过测量附图得出的尺寸参数技术特征，并不属于原申请文件中公开的内容，依据本专利与证据1附图的直观比较，可以看出，二者的溶出曲线趋势类似，均在5min实现了50%以上的溶出、在10min几乎达到全部溶出、在15min全部溶出的类似溶出效果，目前证据并不足以说明本专利与证据1相比具有更快速溶出的效果，至于专利权人主张本专利有效的生物利用度以及可以快速起效的效果，在说明书中并无相关实验数据予以证实。

合议组经过分析证据中的数据和本领域背景技术，发现尽管本专利中所述辅料均为现有技术已知辅料，且证据1中教导可通过正交试验对辅料的种类及用量进行选择，但由证据1的内容可知，使用不同种类的黏合剂均会对片剂的溶出度产生影响；而崩解剂的种类不同，崩解机制也各异，对片剂的溶出度也会产生影响；此外微晶纤维素、低取代羟丙基纤维素的用量也会对片剂的溶出产生影响，不同硬度下片剂的溶出度也会发生改变，即对于尼美舒利片剂而言，由证据1的整体教导可见，使用种类不同的黏合剂、崩解剂及不同用量的微晶纤维素均会对片剂的溶出产生影响。在证据2的聚乙二醇介绍项下，其典型的聚乙二醇涵盖了从PEG200到PEG8000在内的数十种产品，其平均相对分子质量从190~210直到7000~9000，数值差距悬殊，其中也并未记载何为适当的聚乙二醇，也未给出如何选择适当聚乙二醇的明确教导；且证据2中记载的是采用适当的聚乙二醇与难溶性药物制成固体分散物以增溶，而固体分散物是将药物分散在固体载体中，据此，本领域技术人员缺乏使用在室温下为液体的PEG400以增溶的动机。在本专利片剂中采用与证据1不同的黏合剂、崩解剂，同时在增加微晶纤维素用量，还使用PEG400的基础上，仍取得上述溶出的效果，与各辅料及用量密切相关，依据证据1仅给出的特定辅料及用量的组合以及证据2中关于聚乙二醇的教导，本领域技术人员为了得到一种具有所述溶出效果的尼美舒利片剂，并不能显而易见地想到并未在证据1、证据2中公开的本专利权利要求5所述特定辅料种类及用量的组合。此外，也没有证据表明权利要求5所述辅料的组合为本领域的公知常识。

与案例一类似，本专利中的辅料和制备工艺均为药剂领域的常规种类（这也是药物新剂型设计时的最常见情况），此类新剂型专利的创造性评价中考量的方面主要包括剂型实际实现的效果和辅料选择的显而易见性。

在效果方面，虽然专利被维持有效，但与案例一不同，本专利的效果展示实际存在一定缺陷，特别是缺乏对曲线图像数据的记载，这也导致了陈述本专利效果优于证据1时只能根据图片测量和补充数据实现，进而没有被合议组认可，相比案例一的数据支持明显不足，这进一步提示了数据展示，特别是完整的数据展示在专利权稳定性中的意义，在申请中需要寻求保密和效果展示之间的适当平衡。

尽管数据方面有不利情况，但本专利最终由于辅料选择方面的特定技术方案和扎实的意见陈述而获得维持。从案例一和本专利的无效决定意见中我们可以看出，在辅料选择方面，无效合议组一般会详细分析现有技术中对辅料选择的启示，而不是根据一些书籍和文献中的罗列式展示而简单地认为其属于“常规种类”“有限的实验可以确定”，这就需要在申请撰写和复审、无效相关文件准备中对辅料这一要素作出详细的检索、分析和效果展示。

此外，我们阅读此案例和案例一后还应该注意药剂辅料相关案件中各国对选择发明的审查标准差异。

《专利审查指南2010》第二部分第四章4.3节规定：“选择发明，是指从现有技术中公开的宽范围中，有目的地选出现有技术中未提到的窄范围或个体的发明。”在进行发明创造性的判断时，选择所带来的预料不到的技术效果是考虑的主要因素。如果选择使发明取得了预料不到的技术效果，则该发明具有突出的实质性特点和显著的进步，具备创造性。美国《专利审查程序手册》（MPEP）2143. Ⅰ指出，7 种情况均可导致“显而易见”，其中第 5 种为“显易尝试”（obvious to try）规则，即“从确定的有限数目的、可以预料的解决方案中选择，并具有合理的可预期的成功”。因“显易尝试”导致发明“显而易见”，其判断原则是：本领域普通技术人员在其掌握的技术范围内有足够的理由寻找到该公知的选择，如果导致可预见的成功，则其不是创新的结果，而是常规技术和公知常识的产物。关于发明是否“可预见”，应考虑案件的全部证据，包括是否存在公认的问题、结果是否可被合理地预见、发明人是否对成功有合理的期望、是否存在偶然发现因素等。

上述判断标准不仅会引起案件审查结果的答复思路等方面的差异（可参见 CN 103179957 A 和同族 US 20130190354 A1 的审查过程和结论），而且对我国的原研药企和仿制药企的知识产权攻防策略也有启示：

对于原研药，在创新伊始即应重视改进药用辅料问题，由于美国存在“显易尝试”规则，基于该规则的应用，改进药用辅料的药物剂型专利申请获得美国专利授权的可能性降低，同时已有药品专利的稳定性也更容易受到挑战。

对于仿制药，我国仿制药企业在开拓美国市场时，须关注相关药物专利的药用辅料的使用情况，以及现有技术是否给出了在研药物所使用药用辅料具有某种优点/用途的启示，需要进行充分调研、实验，再着手申请专利，可以最大限度地确保专利权的稳定性，避免后续授权专利因“显易尝试”而被无效。以改进药用辅料为突破口挑战已有专利权包含特定药用辅料的药物剂型专利是抢占市场的有力武器，改进药用辅料也是仿制药厂商挑战原研药企的一枚利器。对于我国仿制药企业而言，如欲抢占美国市场，可以充分挖掘现有技术，以药用辅料为突破口，寻找涉及“显易尝试”的药物专利，主动出击清除专利壁垒。另外，如果在美国受到侵权起诉，也可以尝试以“显易尝试”作为无效理由进行抗辩。在提供无效证据时，须充分证明现有技术“必然地、不可避免地”给出了某种药用辅料具有某种优点/用途的启示。

引申案例 1-2

“抗菌组合药物”无效宣告案

一、案件基本信息

涉案专利申请号：ZL 98113282.0

案件类型：发明专利无效宣告案

发明名称：抗菌组合药物

专利权人：湘北威尔曼制药股份有限公司

无效请求人：海南康芝药业股份有限公司

无效决定编号：29543

二、案件技术方案和无效请求情况

头孢他啶是常见的抗菌药物，长期使用使临床上的耐药菌株逐渐增加。该申请为解决此问题设计了头孢他啶与β-内酰胺酶抑制剂的组合，实现了相比单药更好的抑菌效果。

经过实质审查，涉案专利于2002年12月18日被授予专利权，本专利授权公告时的主要权利要求包括：

1. 一种抗菌组合药物，其特征在于：它由头孢他啶与β-内酰胺酶抑制剂混合而成，头孢他啶与β-内酰胺酶抑制剂的质量之比为1：2至10：1。

2. 根据权利要求1所述的抗菌组合药物，其特征在于：头孢他啶为头孢他啶游离酸、头孢他啶五水合物、头孢他啶的碱金属盐以及头孢他啶游离酸的水合和非水合物加用碳酸钠或碳酸氢钠的形式。

3. 权利要求1所述的抗菌组合药物，其特征在于：β-内酰胺酶抑制剂为棒酸及其衍生物、舒巴坦及其衍生物以及他唑巴坦及其衍生物；而棒酸衍生物有棒酸的碱金属盐，舒巴坦衍生物有舒巴坦的碱金属盐，他唑巴坦衍生物有他唑巴坦的碱金属盐。

4. 根据权利要求3所述的抗菌组合药物，其特征在于棒酸的碱金属盐为棒酸钾。

5. 根据权利要求3所述的抗菌组合药物，其特征在于舒巴坦的碱金属盐为舒巴坦钠。

6. 根据权利要求3所述的抗菌组合药物，其特征在于他唑巴坦的碱金属盐为他唑巴坦钠。

无效请求人认为授权专利不具备新颖性或创造性，提交了包括专利文献、非专利文献和书籍在内的多方面证据1～9。其中证据5（Leonidas S. TZOUVELEKIS 等，Comparative evaluation of the inhibitory activities of the novel penicillanic acid sulfone Ro 48－1220 against β－lactamases that belong to groups 1，2b，and 2be. Antimicrobial agents and chemotherapy，1997年2月，第41卷，第2期，第475~477页）公开了对一种新型β-内酰胺酶抑制剂青霉烷砜酸Ro48-1220对头孢他啶保护能力的研究，其中除了分别测定Ro48-1220、他唑巴坦、克拉维酸对不同β-内酰胺酶的抑制活性外，还分别对Ro48-1220、他唑巴坦、克拉维酸与头孢他啶联合给药后的抗菌活性进行了检测。结果表明，Ro48-1220、他唑巴坦、克拉维酸对TEM型β-内酰胺酶的抑制活性相当，Ro48-1220对SHV型β-内酰胺酶的抑制活性不如他唑巴坦和克拉维酸强。无效请求人认为本领域技术人员基于证据5足以获得该申请中的组合技术方案。

专利权人则提交了3份反证证据，并于口头审理时提交了经过修改的权利要求书，删除权利要求1、权利要求4，以及权利要求3中涉及棒酸的技术方案，并将原从属权利要求3修改为新的独立权利要求2：

1. 一种抗菌组合药物，其特征在于：它由头孢他啶与β-内酰胺酶抑制剂混合而成，头孢他啶与β-内酰胺酶抑制剂的质量之比为1∶2至10∶1，头孢他啶为头孢他啶游离酸、头孢他啶五水合物、头孢他啶的碱金属盐以及头孢他啶游离酸的水合和非水合物加用碳酸钠或碳酸氢钠的形式。

2. 一种抗菌组合药物，其特征在于：它由头孢他啶与β-内酰胺酶抑制剂混合而成，头孢他啶与β-内酰胺酶抑制剂的质量之比为1∶2至10∶1，β-内酰胺酶抑制剂为舒巴坦及其衍生物以及他唑巴坦及其衍生物；而舒巴坦衍生物有舒巴坦的碱金属盐，他唑巴坦衍生物有他唑巴坦的碱金属盐。

3. 根据权利要求2所述的抗菌组合药物，其特征在于舒巴坦的碱金属盐为舒巴坦钠。

4. 根据权利要求2所述的抗菌组合药物，其特征在于他唑巴坦的碱金属盐为他唑巴坦钠。

专利权人主张：证据5的实验结果中新型β-内酰胺酶抑制剂Ro48-1220对于各种类型β-内酰胺酶活性的抑制以及与头孢他啶联合给药后MIC的降低，整体上要优于他唑巴坦的效果，并且他唑巴坦与头孢他啶联用后MIC虽然降低，但细菌仍是耐药的。基于证据5的整体教导，本领域技术人员没有动机去选择效果更差的他唑巴坦与头孢他啶制成复方制剂。反证表明，β-内酰胺酶抑制剂与不同的β-内酰胺酶抗生素联用的效果不可预期，两者的联用有可能无法产生有效的协同作用，因此两者所制备的复方制剂的效果并不是能显而易见预料到的，本专利通过实验证明复方制剂具有显著的协同增效作用，而证据5未给出以特定比例范围的头孢他啶与他唑巴坦制成复方制剂的技术启示。

三、主要审查结论和解析

合议组作出的无效审查决定，宣告ZL 98113282.0发明专利权全部无效。

合议组详细分析了证据5中的实验数据，发现：证据5中相对于单独给予头孢他啶而言，采用β-内酰胺酶抑制剂Ro48-1220、他唑巴坦分别与头孢他啶联合给药均使头孢他啶针对表达不同β-内酰胺酶的细菌的MIC值大幅降低，具体来说，针对分别表达SHV型和TEM型β-内酰胺酶的测试用大肠杆菌而言，他唑巴坦和Ro48-1220与头孢他啶联合给药均能够使头孢他啶针对大部分测试菌的MIC值从128降低到1、2、4、8，甚至对于产某些类型酶的细菌（如产 SHV-2 型 β-内酰胺酶的大肠杆菌），头孢他啶联用他唑巴坦后的 MIC 值比联用 Ro48-1220 后的 MIC 值更低，单纯从 MIC 值的变化来看，他唑巴坦和 Ro48-1220 两者对于表达 SHV 型和 TEM 型 β-内酰胺酶的测试用大肠杆菌的 MIC 值的降低作用几乎相当，针对个别细菌，他唑巴坦的 MIC 降低效果反而更好（参见证据 5 表 2）；针对表达 1 组、MIR-1 及 LAT-1 型的 β-内酰胺酶的测试用细菌而言，他唑巴坦与头孢他啶联合给药能够使头孢他啶针对部分测试菌的 MIC 值分别从大于或等于 128 降低到 64、32 或 16，或者从 64 降低到 16、从 32 降低到 4，一半测试菌的 MIC 值都降到了 1/4 或以下，部分测试菌降低后的 MIC 值水平达到了 1.0 或 0.5；与他唑巴坦相比，Ro48-1220 对此类菌的 MIC 值的降低幅度整体上相对更高一些，几乎使所有测试菌的 MIC 值都降低到了 8 以下，即 β-内酰胺酶类抑制剂 Ro48-1220、他唑巴坦均能与头孢他啶发生协同作用，在联合用药的过程中降低头孢他啶的 MIC 值以增强头孢他啶的抗菌作用。权利要求 1 与证据 5 相比，其区别技术特征在于：（1）权利要求 1 将头孢他啶与 β-内酰胺酶抑制剂混合制备成组合药物，而证据 5 涉及相应的联合给药方案；（2）权利要求 1 具体限定了头孢他啶与 β-内酰胺酶抑制剂的质量之比为 1∶2 至 10∶1，证据 5 中未明确两者的比例；（3）权利要求 1 限定了头孢他啶的具体形式为头孢他啶的游离酸、五水合物、碱金属盐、游离酸的水合和非水合物加用碳酸钠或碳酸氢钠的形式，证据 5 中未具体公开该特征。这些区别技术特征均可以通过常规知识和技术手段获得，也没有证据表明，当将头孢他啶与 β-内酰胺酶抑制剂的质量之比配置为权利要求 1 所述的“1∶2 至 10∶1”这一比例范围时本发明取得了预料不到的技术效果。

虽然证据 5 表 3 中部分结果显示他唑巴坦和 Ro48-1220 在与头孢他啶的联合使用中，对于表达某些类型 β-内酰胺酶的细菌，Ro48-1220 的抑制效果比他唑巴坦更优，但表 2 以及表 3 的部分结果也表明对于表达某些类型 β-内酰胺酶的细菌，两者的抑制效果相当，甚至对于表达某些类型的酶的细菌（如产 SHV-2 型 β-内酰胺酶的大肠杆菌），他唑巴坦的效果反而更好，可见，对于与头孢他啶联合使用的效果，并非针对任何不同类型的菌株，Ro48-1220 的联合效果必然优于他唑巴坦，在某些情况下，他唑巴坦对某些特定种类 β-

内酰胺酶的抑制效果反而更好。此外，表 2 和表 3 的结果显示，他唑巴坦在与头孢他啶联合给药后，MIC 值降低的幅度显著，有的甚至高达百倍。虽然针对某些细菌，他唑巴坦与头孢他啶联合给药后的 MIC 值高于 Ro48-1220 与头孢他啶联合给药后获得的 MIC 值，但他唑巴坦与头孢他啶联合给药后 MIC 值的大幅降低足以说明，他唑巴坦与头孢他啶联用具有良好的增强头孢他啶抑菌性的效果，两者联用至少可以用于有效抑制表达 TEM 和 SHV 型 β-内酰胺酶的细菌引起的感染。而在临床用药实践及相应的复方制剂研发过程中，基于药物原料获取的便利性、提供治疗方案和复方制剂的多样性，本领域技术人员会根据药物的抗菌谱及所需的抗菌效果综合选择以确定适合的药物组合，并不会因为某种抗菌素针对特定的某类细菌的效果相对稍差而直接排除其应用的可能性。并且，对于本发明而言，其同样也是基于本领域公知的 β-内酰胺酶抑制剂能够通过抑制 β-内酰胺酶而降低头孢他啶耐药性的机理来制备组合药物的，也没有证据表明其所选择的特定 β-内酰胺酶抑制剂与头孢他啶组合后对任何类型细菌的治疗效果均是最优的、均能够优于证据 5 所述的 Ro48-1220。

虽然反证 1、反证 2 中提及某种具体的 β-内酰胺酶抑制剂与 β-内酰胺酶抗生素联合可能无协同作用，但其并不能表明证据 5 中公开的 Ro48-1220、他唑巴坦与头孢他啶之间无协同作用。证据 5 提供的实验数据已经表明，Ro48-1220、他唑巴坦能够明显降低头孢他啶的 MIC 值。而本领域公知，联合用药的临床实践是药物组合物或复合制剂研发的基础，两者密切关联，在证据 5 公开了两者联用能够产生较好的协同效果的基础上，本领域技术人员容易想到将两者制备成复方制剂以方便使用。虽然证据 5 中未明确记载他唑巴坦和头孢他啶联用时两者的具体质量比，但如上所述，在其明确公开了两者联用可取得良好的抗菌效果的情况下，本领域技术人员通过常规手段和有限实验能够容易地确定两种药物的比例，并且本发明也未提供证据表明所述比例范围取得了预料不到的技术效果。

该案中的争议焦点在于联用的启示和将联用药物制备成组合物的启示两个方面，这两个争议点最后落脚点均在证据 5 提供的数据分析上。虽然证据 5 中已经明确提出了联用的技术方案，但专利权人的意见陈述和反证同样有可能否定这种联用的可行性，合议组并没有仅根据证据中所列举技术方案简单地认定上述两种启示存在，而是在无效请求人对数据详细分析的基础上分析不同组之间的效果对比才最终认定。这样详尽的数据分析不仅是无效请求攻防时的典范，也可以作为专利撰写时的参考。

引申案例 1-3

“治疗乳腺增生性疾病的药物组合物及其制备方法”无效宣告案

一、案件基本信息

涉案专利申请号：ZL 200510000429. 1
案件类型：发明专利无效宣告案
发明名称：治疗乳腺增生性疾病的药物组合物及其制备方法
专利权人：北京亚东生物制药有限公司
无效请求人：山东华洋制药有限公司
无效决定编号：15409

二、案件技术方案和无效请求情况

乳腺增生是常见的女性疾病，中医对其有着独特的理解，并有乳康片、乳块消片、乳疾灵颗粒、乳核散结片等多种中成药产品提供。该申请针对乳腺增生这一疾病，设计了独特的组合物配方，特别是辅料配方。

经过实质审查，涉案专利于 2009 年 4 月 1 日被授予专利权告，本专利授权公告时的主要权利要求包括：

1. 一种治疗乳腺增生性疾病的药物组合物，由以下质量份的原料药制成：

橘叶 412. 5g、丹参 412. 5g、皂角刺 275g、王不留行 275g、川楝

子 275g、地龙 275g；其制备方法如下：

(1) 将橘叶、丹参、皂角刺、川楝子加水煎煮二次，每次煎煮1小时，合并煎液，过滤，滤液浓缩至相对密度为1.28，温度为85℃，放冷，将所得浓缩液备用；

(2) 地龙和王不留行用70%乙醇回流提取二次，第一次提取2小时，第二次提取1小时，过滤，合并滤液，将所得滤液备用；

(3) 将步骤 (1) 所得的浓缩液和步骤 (2) 所得的滤液合并，调整乙醇量达70%，搅拌均匀，静置，回收乙醇并浓缩成稠膏，加入蔗糖500g与淀粉、糊精适量，混匀，制成颗粒，干燥即得。

2. 权利要求1所述药物组合物在制备治疗乳腺增生、乳房胀痛疾病药物中的用途。

3. 如权利要求1所述的药物组合物在制备具有抗炎作用药物中的应用。

无效请求人认为授权专利不具备创造性，提交了《中华人民共和国药典》(2000年版) 一部作为证据1。无效请求人认为证据1相关章节公开的乳块消片与该申请权利要求1的组合物相比：原料组成完全相同，配比一致；制备方法完全相同；药物的功能和主治相同；唯一的区别在于，权利要求1中具体公开了辅料的组成和用量，制成颗粒剂，所述的辅料为一定量的蔗糖，以及适量的淀粉和糊精。上述辅料均是制备颗粒剂的常用辅料和用量，没有产生特别的效果，本领域的普通技术人员完全可以通过有限次的实验得到。证据1公开的是一种片剂，但制成片剂之前，是先制成颗粒剂，颗粒剂与片剂均是临床上常用的剂型，两者在疗效上没有区别。因此，相对于证据1，本专利权利要求1不具有创造性。权利要求2要求所述药物在制备治疗乳腺增生、乳房胀痛疾病药物上的应用，上述技术特征也被证据1所公开，因此，相对于证据1，本专利权利要求2也没有创造性。权利要求3是权利要求1的从属权利要求，其增加的技术特征为所述药物在制备具有抗炎作用药物上的应用，其权利范围是上述药物在治疗乳腺增生性疾病的基础上附加抗炎作用，不具有独立的抗炎作用。证据1的功能与主治为：疏肝理气、活血化瘀、消散乳块，用于肝气郁结、气滞血瘀、乳腺增生、乳房胀痛。其中的活血化瘀、消散乳块等功能与抗炎作用基本一致。作为本领域的普通技术人员，根据证据 1 的描述，结合药物的基本常识，完全可以得到。因此，本专利权利要求 3 也没有创造性。

此外，无效请求人在口头审理过程中提交了证据 2 和证据 3 进一步证明颗粒剂中的常用辅料及颗粒剂的常规制法。

除了提交证据认为“稠膏加蔗糖 500g 与淀粉、糊精适量”的工艺不是“有限次实验”可以得到的之外，专利权人还提交了反证 1“中药有效部位及成分提取工艺和检测方法”、反证 3“干燥方式对乳块消片提取物中丹酚酸 B 含量的影响”等以及反证 4（乳块消片有效率数据），以论证该申请的辅料使制剂工艺更简单，从而使成本降低，并且能够减少药物活性成分的损失，并且具有更好的疗效。

三、主要审查结论和解析

合议组作出的无效审查决定，宣告 ZL 200510000429. 1 发明专利权全部无效。

合议组认为，将本专利权利要求 1 与证据 1 区别仅在于：二者的剂型不同/制剂步骤（3）不同。不同之处在于与证据 1 相比，本专利权利要求 1 在制备颗粒剂的过程中在加入辅料之前省去了“减压干燥成干浸膏，粉碎”的步骤，并具体规定了加入的辅料为蔗糖 500g 及淀粉和糊精适量；与证据 1 规定的相对密度为 1. 25~1. 30 相比，本专利权利要求 1 将其进一步限定为 1. 28。关于区别特征 1，将某种处方已知的药物改换剂型，是本领域技术人员的常规做法。本专利权利要求 1 所采用的颗粒剂制法是本领域公知的常规制法，选用的辅料也是颗粒剂常用辅料，其用量也是常规的。关于区别特征 2，证据 1 已经给出了相关浓缩液的相对密度的范围，本专利选择了其中的具体值，这种选择是常规的，本专利说明书中也未记载这种选择带来了任何意料不到的技术效果。

专利权人认为该专利取得了意想不到的技术效果（总有效率由 89. 32% 提高到 95. 70%），但将该专利与证据 1 比较，二者所含活性成分及活性成分的配比相同，不同仅在于制剂步骤及制剂中选用的辅料；就该专利与反证 4 比较，反证 4 中未公开测定乳块消片总有效率的测定方法，在无法确知该方法与该专利方法是否相同的情况下，不能直接进行实验结果的比较，此外，反证4中指出该药物执行反证7的标准，但反证7因举证时限问题不予接受，使证据链不完整，导致无法明确说明反证4中的各药物成分的含量和制法。

（1）该专利在证据1公开的活性成分及配比的基础上，选用本领域常用辅料，采用本领域常规制法制成颗粒剂，获得的包括总有效率在内的技术效果是可以预期的，并非无法预料。由于减压干燥步骤中的高温等因素会造成该专利药物中活性成分的损失，而常规颗粒剂制法中本身就不含减压干燥步骤，这种方法本身的特点所导致的最终效果改变是本领域技术人员可以预料的。

（2）反证3论述了减压干燥和喷雾干燥两种不同干燥方式对乳块消片提取物中丹酚酸B含量的影响，由于该专利与证据1的区别并非用喷雾干燥替换减压干燥，因此，反证3不能证明该专利相对证据1具有意料不到的技术效果。

因此，涉案专利采用所属领域常规制法制成颗粒剂，从而使该颗粒剂的总有效率与证据1片剂相比提高6%的技术效果并未超出所属领域技术人员的可预期范畴，涉案专利没有产生预料不到的技术效果。

在该案中，尽管专利权人提交了多份证据证明其效果优于药典中的乳块消片，合议组也最终认可了部分证据的有效性。但由于说明书中本身的数据不够翔实，后续很难基于说明书的记载和其他收集的实验数据判断该申请的药物效果明显优于药典中的乳块消片，而一般的效果完全可以从剂型和制备工艺本身的特点得到，难以被认定为预料不到。

引申案例 1-4

“抗丙型肝炎病毒（HCV）人抗体及其用途”复审请求案

一、案件基本信息

涉案专利申请号：ZL 200880010301.5

案件类型：发明专利复审请求案

发明名称：抗丙型肝炎病毒（HCV）人抗体及其用途

申请人：抗丙型肝炎病毒（HCV）人抗体及其用途

决定编号：92402

二、案件技术方案和实质审查情况

丙型肝炎是一种已经经过多年充分研究的疾病，对于其可用的中和抗体表位已经有了诸多的研究和实际抗体实例，该申请提供了一种针对现有表位的新型HCV抗体，该抗体在实施例中展示了良好的识别和中和效果。

经过实质审查，国家知识产权局原审查部门于2013年3月8日发出驳回决定，驳回了该发明专利申请，驳回针对的相关权利要求为：

1. 一种分离的人抗体或其抗原结合部分，其包含含有SEQ ID NO：1的重链可变区氨基酸序列。

2. 一种分离的人抗体或其抗原结合部分，其包含含有SEQ ID NO：2的轻链可变区。

3. 一种分离的人抗体或其抗原结合部分，其包含：包含SEQ ID NO：1的重链可变区和包含SEQ ID NO：2的轻链可变区。

4. 一种分离的人抗体或其抗原结合部分，其选自包含以下序列的抗体：(a) 包含SEQ ID NO：9的重链可变区CDR3序列；(b) 包含SEQ ID NO：18的轻链可变区CDR3序列；(c) 包含SEQ ID NO：8的重链可变区CDR2序列；(d) 包含SEQ ID NO：17的轻链可变区CDR2序列；(e) 包含SEQ ID NO：7的重链可变区CDR1序列；和 (f) 包含SEQ ID NO：16的轻链可变区CDR1序列。

5. 一种与权利要求3或权利要求4的抗体中的任一种竞争结合HCV E2蛋白质的分离的人抗体或其抗原结合部分。

6. 根据权利要求1~4中任一项所述的抗体，其中，所述抗体为全长抗体。

7. 一种包含权利要求1~4中任一项所述的抗体的抗原结合部分的分离的多肽。

8. 根据权利要求1~4中任一项所述的抗体或其抗原结合部分，其中，所述抗体或其抗原结合部分选自Fc结构域、效应器结构域、单链抗体和Fab片段。

9. 根据权利要求1~4中任一项所述的抗体或其抗原结合部分，进一步包含标记或毒素。

10. 一种在药学上可接受的载体中包含权利要求1~4中任一项所述的抗体或其抗原结合部分的组合物。

11. 一种包含两种或更多种权利要求1~4中任一项所述的抗体的组合物，其中，所述抗体能够与一种或多种HCV E2蛋白质的不同表位相结合。

12. 一种编码能够结合HCV的抗体的可变区的分离的核酸，其包含：包含SEQ ID NO：25的重链可变区和包含SEQ ID NO：26的轻链可变区。

13. 一种包含权利要求12所述的核酸的表达载体。

14. 一种包含权利要求12所述的核酸的宿主细胞。

15. 一种试剂盒，包含一种或多种权利要求1~4中任一项所述的抗体或其抗原结合部分，和用于治疗HCV介导的疾病的说明书。

16. 权利要求1~4中任一项所述的抗体或其抗原结合部分在制备治疗HCV感染的药物中的用途。

17. 一种在药学上可接受的载体中包含权利要求1~4中任一项所述的抗体或其抗原结合部分适于治疗哺乳动物中HCV介导的疾病或障碍的组合物。

18. 能够与HCV或其片段相结合的权利要求1~4中任一项所述的抗体或其片段在制备治疗哺乳动物中HCV感染的药物中的用途。

19. 权利要求1~4中任一项所述的抗体或其抗原结合部分在制备用于检测哺乳动物中的HCV感染的诊断试剂中的用途。

驳回决定引用了对比文件1（Characterization of the hepatitis C virus E2 epitope defined by the broadly neutralizing monoclonal antibody AP33. Tarr alexander w et al. hepatology，2006年3月，第43卷，第3期，第592~601页），认

为对比文件1中和该申请中抗体针对相同表位，虽然其轻重链可变区的具体氨基酸序列不完全相同。但对比文件1已经公开了HCV E2蛋白上的中和表位，并用实例证明针对该表位的单克隆抗体能够中和HCV假病毒粒子，并阻止HCV病毒对细胞的感染，而且还公开了该中和表位上对于与抗体结合来说至关重要的三个保守氨基酸位点。在此基础上，本领域技术人员完全有动机利用该线性表位获得另一能够结合该中和表位的单克隆抗体，并测定其轻重链可变区的氨基酸序列，这一过程均是本领域的常规技术手段，而且，其获得的与对比文件1公开的抗体不同的单克隆抗体也未显示出较抗体AP33预料不到的技术效果。因此权利要求3不具备创造性，不符合《专利法》第二十二条第三款的规定。

涉案申请的申请人随后于2013年6月21日向专利复审委员会提出了复审请求并提交多份证明附件，认为该发明的83-128抗体具有基于现有技术预料不到的技术效果：83-128抗体的结合方式与对比文件1的AP33抗体不同，使对于E2表位中的改变较不敏感，因此该发明的83-128抗体为广谱中和抗体，而AP33抗体的结合受到许多种残基改变的不利影响；83-128抗体是相对于AP33抗体的改进，与AP33相比，83-128抗体/肽结构中对于关键的415位置具有较少的氢键数目，表明83-128抗体对于HCV突变具有更高的抗性；相关表位的人中和抗体的分离并不简单：虽然现有技术中已经有几种针对已知表位分离人抗体的方法，但HCV的412-423表位是一种独特的情况，其为非构象依赖性的线性表位；事实上，小鼠很容易产生针对E2的412-423表位的抗体，但这一表位在人体中不能很好地被识别；附件3试图从人体寻找类似AP33的抗体，但发现这种抗体非常稀少。重要的是，这种筛选并不能产生83-128抗体，因为附件3中是利用AP33模拟位进行筛选的。

复审请求人在复审过程中提交了修改的权利要求书，进一步将抗体限定为：

1. 一种分离的人抗体或其抗原结合部分，其包含：包含SEQ ID NO：1的重链可变区和包含SEQ ID NO：2的轻链可变区。

2. 根据权利要求1所述的抗体或其抗原结合部分，其中，所述抗体为全长抗体。

3. 根据权利要求1所述的抗体或其抗原结合部分，其中，所述抗体或其抗原结合部分选自Fc结构域、效应器结构域、单链抗体和Fab片段。

三、主要审查结论和解析

合议组作出复审审查决定，撤销了原审查部分的驳回决定。

合议组认为：对比文件1公开了一种单克隆抗体AP33所针对HCV H77c毒株E2蛋白第412-423位线性表位与本申请记载的几种单克隆抗体所结合的表位的氨基酸序列完全相同，并且，对比文件1还公开了抗体AP33能够中和HCV 1、2a、3a、4、5、6型等多型别HCV的假病毒颗粒，并且能够有效抑制HCV病毒对细胞的感染；而且，对比文件1还公开了该Mab AP33的轻重链可变区的氨基酸序列，以及轻重链可变区中各CDR区的氨基酸序列。

虽然针对相同的表位，但构成单克隆抗体的轻重链可变区的氨基酸序列特别是CDR区的氨基酸序列发生了改变，这种改变使该发明的人抗体83-128相对于对比文件1中公开的抗体AP33在结合抗原的能力方面存在一定的差异：根据该申请说明书实施例3的记载，使用丙氨酸扫描诱变发现残基413、418和420对人抗体83-128的结合同样是非常关键的。进一步的实验表明，人抗体83-128能够识别5和6a之外的所有构建体，从该申请附图11可以看出，人抗体83-128能够识别的来自其他基因型E2氨基酸412-423的构建体6g的415位氨基酸残基为K；而根据附件4，对比文件1中的抗体AP33不结合天然突变体中发现的Asn415被任何残基置换的突变体。因此，该发明的人抗体83-128相对于抗体AP33，对于N415的突变较不敏感，从而对于HCV突变具有更高的抗性。从这个意义上可以认为，本发明的83-128抗体取得了预料不到的技术效果，即在对比文件1的基础上结合本领域的常规技术手段并不能显而易见地获得权利要求1所要保护的分离的人抗体或其抗原结合部分。

该案体现了技术方案的显而易见性和效果的可预期程度在不同领域中的考量尺度差异。在一般法律专业人士的视角下，完全相同的表位很可能意味着技术方案的显而易见性和效果的可预期程度已经达到了一个较高的水平，特别是与引申案例1-3相比更明显，但在专业人员的视角和数据分析中，这种显而易见性和可预期程度在性能较难预期的抗体领域中并不显著。

对于生物领域中某些发展较快的领域，如CRISPR、新型抗体、分子生物学检测测序方法等，及时跟踪并了解典型案件审查、判决结果及相关审查规定（例如，近年来专利审查部分对抗体的创造性已经有了较为清楚规范的判断方式），并了解本领域学术方面发展状态，才能准确把握技术方案的显而易见性和效果可预期程度，为相关案件处理提供足够的背景支撑。

案例二

“作为抗病毒化合物的缩合的咪唑基咪唑”无效宣告案

——化合物结构的相似性判断和改进启示

案情介绍

一、案件基本信息

涉案专利申请号：ZL 201280004097.2

案件类型：发明专利无效宣告案

发明名称：作为抗病毒化合物的缩合的咪唑基咪唑

专利权人：吉利德制药有限责任公司

无效请求人：无国界医生

无效决定编号：38394

二、案件技术方案情况

丙型肝炎是一种由丙型肝炎病毒感染引起的慢性肝脏病毒性疾病，已成为严重的社会和公共卫生问题。丙型肝炎是一种已经经过多年充分研究的疾病，已经有诸多药物和疗法面世，但耐药性一直是丙型肝炎药物中亟待解决的问题。该案涉及的“维帕他韦”与另一治疗丙肝的药物“索非布韦”均为吉利德制药在抗病毒领域研发成功的明星药物，二者联合形成泛基因型组合制剂于2016年在英国首次获批，随后于2018年5月在中国获批上市。

无效宣告请求人无国界医生为全球性的、独立自主的非营利组织，让

“病者有其药”是该组织的一个重要项目，其中一部分工作也包括支持或者亲自提交某些药物专利的无效请求。该案是其首次在中国向制药巨头的药品专利发起的挑战，引起社会各界的广泛关注。

经过实质审查，涉案专利于2004年9月15日被授予专利权，该专利授权公告时的主要权利要求包括：

1. 下式化合物：

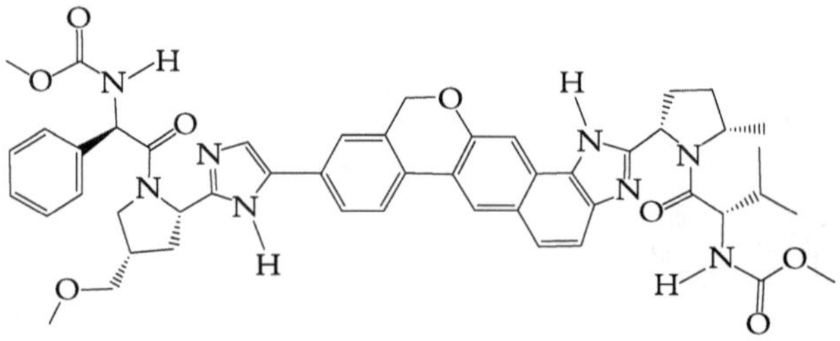

2. 一种药物组合物，该药物组合物包含权利要求1所述的化合物和药物学上可接受的载体。

3. 根据权利要求2所述的药物组合物，所述药物组合物进一步包含NS5B聚合酶抑制剂。

4. 下式化合物在药物学上可接受的盐：

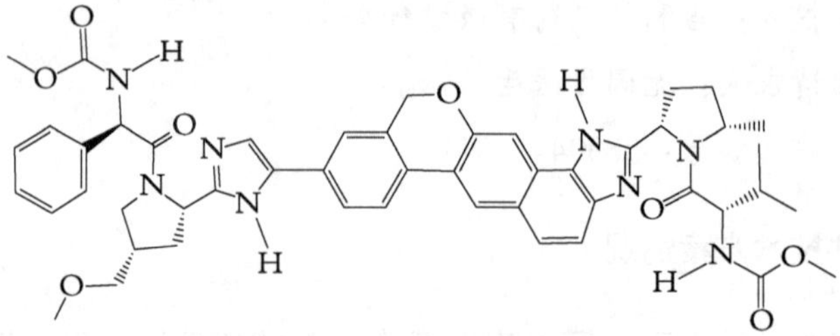

5. 一种药物组合物，该药物组合物包含权利要求4所述的化合物在药学上可接受的盐和药物学上可接受的载体。

6. 根据权利要求5所述的药物组合物，所述药物组合物进一步包含NS5B聚合酶抑制剂。

7. 权利要求1所述的化合物在制造用于预防或治疗丙肝的药物中的用途。

8. 权利要求4所述的化合物在药学上可接受的盐在制造用于预防或治疗丙肝的药物中的用途。

9. 权利要求2~3和权利要求5~6中任一项所述的药物组合物在制造用于预防或治疗丙肝的药物中的用途。

三、主要无效理由和证据

无效请求人提起无效请求的主要理由为全部权利要求不具备创造性。

在无效审查过程中，无效请求人先后提交了证据1~4。无效请求人认为最接近的现有技术证据1（WO 2010132601 A1）公开的化合物（EC50为0.0044）与权利要求1的化合物相比，除中心连接单元不同外，还在臂结构上存在三点区别：从HCV1b的EC50来看，权利要求1化合物并没有取得更高的抗HCV活性，因此，权利要求1相对于证据1实际解决的技术问题是获得另一种具有较高的抗HCV活性的化合物，证据1~3分别就维帕他韦与证据1化合物结构上的区别给出了技术启示。因此，本领域技术人员依据其常识，在证据1结合证据2和证据3的基础上获得权利要求1的化合物是显而易见的，故权利要求1不具备创造性。

专利权人则主张：在该案中，权利要求1保护的化合物维帕他韦与现有技术公开的化合物之间的结构差异不仅体现在数量上，而且还体现在结构差异的显著性方面（母核结构明显不同），即便本领域技术人员在证据1~3公开的数千种具体化合物的基础上进行大范围的总结、归纳，也无法显而易见获得该专利化合物；该专利说明书的实验数据证明，该化合物具有广谱、高效和出人意料的生物利用度等各方面的优异效果，这是根据证据1~3无法预期的。权利要求1的化合物是一种泛基因型的NS5A抑制剂，可与索菲布韦组合构成复方药物用于治疗HCV基因型1-6型感染，该药物于2016年获得FDA批准上市，2018年获得CFDA批准上市，是首个获得批准上市的用于治疗HCV病毒GT1-6型的治疗方案；该发明化合物打破了主导药物化学文献的生物利用度“规则”，并且实现了出人意料的生物利用度，根据这些公认的药物设计“规则”，本领域技术人员也不会预期本发明化合物所具有的生物利用度。

四、主要审查结论

对于无效请求人的主张，合议组认为：

（1）效果方面。

经过实际考察，证据 1 涉及一种式（1）的抗病毒化合物：J-Y-J(Ⅰ)，其“具有得以改善的抑制性能或药代动力学性能，所述得以改善的抑制性能或药代动力学性能包括增强的对抗病毒耐药性形成的活性、改善的口服生物利用度、更大的效力（如在抑制 HCV 活性方面）或延长的体内有效半衰期。某些……化合物可具有较少的副作用、不那么复杂的给药方案、或具有口服活性”。

证据 1 说明书译文第 707 页第 5758 至第 5760 段公开了基于细胞的抗 HCV 活性评价试验方法和概括性试验结论，包括“使用基于 Renilla 荧光素酶（RLuc）的 HCV 复制子报道基因试验来测定抗病毒效力（EC50）。为了进行试验，将 HCV lb RLuc 细胞（带有编码 RLuc 报道基因的双顺反子基因型 lb Conl 复制子）或 HCV la RLuc 细胞（带有编码 RLuc 报道基因的双顺反子基因型 la H77 复制子）分配到 384 孔板中。将化合物以 10nmol/L 的浓度再悬浮在 DMSO 中并使用自动移液装置进行 DMSO 系列稀释。将经过系列稀释的化合物与细胞培养基混合并加入到接种的细胞中。使用 DMSO 作为阴性（溶剂）对照，并使用包括浓度>100×EC50 的蛋白酶抑制剂 ITMN-191 作为阳性对照。72 小时之后，将细胞溶胞如生产商（Promega-Madison，WI）推荐的那样量化 Renilla 荧光素酶活性，进行非线性回归以计算 EC50 值。典型地，……可以抑制 HCV 的多个基因型。例如，……对于选自 la、lb、2a、2b、3a、4a 和 5a 的多种 HCV 基因型有活性”。证据 1 说明书译文第 707 页第 5761 段至第 762 页第 5817 段公开了数百种代表性化合物及其生物学数据［使用基于 Renilla 荧光素酶（RLuc）的 HCV 复制子报道基因试验-HCV lb RLuc 测定抗病毒效力（EC50）］，其中第 753 页和第 729 页分别公开了化合物 0.0044 和化合物 0.0131 及其生物学数据。

（2）结构方面。

证据 1 的化合物（EC50 为 0.0044）和该申请化合物的区别在于：①中心

部分不同：该专利化合物中心部分是五环稠合的结构（异色烯并萘并咪唑），证据1化合物相应位置是稠合四环（异色烯并萘）与咪唑环单键连接，并且二者异色烯并萘稠合四环的稠合位置也不同；②右臂吡咯烷环5位取代基不同：该专利化合物是甲基，证据1是氢（未取代）；③左臂吡咯烷环的4位取代基不同：该专利化合物是甲氧基甲基，证据1是氢（未取代）；④左臂N—CO—CH_2—N残基上的取代基结构不同：该专利化合物是（*R*）-苯基，证据1是（*S*）-异丙基。

对于化合物权利要求的创造性，除了《专利审查指南2010》（2020年修订）第二部分第四章“三步法”的一般性规定外，在第二部分第十章“有关化学领域发明专利申请审查的若干规定”还进一步细化了相应的判断方法：①结构上与已知化合物不接近的有新颖性的化合物，具有一定的用途或效果就可以认为它有创造性而不必要求其具有预料不到的用途或者效果；②结构上与已知化合物接近的化合物，必须有预料不到的用途或者效果，其创造性才能被认可。这一判断方法虽然出现在第二部分第十章，但其内在逻辑与“三步法”其实是一致的。具体而言，当发明要求保护的化合物与最接近的现有技术的化合物“结构不接近”时，发明对最接近的现有技术所做的贡献其实应当被认定为至少提供了一种不同于现有技术的其他结构的化合物，只要这一贡献能够得到确认，相应的技术问题就已经得到解决，此时当然无须再与现有技术进行用途或效果上的比对；相反，当二者“结构接近”时，通常意味着结构上的区别较小，此时需要依据该化合物的用途和/或效果，重新确定其对最接近的现有技术的贡献。

根据以上规定，对于化合物权利要求而言，判断其是否具备创造性，首先要判断发明要求保护的化合物与最接近的现有技术的化合物在结构上是否接近。根据《专利审查指南2010》第二部分第十章第6.1节的规定，判断两种化合物在结构上是否接近，与其所在的技术领域有关。一般而言，结构接近的化合物必须具有相同的基本核心部分或者基本的环结构。

首先，在该案中，稠环是两个或多个环共用相邻两个碳或杂原子形成的环体系，因彼此相互连接而成为一个整体骨架，在没有相反证据的情况下，通常作为一个整体环单元而不能被随意切分。

其次，判断某一结构单元是否构成最接近的现有技术化合物的基本核心部分还需要考虑最接近的现有技术的整体教导。合议组进一步查明，除上述J-Y-J(Ⅰ)之外,证据1还公开了式(Ⅰ)化合物的具体方案,其包括M0-W-M0、M0-W-M9、M9-W-M0或M9-W-M9、M10-W-M0、M0-W-M10、M10-W-M9、M9-W-M10、M10-W-M10。关于中心部分W，证据1提供了多种实施方案，包括三环、四环及五环稠合的结构。在涉及四环的环系统中，W有两种基本环系统结构，其中U为CH或N，且X为—CH_2—、—(C═O)—、—CH_2CH_2—、—$CH_2CH_2CH_2$—、—CH═CH—，或者X为—OCH_2—、—CH_2O—、—CH_2OCH_2—、—CF_3；在W是五环系统的实施方案中，W选自两种结构。证据1公开的式(Ⅰ)化合物中心部分的结构中,无论是四环还是五环稠合体系，均未涉及在多环稠合系统中稠合有咪唑环的情形。本领域技术人员按照证据1的整体教导可以确定，在证据1化合物0.0044中，四环稠合的应当是其结构的中心部分。关于中心部分W两侧的基团M0和M9，证据1的相应记载是，在一个具体实施方案中，M0为咪唑基且M9为苯并咪唑基，证据1还公开了上述M0和M9的定义同样适用于M0-A-A-M0、M0-A-A-M9、M9-A-A-M0或M9-A-A-M9等形式的式(Ⅰ)化合物,以及M可以是M11。可见，无论是咪唑、苯并咪唑以及更复杂的含咪唑的三环稠合结构，均应属于证据1定义的式(Ⅰ)化合物的两臂结构,其与前述中心部分是单键连接而非稠合关系。这与该专利中咪唑环构成五环稠合体系的一部分的结构是完全不同的。

最后，在化学领域，该专利这种多环稠合体系与证据1公开的由单键连接的“稠环-芳环”或者“稠环-稠环”体系具有不同的电子排布和空间构型，化学性质通常也不同，本领域技术人员一般不会认为二者属于接近的结构，更何况请求人也未提供其他的现有技术证据证明，就HCV抑制作用而言，本专利的五元稠合体系在结构上与证据1公开的四环稠合体系在本领域中被认为是接近的结构。

基于以上理由，合议组认为，该专利权利要求1化合物与证据1化合物0.0044在结构上不接近，在该专利说明书检测并验证了该化合物具有一定的泛基因HCV抑制活性等的情况下，以证据1为最接近的现有技术不足以破坏权利要求 1 的创造性。

对证据 1 的另一种化合物（EC50 为 0.0131）的评述类似。

结论：维持 ZL 201280004097.2 发明专利权有效。

案件看点

随着以创造性为主线的审查思路的推广，创造性是目前专利审查中最常用的条款。化合物的创造性判断发明带有该领域鲜明特点，比如在表达形式上具有一定的特殊性，在结构与性能的关系上更依赖于实验证明等。为此，《专利审查指南 2010》在第二部分第十章专门细化了化合物的创造性判断方法，一是结构上与已知化合物不接近的、有新颖性的化合物，并具有一定的用途或效果，可以认为它有创造性而不必要求其具有预料不到的用途或者效果；二是结构上与已知化合物接近的化合物，必须有预料不到的用途或者效果。这种方法也被业内称为“预料不到的技术效果判断法”。

该方法与一般“三步法”的判断思路有所区别，但实质一致。当发明要求保护的化合物具有一定的技术效果和用途，并且与现有技术的化合物“结构不接近”时，则发明对现有技术所做的贡献应当被认定为至少提供了一种不同于现有技术结构的化合物，此时当然无须再与现有技术进行用途或效果上的比对；而当二者“结构接近”时，通常意味着结构区别很小。例如，仅仅属于本领域公知的常规基团的替换，由于本领域技术人员的一般认知是常规基团替换仅能得到活性相同，或者用途/效果相当的化合物，因此，需要依据该化合物的用途和或效果，重新确定其对现有技术的贡献。根据《专利审查指南 2010》的规定，与已知化合物的已知用途不同的用途，或者是对已知化合物的某一已知效果的实质性的改进或提高，或者是在公知常识中没有明确的，或不能由常识推论得到的用途或效果，均可成为创造性评价中的预料不到的效果。

根据涉案专利说明书的描述，本领域对 HCV 基因型（如基因型 1a、1b、2a、3a、4a）具有广泛抑制活性的 HCV 治疗剂存在需求，对不易于产生病毒耐药性的药剂也存在特别的需求。本发明提供一种具有提高的抑制或药物动力学特性的化合物，包括抑制产生抗病毒耐药性的增强的活性、提高的口服生物利用度、更高的功效或延长的体内有效半衰期。在实施例部分，还针对包括涉案专利权利要求 1 的化合物在内的若干具体化合物，检测了其和血清蛋白对复制子效力的作用、MT-4 细胞的细胞毒性等，并给出了检测结果。

在发明化合物具有一定的技术效果和用途的基础上，判断涉案专利权利要求 1 保护的化合物是否具备创造性，首先需要判断其与最接近的现有技术的证据 1 化合物在结构上是否接近，如果结论为不接近，则不再需要与现有技术进行用途或效果上的比对；反之，则需要进一步详细考察本专利与证据 1 化合物的技术效果，以及本领域技术人员如何看待这些技术效果。这里所说的技术效果既包括那些已经被验证的技术效果，如本专利与证据 1 说明书各自记载的所述化合物的抗 HCV1b 活性，以及本专利说明书记载的维帕他韦针对其他多种基因型 HCV 病毒的抑制作用；也应当包括证据 1 曾经提及，但并未实际验证的泛基因抑制活性。

根据《专利审查指南 2010》第二部分第十章第 6.1 节的规定："判断两种化合物在结构上是否接近，与所在的技术领域有关。一般而言，结构接近的化合物必须具有相同的基本核心部分或者基本的环结构。"

在实践中，判断发明要求保护的化合物与现有技术的化合物在结构上是否接近，不仅要考虑结构本身的相似性，还要考虑化合物构效关系的密切程度。所述密切程度与发明的技术领域有关，也与现有技术的整体状况有关。如前所述，结构接近的化合物必须具有相同的基本核心部分或者基本的环结构；但是，具有相同的基本核心部分或基本的环结构，未必一定属于结构接近的化合物。

化合物发明通常是在最接近的现有技术化合物基础上进行结构修饰得到的。既然来源于最接近的现有技术，那么修饰动机和手法首先会受到最接近的现有技术文献整体教导的影响。创造性判断中的所述整体教导体现在，例如，化合物通式结构的特点、各取代基的分布，包括位置、大小、数量、取代基本身的结构和相应的化学性质等，以及化合物的构效关系，即化学结构与生物活性之间的关系，其中当然也包括对效果实施例进行分析得到的"趋势”信息，这些均是认定本领域技术人员能否获得技术启示及获得何种技术启示的重要因素。

虽然由于篇幅问题，上面无法全面展示创造性判断过程。但该案对化合物创造性的判断的详细阐释，有助于我们进一步理解专利中对化合物结构创造性的评价标准和思路，对于化学领域专利撰写、无效宣告请求和诉讼都有很好的借鉴作用。

对化学领域中的化合物及其用途创造性判断，基本原则总结见表 1。

表 1　化合物及其用途创造性判断

<table>
<tr><td rowspan="2">化合物</td><td colspan="2">（1）结构不接近，有一定正面用途或效果</td></tr>
<tr><td colspan="2">（2）结构接近，有特别显著的、预料不到的用途或效果</td></tr>
<tr><td rowspan="2">化合物用途</td><td>新化合物的用途</td><td>从相似的结构预见不到</td></tr>
<tr><td>已知化合物的用途</td><td>特别显著的、预料不到的用途或效果</td></tr>
</table>

关于化合物的创造性，表 1 有如下几个需要注意的地方：首先，结构接近与否要从所属领域角度考虑，并且不同的领域判断标准存在差异，《专利审查指南 2010》并没有给出具体的判断标准，所以，药物领域的专业特殊性不同于其他领域，判断结构是否相似，不能简单地观察元素符号或者基团的改变得出结论，需要从本领域技术人员的角度判断。其次，如果结构接近，并不意味着不具有创造性，需要进一步说明，例如，可以预计用途或效果；分析推理合乎逻辑，试验可以制造。药物领域属于实验性科学，其专利，包括一些化合物专利，多为方法专利，需要实验证明，涉及工艺步骤和工艺条件，经常存在结构相似，此时，实验数据和技术效果对是否具备创造性存在一定的影响。如果技术启示是显而易见的前提，那么认定是否显而易见，是否有技术启示是基于事实作出的法律判断，有可能被作为证据；也就是说，不仅仅是事实判断，也包括了法律判断。在湘北威尔曼制药有限公司的“抗 p–内酰胺酶抗菌素复合物”无效纠纷案中就是如此。另外，关于隐含技术启示，在我国专利审查和审判实践中大量存在，如不难想到的、技术难度不大等表述，这些词语特点与显而易见含义相同但表述不同。

案例引申

引申案例 2-1

“核苷酸类似物”无效宣告案

一、案件基本信息

涉案专利申请号：ZL 97197460.8

案件类型：发明专利无效宣告案

发明名称：核苷酸类似物

专利权人：吉联亚科学股份有限公司

无效请求人：陈某某；上海奥锐特实业有限公司；江苏正大天晴药业股份有限公司

无效决定编号：22284

二、案件技术方案和无效请求情况

涉案专利保护对象为一种抗病毒用核苷酸类似物。

经过实质审查，涉案专利于2008年4月30日被授予专利权，本专利授权公告时的主要权利要求包括：

1. 下式（1a）的化合物或其药学上可接受的盐、互变异构体或水合物：

$$A—O—CH_2—P(O)(—OC(R_2)_2OC(O)X(R)a)(Z) \quad (1a)$$

其中Z为—$OC(R_2)_2OC(O)X(R)a$或—OH；A为抗病毒的膦酰甲氧基核苷酸类似物残基；X为N或O；R_2独立的为—H、未取代的或者被 1 个或 2 个卤素、氰基、叠氮基、硝基—$N(R_4)_2$—或 OR_3 取代的 C1-C12 烷基、C5-C12 芳基、C2-C12 链烯基、C2-C12 链炔基、C7-C12 链烯基芳基、C7-C12 链炔基芳基或 C6-C12 烷基芳基，其中 R_3 为 C1-C12 烷基、C2-C12 链烯基、C2-C12 链炔基或 C5-C12 芳基；R 独立地为—H、未取代的或者被 1 个或 2 个卤素、氰基、叠氮基、硝基、—$N(R_4)_2$—或 OR3 取代的 C1-C12 烷基、C5-C12 芳基、C2-C12 链烯基、C2-C12 链炔基、C7-C12 链烯基芳基、C7-C12 链炔基芳基或 C6-C12 烷基芳基，其中 R_4 独立地为—H 或 C1-C8 烷基；条件是，至少一个 R 不是 H；当 X 是 O 时，a 是 1，或者当 X 是 N 时，a 是 1 或 2；条件是：当 a 是 2 且 X 是 N 时，(a) 两个与 N 原子连接的 R 基团可以一起形成一个含一个氮的杂环或一个含一个氮和氧的杂环，(b) 一个与 N 原子连接的 R 基团还可以是 OR_3 或者 (c) 两个与 N 原子连接的 R 基团可以是—H。

2. 权利要求 1 的化合物或其药学上可接受的盐、互变异构体或水合物，具有下列结构：

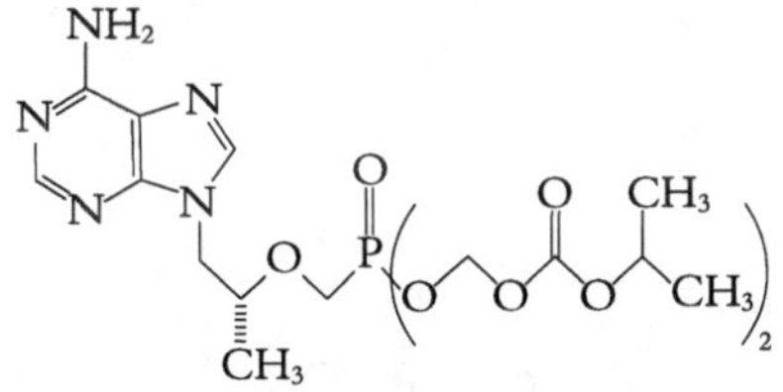

3. 权利要求 1 的式 (1) 的化合物或其药学上可接受的盐、互变异构体或水合物：

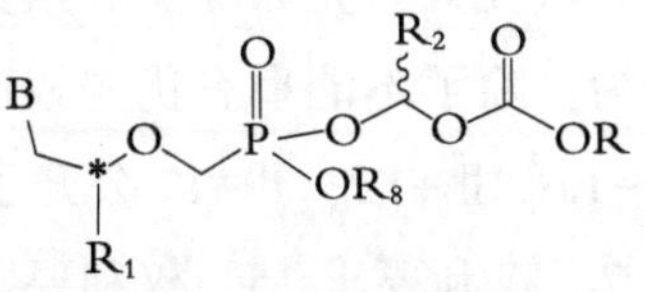

(1)

其中 B 为鸟嘌呤-9-基、腺嘌呤-9-基、2,6-二氨基嘌呤-9-基、2-氨基嘌呤-9-基或其 1-去氮杂、3-去氮杂或 8-氮杂类似物，或者 B 是胞嘧啶-1-基；R 独立地为—H、未取代的或者被 1 个或 2 个卤素、氰基、叠氮基、硝基或 OR_3 取代的 C1-C12 烷基、C5-C12 芳基、C2-C12 链烯基、C2-C12 链炔基、C7-C12 链烯基芳基、C7-C12 链炔基芳基或 C6-C12 烷基芳基，其中 R_3 为 C1-C12 烷基、C2-C12 链烯基、C2-C12 链炔基或 C5-C12 芳基；R_1 为—H、—CH_3、—CH_2OH、—CH_2F、—CH═CH_2或—CH_2N_3，R_2 独立地为—H 或 C1-C6 烷基；而 R_8 为—H 或—CHR_2—O—C(O)—OR。

…………

27. 一种制备权利要求（1）中的式（1a）化合物的方法，包括使膦酰甲氧基核苷酸类似物的二酸与 L—CH(R_2)OC(O)(R)$_a$ 反应，其中 L 为离去基团。

28. 一种制备权利要求 3 中的式（1）化合物的方法，包括使式（4）化合物与 L—CHR_2—O—C(O)—OR 反应，然后回收式（1）化合物，其中 B、R、R_1、R_2 和 R_8 同权利要求 3 中的定义，而 L 是离去基团。

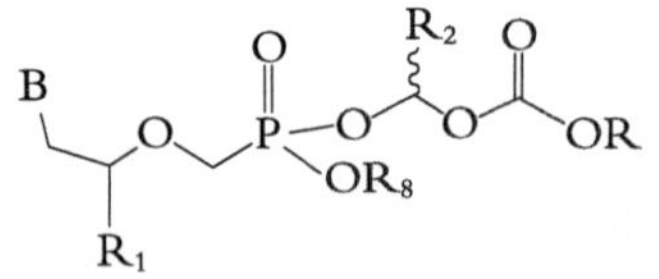

（1）

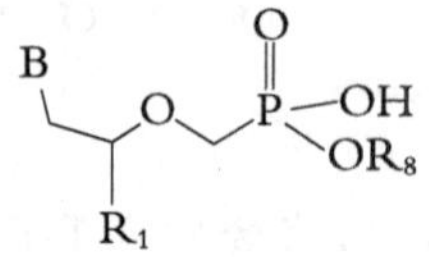

（4）

无效请求人共对此案提起三次无效。先后提交 3 组共数十项证据。在创造性方面，无效请求人主要认为：除了不能享有优先权而不具备新颖性的部分权利要求外，证据Ⅱ-1、Ⅱ-1a、Ⅱ-1b、Ⅱ-17 公开了 bis(pom)PMPA，因此，与其结构类似的权利要求 7、权利要求 15、权利要求 17~18、权利要求 20~21 均不具备创造性。证据Ⅱ-2（ANTIMICROBIAL AGENTS AND CHEMOTHERAPY，1993 年 10 月，第 2247 至第 2250 页）公开了将 PMPA 修饰成 bis(pom)PMPA 以提高生物利用度。证据Ⅱ-18 公开了羧酸酯和碳酸酯是两种常见的修饰基团，在提高生物利用度等方面是等效的。证据Ⅱ-3 给出烷氧基羰基氧甲基修饰母药能改善其口服吸收性的启示。证据Ⅱ-4 提到通过将难以口服吸收的羧酸形式的药物转化为可以去酯化的酯的形式没有制得满意的化合物，而且异丙氧羰基氧乙基修饰的化合物为优选的方案。证据Ⅱ-5 提供了采用碳酸酯基修饰前药的方案。证据Ⅱ-6 具体公开了异丙酰基氧基甲基氧修饰的 PMEA，并提示也可以如此修饰 PMPA。证据Ⅱ-7 公开了将化合物进行新戊酰氧基甲基的修饰，会导致体内代谢产生新戊酸从而使体内的卡尼丁水平降低。证据Ⅱ-8 公开了巴氨西林的酯基水解形成具有生理机能与特性的产物。证据Ⅱ-9 具体公开了膦酸的异丙基氧基酰基氧基甲基的前药。证据Ⅱ-19 公开了使用酰氧基烷基酯修饰膦酸或次膦酸改善药物运输的方法。相对于证据Ⅱ-2 结合公知常识（如证据Ⅱ-18）、证据Ⅱ-2 结合证据Ⅱ-3、证据Ⅱ-2 结合证据Ⅱ-4、证据Ⅱ-6 结合证据Ⅱ-3、证据Ⅱ-2 结合证据Ⅱ-3 和证据Ⅱ-7、证据Ⅱ-2/6 结合证据Ⅱ-9、证据Ⅱ-2/6 结合证据Ⅱ-7 和证据Ⅱ-9，权利要求 2 不具有突出的实质性特点和显著的进步，不具备创造性。权利要求 3 相对于证据Ⅱ-2 与公知常识的结合，证据Ⅱ-2、Ⅱ-3 的结合，证据Ⅱ-2 与证据Ⅱ-4 或Ⅱ-5 的结合，证据Ⅱ-6、Ⅱ-3 的结合，证据Ⅱ-2、Ⅱ-3 和Ⅱ-7 的结合，证据Ⅱ-2、Ⅱ-7、Ⅱ-8 的结合，证据Ⅱ-2 或Ⅱ-6 与证据Ⅱ-9 的结合，证据Ⅱ-2/6、证据Ⅱ-7 和证据Ⅱ-9 的结合不具备创造性。权利要求 3 引用权利要求 1，基于上述对权利要求 3 的具体评述，相对于证据Ⅱ-2 结合公知常识以及其他证据文件，权利要求 1、权利要求 4~10、权利要求 12~18、权利要求 20~22、权利要求 26~32 不具备创造性。

除新颖性争议之外，专利权人认为：证据Ⅱ-2 公开了三种核苷酸类似物及它们的双特戊酰氧甲基（pom）酯在体外的抗病毒活性；证据Ⅱ-2 所公开的该类化合物在当时被认为具有肾毒性，本领域技术人员没有动机在证据Ⅱ-2 公开的化合物的基础上选择和/或改造 bis(pom)PMPA,并得到权利要求 2 所保护的化学稳定的、生物利用度得到改善的抗病毒化合物。证据Ⅱ-2 和公知常识均没有给出权利要求 2 中异丙氧基羰基氧基甲基基团（以下简称 poc 基团）优于其他潜在前药基团的教导，更没有给出其优于 pom 基团的教导。证据Ⅱ-19 中并没有公开 poc 基团；更进一步，请求人没有提供任何证据证明本领域技术人员知道含有 poc 基团的前药优于含有 pom 基团的前药。证据

Ⅱ-18也无法证明请求人Ⅱ提出的两者等效的观点。证据Ⅱ-8证明了碳酸酯基团会释放对人体有毒害的化学物质。证据Ⅱ-10进一步说明碳酸酯基在用于制备前体药物中的不确定性和困难性。因此，证据Ⅱ-2或者公知常识无法给出任何poc基团优于其他前药基团包括证据Ⅱ-2中pom基团的教导。综上所述，本领域一般技术人员没有动机在证据Ⅱ-2公开的化合物的基础上进行选择和/或改造，从而得到权利要求2所保护的化学稳定且生物利用度改善的抗病毒化合物，因而该案技术方案相比于证据Ⅱ-2与公知常识的结合具有突出的实质性特点。

专利权人在审查过程中提交了修改的权利要求书，删除了权利要求中的“互变异构体”和“水合物”范围。

三、主要审查结论和解析

合议组作出的无效审查决定宣告ZL 97197460.8发明专利权全部无效。

对于享有优先权而具备新颖性的权利要求2，合议组认为：

证据Ⅱ-2公开了9-(2-膦酰甲氧基丙基)腺嘌呤化合物,简称PMPA；以及9-(2-膦酰甲氧基丙基)腺嘌呤双(特戊酰氧甲基)酯，简称bis(pom)PMPA,并且公开了这类化合物也具有抗HIV活性。证据Ⅱ-2记载，人们发现，许多五环核苷膦酸酯包括PMEA、PMPA和PMPDAP的双（特戊酰氧甲基）[即bis（pom）]衍生物的抗病毒活性是其相应未修饰化合物的9~23倍。bis(pom)衍生物的细胞毒性也增加了许多,从而改变了这些化合物的治疗指数。使用［3H］bis(pom)PMPA和［3H］PMEA作为模型化合物的代谢研究表明，bis(pom)衍生物在细胞内吸收的增加超过了100倍，形成了活性双膦酸化代谢物。然而，这些bis(pom)衍生物化学不稳定,对血清介导的水解高度敏感，从而限制了其在细胞内药物传递的潜在效用。有关的膦酸酯类似物PMPA和PMPDAP虽然对疱疹病毒的活性较差，但是具有强效的抗HIV活性。膦酰基团在生理pH下带负电，因此这些分子口服给药后细胞内吸收和生物利用度相对较差，最近的研究发现，抗肿瘤核苷酸类似物5-氟-2′-脱氧尿苷的双（特戊酰氧甲基）酯起膜渗透前药的作用，可抑制野生型和胸腺苷激酶缺陷小鼠白血病细胞的增生。本试验表明，通过特戊酰氧甲基基团进行烷基化来掩盖膦酰基团的电荷可增加许多无环核苷膦酸酯的细胞吸收和生物活性。

通过对比可以发现，本专利权利要求 2 与证据Ⅱ-2 中公开的都是具有抗病毒活性的核苷膦酸酯前药化合物，二者结构极为类似，本专利权利要求 2 相对证据Ⅱ-2 公开的 bis(pom)PMPA 的区别技术特征仅在于：①膦酸酯基上连接的修饰基团不同，本专利权利要求 2 中的修饰基团为异丙基氧基，其与羰氧基连接形成碳酸酯类修饰基团；而证据Ⅱ-2 中 bis(pom)PMPA 的相应位置为叔丁基，其与羰氧基连接形成羧酸酯类修饰基团（特戊酰氧基），即证据Ⅱ-2 中 bis(pom)PMPA 比本专利的 bis(poc)PMPA 在上述方框位置少了一个氧基而多了一个甲基；②本专利权利要求 2 限定了化合物为 R 构型，而证据Ⅱ-2 中未明确公开构型。

对于生物利用度方面的效果，一方面，虽然本专利说明书表 1 中给出了权利要求 2 化合物 bis(poc)PMPA 的 PMPA 代谢水平为35.8±15.7%，但是证据Ⅱ-2 中未公开 bis(pom)PMPA 的具体代谢实验结果，故无法直接确定本专利的代谢水平必然高于证据Ⅱ-2 中公开的化合物 bis(pom)PMPA 的代谢水平；另一方面，证据Ⅱ-2 中公开：膦酰基团在生理 pH 下带负电，因此这些分子口服给药后细胞内吸收和生物利用度（大鼠中）相对较差。本试验表明，通过特戊酰氧甲基基团进行烷基化来掩盖膦酰基团的电荷可增加许多无环核苷膦酸酯的细胞吸收和生物活性。在初步研究中，将 bis(pom)PMEA 口服给予猴子后，在循环中发现约 30% 的化合物 PMEA，而口服给予 PMEA 在循环中仅有约 6% 的 PMEA。可见，证据Ⅱ-2 明确了母药 PMPA 或 PMEA 口服生物利用度差的原因，并且给出了解决办法，即通过烷基化来掩盖膦酰基团的电荷以提高细胞吸收和生物活性，并且具体证明了 bis(pom)PMEA[与最接近的现有技术 bis(pom)PMPA 结构极为类似]相对 PMEA 明显改善了口服生物利用度，代谢水平达到约 30%，根据上述内容，本领域技术人员可以预测 bis(pom)PMPA 也可能因为通过烷基化掩盖了母药 PMPA 上的膦酰基团的电荷而提高了细胞的吸收和生物活性。因此，本领域技术人员不会认为专利权利要求 2 的化合物 bis(poc)PMPA 相对证据Ⅱ-2公开的 bis(pom)PMPA 在生物利用度方面具有明显改善的技术效果。

对于稳定性方面的效果，虽然本专利说明书表 1 中给出了权利要求 2 化合物 bis(poc)PMPA 的化学半衰期和生物半衰期,但是由于并没有将该化合物与证据Ⅱ-2 中的 bis(pom)PMPA 进行稳定性方面的直接比较,即没有数据表明证据Ⅱ-2 中公开的化合物的稳定性水平明显低于 bis(pom)PMPA,合议组注意到证据Ⅱ-2 在摘要部分提到:这些 bis(pom) 衍生物化学不稳定,对血清介导的水解高度敏感,从而限制了其在细胞内药物传递的潜在效用。但是这样的论述仅是笼统地描述,并不是针对具体的化合物结构。并且证据Ⅱ-2 在正文中涉及具体化合物结构时公开了如下内容:bis(pom)PMEA 在酸性 pH (pH2.0) 的缓冲液中是稳定的,据估计半衰期超过 24 小时。因此,通过口服途径给药时在胃环境中可能是稳定的,因其亲脂性从而被迅速吸收。由于该发明涉及的是适用于有效地口服传送的核苷酸类似物,可见,在 bis(pom) 衍生物中存在稳定的结构是可能的,并且由于证据Ⅱ-2 公开的 bis(pom)PMPA 与具有稳定性的 bis(pom)PMEA 结构极为类似,根据结构相近性质相同的基本判断原理,其具有一定稳定性也是可能的。因此,本领域技术人员不会认为该专利权利要求 2 相对于证据Ⅱ-2 中的化合物取得了有利于口服给药的稳定性明显提高的技术效果。

对于对 HIV-1 的抗逆转录病毒活性方面的效果,一方面,本专利说明书中仅指出了要求保护的 PMPA 碳酸酯前药化合物相对于 PMPA 原药的抗病毒活性和细胞毒性及选择性指数的增加,并且指出这种增加可能是由于碳酸酯前药因亲脂性相对于原药增加而具有良好的渗透到细胞中的能力。由于该专利公开的是 IC_{50}、CC_{50}、SI（CC_{50}/IC_{50}）值,证据Ⅱ-2 中公开的是 ED_{50}、IC_{50}、SI（IC_{50}/ED_{50}）值,二者之间试验条件不同,获取的数据形式也不同,并不能进行直接的比较。另一方面,证据Ⅱ-2 中,bis(pom)PMPA 前药相对其原药 PMPA 也进行了酯化处理,增加了亲脂性,并且证据Ⅱ-2 明确提示 bis(pom) 衍生物的抗病毒活性是其相应未修饰化合物的9~23 倍。bis(pom) 衍生物的细胞毒性也增加了许多,从而改变了这些化合物的治疗指数。另外,由于所采用的 XTT 试验的不敏感性,这些化合物的实际效果可能会比所给出的数据更高。由此可见,证据Ⅱ-2 中最接近的 bis(pom)PMPA 前药化合物起到了改善 PMPA 原药抗病毒活性和选择性的效果,该专利的碳酸酯前药性对于 PMPA 也改善了抗病毒活性和选择性,但是,本领域技术人员并不会认为该专利的碳酸酯前药相对证据Ⅱ-2 中最接近的 bis(pom)PMPA 前药具有明显改善的抗病毒活性和选择性。

基于以上分析可知，该专利说明书中给出的三方面活性数据均对比的是碳酸酯前药与 PMPA 原药之间的活性效果，而没有给出证据Ⅱ-2 中提到的羧酸酯前药或其他类型前药在上述三方面的活性效果，由于证据Ⅱ-2 也关注了这三方面的效果，并且也指出其所研究的前药化合物在这三方面相对原药具有明显改善的效果，因此，本领域技术人员不能够认为该专利相对于证据Ⅱ-2 具有实质改进的技术效果，此时，该专利相对证据Ⅱ-2 实际解决的技术问题仅是提供一种适于口服给药的新的 PMPA 前药化合物。该专利是通过制备成碳酸酯前药而解决上述技术问题的。因此，判断本专利是否具备创造性的关键就在于现有技术中是否存在制备成该专利的碳酸酯前药来解决上述技术问题的启示。

在药物化学领域中，采用常规的结构修饰基团尤其是结构接近的取代基类型替换已知前药化合物中的相应基团获得效果相当的替代前药化合物是本领域技术人员解决此类技术问题的惯用手段。在该案中。本领域技术人员公知典型前药修饰基团同时包括羧酸酯基［证据Ⅱ-2 中 bis(pom)PMPA 的末端修饰情形］及碳酸酯修饰基团（本专利权利要求 2 中的末端修饰情形），二者都是针对药物结构中的羟基进行修饰的，均属于酯类结构修饰基团，并且由于权利要求 2 中末端的异丙基也是本领域中常见的酯基末端基团，在此基础上，本领域技术人员容易想到采用碳酸酯基团代替证据Ⅱ-2 中的羧酸酯基团对 PMPA 进行前药修饰，证据Ⅱ-2 中的化合物也是 PMPA 前药化合物，其原药部分的结构相同，核苷酸部分也具有一个手型中心，本领域技术人员知道其必然具有 R 和 S 构型，在该专利没有指出 R 构型的优势及分离时所存在的难以克服的技术困难的情况下，本领域技术人员在证据Ⅱ-2 的基础上结合本领域公知常识获得权利要求 2 的技术方案是显而易见的，权利要求 2 不具备突出的实质性特点和显著的进步，不具备《专利法》第二十二条第三款规定的创造性。

即使认为该专利的化合物在化学稳定性及选择性指数上相对证据Ⅱ-2 具有改善的作用，本专利权利要求 2 的技术方案仍然不具备创造性：假设该专利相对于证据Ⅱ-2实际解决的技术问题就是提供稳定性更高或选择性指数更高的PMPA前药化合物。本领域技术人员清楚，设计和合成前药的目的是赋予药物以改善的药代动力学、稳定性或溶解性等有益性质，在证据Ⅱ-2的羧酸酯前药不稳定时，本领域技术人员有动机通过其他形式的结构修饰寻找稳定性更好的前药化合物。并且由于本领域技术人员公知典型前药修饰基团同时包括羧酸酯基［证据Ⅱ-2中bis(pom)PMPA的末端修饰情形］及碳酸酯修饰基团（本专利权利要求2中的情形），二者均属于酯类结构修饰基团，性质接近，因此，本领域技术人员在改善前药稳定性而进行结构修饰时，容易想到采用结构差别不大的碳酸酯基团代替羧酸酯基团，以获得新的PMPA前药，并测试其稳定性。该专利表1中的数据反映了多种结构修饰的化合物的稳定性结果，其中大部分具有一定的稳定性，少部分稳定性较差，这从侧面反映了专利权人通过对所制备的化合物结构进行稳定性测试后即对这些化合物要求了专利保护，这样的简单测试过程并不能使其获得足够的创造性。即便是对于权利要求2的具体化合物来说，其稳定性并不是最优的，而且在本领域技术人员有动机通过结构修饰改善稳定性的情况下，该相对稳定的化合物结构对于本领域技术人员来说也是显而易见的。同理，对于选择性指数等来说，证据Ⅱ-2已经明确提示通过对膦酸酯基进行修饰时，可以增强抗病毒活性以及提高选择性，本领域技术人员为获得其他选择性更高的PMPA前药，有动机地采用类似的结构对膦酸酯基进行修饰，因此，获得权利要求2的技术方案也是显而易见的。

从整体来看，证据Ⅱ-2已经给出了PMPA原药吸收效果不佳的原因及相应的改进方案，即将PMPA原药中的膦酰基团负电荷掩盖可以增加许多无环核苷膦酸酯的细胞吸收和生物活性。证据Ⅱ-2通过羧酸酯前药，例如，bis(pom)PMPA改善了PMPA前药的细胞吸收、稳定性及抗病毒活性和选择性，该专利通过碳酸酯前药也在类似的领域相对于PMPA前药获得了改进的效果，但如前所述，碳酸酯和羧酸酯均是前药修饰的常用基团并且结构类似，因此，它们之间的替换是本领域技术人员在解决获得新的适于口服给药的前药化合物这一技术问题时容易想到的。即便最终能够证明在上述活性效果如抗病毒活性或选择性方面，该专利某一化合物在某一数据指标相对于证据

Ⅱ-2 中的 bis(pom)PMPA 有所提高,在证据Ⅱ-2 已经明确提示 bis(pom) 酯通过增加亲脂性而迅速吸收,并且针对 PMPA 的 bis(pom) 酯前要求可以提高抗病毒活性和选择性的情况下,本领域技术人员进行相关测试并从中选择化合物要求保护这一过程是本领域的常规选择，何况所要求保护的化合物并不是各方面数据最优的化合物结构，该过程不能为发明带来创造性。

判断现有技术公开的化合物与发明化合物结构是否接近，不仅应关注使二者产生结构差异的结构单元，而且应当关注二者之间相同的结构单元，以及该相同结构单元是否对于化合物的活性起到决定作用。在二者属于结构接近的化合物的前提下，如果发明化合物对现有技术化合物结构的改变不能带来预料不到的技术效果，则意味着通过这种结构改进获得的发明化合物对于所属领域技术人员而言是显而易见的。与案例二相反，该申请给出了化学结构的改造变化对于本领域技术人员有启示且技术方案显而易见的实例，结合案例二研读，对于理解化合物结构改进和启示以及结构显而易见性的判断很有帮助。

案例三

“取代的噁唑烷酮和其在血液凝固领域中的应用”无效宣告案

——化合物结构的相似性判断和改进启示

案情介绍

一、案件基本信息

涉案专利申请号：ZL 00818966.8

案件类型：发明专利无效宣告案

发明名称：取代的噁唑烷酮和其在血液凝固领域中的应用

专利权人：拜耳知识产权有限责任公司

无效请求人：南京正大天晴制药有限公司

无效决定编号：45997

二、案件技术方案情况

利伐沙班是目前临床上常用的心血管药物，被广泛用于静脉血栓栓塞性疾病的预防与治疗，以及非瓣膜性房颤的卒中预防。利伐沙班原研化合物专利已于2020年年底到期，目前包括该案无效请求人南京正大天晴制药有限公司在内的10余家国内药企获得仿制药批文并上市产品。但拜耳对原料药销售和许诺销售行为的大力维权举措仍在进行，专利侵权诉讼涉及多家国内知名药企，涉案专利的有效性仍是争议的焦点。

经过实质审查，涉案专利于2006年7月5日被授予专利权，本专利授权公告时的主要权利要求包括：

1. 通式(Ⅰ)的化合物或其可药用盐、水合物或盐的水合物，

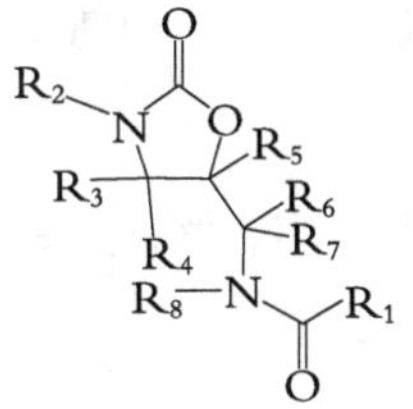

(Ⅰ)

其中：R_1 为 2-噻吩基，该基团在其 5-位上被选自氯、溴、甲基和三氟甲基的基团取代，R_2 为 D-A-：其中，基团“A”为亚苯基；基团“D”为饱和的 5-元或 6-元杂环，其经过氮原子与“A”连接，其在连接的氮原子的邻位上具有羰基并且其中一个环碳单元可被选自 S、N 和 O 的杂原子替代；其中前面定义的基团“A”在所述与噁唑烷酮的连接点的间位上可任选被选自下列基团一或二取代：氟、氯、硝基、氨基、三氟甲基、甲基和氰基，R_3、R_4、R_5、R_6、R_7 和 R_8 为氢。

2. 具有下式结构的权利要求 1 的化合物或其可药用盐、水合物或盐的水合物，

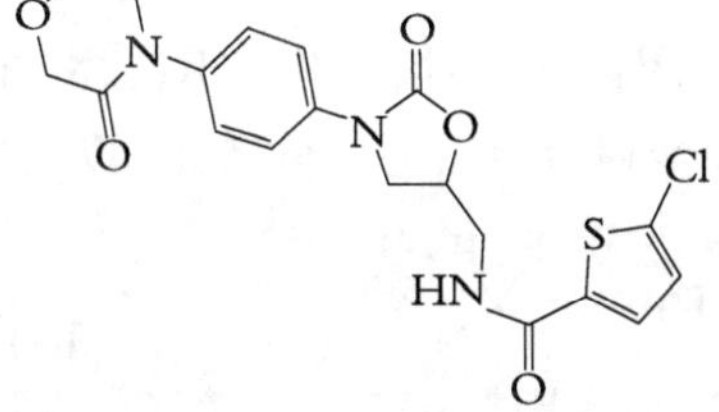

3. 制备按照权利要求 1 或权利要求 2 的取代的噁唑烷酮的方法，其中所述方法或者按照方法

[A] 使通式(Ⅱ)的化合物，

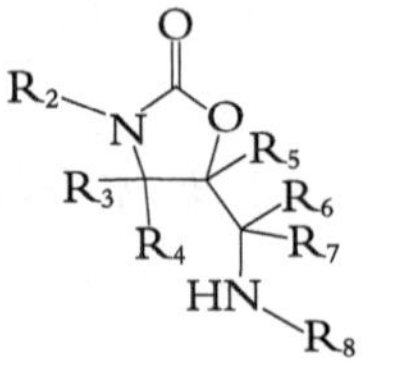

（Ⅱ）

其中：基团 R_2、R_3、R_4、R_5、R_6 和 R_7 具有权利要求 1 中给出的含义，与通式（Ⅲ）的羧酸反应，

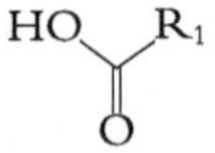

（Ⅲ）

其中：基团 R_1 具有权利要求 1 中给出的含义，或与前述定义的通式（Ⅲ）的羧酸相应的酰卤或与相应的对称或混合酸酐在惰性溶剂中，任选在活化剂或偶联剂和/或碱存在如下反应，生成通式（Ⅰ）的化合物，

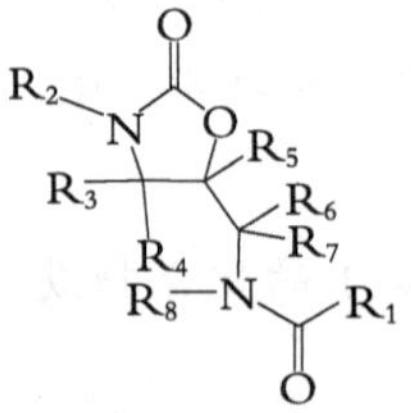

（Ⅰ）

其中：基团 R_1、R_2、R_3、R_4、R_5、R_6、R_7 和 R_8 具有权利要求 1 中给出的含义，或按照方法［B］使通式（Ⅳ）的化合物，

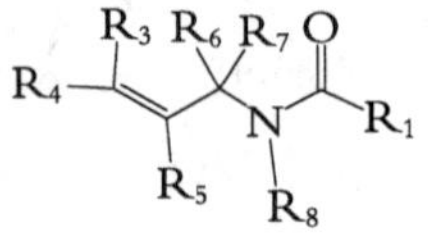

（Ⅳ）

其中：基团 R_1、R_3、R_4、R_5、R_6、R_7 和 R_8 具有权利要求 1 中给出的含义，与合适的选择性氧化剂在惰性溶剂中反应转化成通式（Ⅴ）的相应的环氧化物，

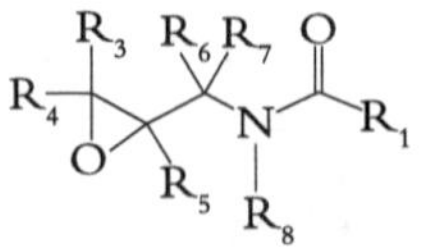

（Ⅴ）

其中：基团 R_1、R_3、R_4、R_5、R_6、R_7 和 R_8 具有权利要求 1 中给出的含义，和在惰性溶剂中，任选在催化剂存在下通过与通式（Ⅵ）的胺反应 $R_2—NH_2$（Ⅵ），

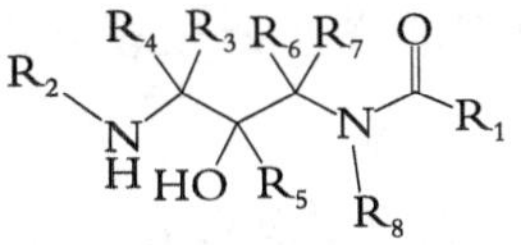

（Ⅵ）

其中：基团 R_2 具有权利要求 1 中给出的含义，首先制得通式（Ⅶ）的化合物，

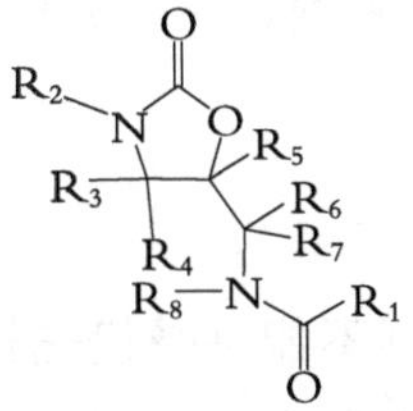

（Ⅶ）

其中：基团 R_1、R_2、R_3、R_4、R_5、R_6、R_7 和 R_8 具有权利要求 1 中给出的含义，并且随后在惰性溶剂中在光气或光气等价物存在下环合成通式（Ⅰ）的化合物，其中基团 R_1、R_2、R_3、R_4、R_5、R_6、R_7 和 R_8 具有权利要求 1 中给出的含义。

4. 权利要求 3 的方法，其中所述通式（Ⅲ）的羧酸相应的酰卤为酰氯。

5. 权利要求 3 的方法，其中所述光气等价物为羰基二咪唑。

6. 药物组合物，其中含有至少一种按照权利要求 1 或权利要求 2 的化合物与一种或多种可药用助剂或赋形剂。

7. 权利要求 1 或权利要求 2 的化合物用于制备预防和/或治疗血栓栓塞性疾病的药物或药物组合物的用途。

8. 权利要求 7 的用途，其中所述疾病选自心肌梗死、心绞痛、血管成形术或主动脉冠状动脉分流术后的再阻塞和再狭窄、卒中、短暂的局部缺血发作、周围动脉闭塞性疾病、肺栓塞或深部静脉血栓形成。

9. 按照权利要求 1 或权利要求 2 的化合物用于制备预防和/或治

疗通过抑制因子 Xa 正性影响的疾病的药物或药物组合物的用途。

10. 按照权利要求 1 或权利要求 2 的化合物用于制备治疗弥散性血管内凝血的药物或药物组合物的用途。

11. 按照权利要求 1 或权利要求 2 的化合物用于制备抑制因子 Xa 的药物或药物组合物的用途。

12. 体外阻止血液凝固的方法，其特征在于加入按照权利要求 1 或权利要求 2 的化合物。

13. 在血液储存或含有因子 Xa 的生物样品中阻止凝固的方法，其特征在于加入按照权利要求 1 或权利要求 2 的化合物。

三、主要无效理由和证据

无效请求人提起无效请求的包括不能享受优先权、修改超范围、说明书公开不充分、权利要求得不到说明书支持等，以及该案例主要讨论的“权利要求 1~4、权利要求 6~13 不具备创造性”。

无效请求人先后提交了证据 1~22，无效请求人以证据 3(WO 9931082 A)为最接近的现有技术，结合多种其他证据的组合均可以显而易见地获得权利要求 1~4、权利要求 6~13 的技术方案。

证据 3 公开了一种苄脒衍生物，并且在第 3 页第 1 段公开了具有 Xa 的抑制特性，实施例 9 提到了多个具体化合物，第 57 页倒数第 2 段公开了具体制备 5-[5-(4-氯苯甲酰基甲氨基) 甲基]-2-氧代噁唑烷-3-基]苄脒（化合物 A）。将权利要求 1 请求保护的技术方案与证据 3 公开的化合物对比，区别在于：(1) 权利要求 1 中噁唑烷酮右侧为 5-氯噻吩-2-基，而化合物 A 为 4-氯苯基；(2) 权利要求 1 中酰胺基氮原子上为氢，而化合物 A 为甲基；(3) 权利要求 1 中亚苯基对位上为 3-氧代吗啉-4 基，化合物 A 为甲脒基；(4) 权利要求 1 中噁唑烷酮环是 S 异构体，化合物 A 未公开构型。证据 3 的实施例 9 化合物与本专利的化合物结构接近，存在上述四个区别，对于区别 (1)，证据 3 教导了 R4 可以是被氯取代的 2-噻吩基，本领域技术人员能够通过有限次的常规实验，确定 2-噻吩基上氯的合适位置，证据 5 也给出了 Xa 抑制剂的一端可以是 5-氯噻吩-2-基的教导；对于区别 (3)，证据 4 或证据 7 公开了 Xa 因子中

S1 口袋是一个狭窄的裂缝，S4 口袋是末端开口的盒子，并将研发人员对 Xa 抑制剂的设计进展进行了综述，要用碱性低于脒基的其他基团替代脒基，以改善化合物的药代动力学和药效学性能，这些化合物都含有分别与 Xa 因子 S1 和 S4 结合的两端和连接这两端的中间部分，本领域技术人员能选择 S1、S4 结合端进行改造和替换，并且证据 5 教导了 Xa 抑制剂的两端可以替换为吗啉代苯基，证据 4、证据 6、证据 8~13 均证明了本领域技术人员有动机使 S4 结合端成为非平面的空间扩展结构，比如在吗啉环与亚苯基相连的 N 的部位上进行取代以形成空间位阻，使吗啉环与亚苯基这两个环不处于一个平面从而得到本专利的化合物。

专利权人则提供了反证 1~19，认为涉案专利要求保护的化合物与化合物 A 结构不接近，由此涉案专利解决的技术问题是提供一种不同母核的 Xa 抑制剂；现有技术所有证据都不能就涉案专利的化合物母核结构给出技术启示。并于 2020 年 7 月 15 日修改了权利要求书：

1. 具有下式结构的化合物或其可药用盐或水合物，

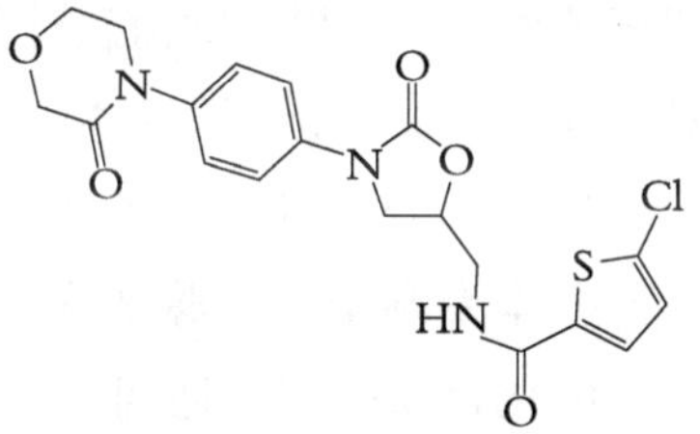

2. 药物组合物，其中含有至少一种按照权利要求 1 的化合物与一种或多种可药用助剂或赋形剂。

3. 权利要求 1 的化合物用于制备预防和/或治疗血栓栓塞性疾病的药物或药物组合物的用途。

4. 权利要求 3 的用途，其中所述疾病选自心肌梗死、心绞痛、血管成形术或主动脉冠状动脉分流术后的再阻塞和再狭窄、卒中、短暂的局部缺血发作、周围动脉闭塞性疾病、肺栓塞或深部静脉血栓形成。

5. 按照权利要求 1 的化合物用于制备预防和/或治疗通过抑制因

子 Xa 正性影响的疾病的药物或药物组合物的用途。

6. 按照权利要求 1 的化合物用于制备治疗弥散性血管内凝血的药物或药物组合物的用途。

7. 按照权利要求 1 的化合物用于制备抑制因子 Xa 的药物或药物组合物的用途。

8. 体外阻止血液凝固的方法，其特征在于加入按照权利要求 1 的化合物。

9. 在血液储存或含有因子 Xa 的生物样品中阻止凝固的方法，其特征在于加入按照权利要求 1 的化合物。

进一步将化合物通式限定到具体的药物化合物。

四、主要审查结论

在创造性方面，合议组认为：证据 3 发明名称为一种苄脒衍生物，其中所有实施例均为制备实施例，所涉及的化合物均具有苄脒基或者甲脒基，可见，本领域技术人员在阅读证据 3 后，得到的信息是苄脒衍生物是一种 Xa 因子抑制剂，作为结构改进的起点，面对证据 3，本领域技术人员在保留对 Xa 抑制活性有决定作用的苄脒结构基础上进行基团的改进，请求人选择的发明起点是一种苄脒衍生物，并非本专利中从非脒结构出发，即本专利是对主结构的改进，也就是说本专利的化合物基于上述四点区别，与化合物 A 并不具有类似的主结构。实际上，按照请求人的主张，将权利要求 1 与化合物 A 相比，相同点仅在于亚苯基噁唑烷酮胺，在利伐沙班化合物中存在四个环，中间两个环结构连接方式相同，而证据 3 中一半以上的具体化合物不具备该相同结构，因而证据 3 并没有任何教导该相同结构的化合物具有 Xa 抑制活性。可见，化合物 A 与利伐沙班结构上的差异及证据 3 公开的内容并不能证明如何对亚苯基噁唑烷基氨结构进行结构修饰，在面对证据 3 时，本领域技术人员通常的认识是保持苄脒、单脒基结构对于其他位置进行改进从而获得对于 Xa 抑制活性的改进，并不能给出保留亚苯基噁唑烷基氨结构而将苄脒、单脒基结构替换的结论。

证据 3~13 中均没有给出区别（1）氧代吗啉基-4 基替代证据 3 中化合物

A 甲脒基的技术启示，请求人主张使用证据 4 和证据 7 结合证据 5 等公开了该结构从而公开了区别（1），并且主张证据 4 和证据 7 公开了苄脒化合物与 Xa 因子相互作用中，苄脒与 Xa 因子的 S1 口袋结合，证据 6、证据 8、证据 9~13 佐证了该结合方式。然而，化学是一门实验科学，对于化合物的改进，首先寻找需要改进的位点是改进的第一步，继而在本领域中根据基团的性能或者其他结构对于性质的启示，对基团进行选择，并不是对现有技术中不同结构主体化合物中单独的基团进行简单的拼凑。基于上述分析，关于对于化合物结构改进的位点，证据 3 并未给出选择所有制备的化合物中均具有的苄脒、单脒基结构替换的技术教导。进一步地，通过阅读证据 4 中介绍的 Xa 因子的结构和功能和苄脒抑制剂，以及非脒结构抑制剂，可知，Xa 因子抑制剂与 Xa 因子上的 S1 和 S4 分别结合，苯甲脒衍生物抑制剂 S1（苯甲脒）和 S4（联苯）连接形成，证据 3 即为此类型抑制剂，即证据 4 给出了证据 3 作为 Xa 因子抑制剂必不可少的苯甲脒结构，在证据 4 中介绍的非甲脒类化合物是该专利的抑制剂类型，然而并未公开如何对苯基噁唑烷酮进行结构改造的技术教导。本领域技术人员阅读证据 4 后无法获得将证据 3 中与 Xa 因子结合部分使用其他基团替代的技术启示。即使证据 5 实施例 1 中的存在吗啉基基团，然而根据证据 5 本身的内容以及证据 3 和证据 4 的技术信息，并没有指引本领域技术人员将该吗啉基拼接到证据 3 上从而替代甲脒基团后也会获得好的 Xa 因子抑制活性。

证据 4~9 中均公开了苄脒化合物作为 Xa 抑制剂，根据上述证据的整体教导，本领域技术人员在面对证据 3 的苄脒化合物时，知晓苄脒、甲脒是实现 Xa 抑制活性的必要结构，因而，更加有动机在保持该结构的基础上，对其他基团进行替换研究。此外，对于证据 6、证据 8、证据 9 中的基团，根据证据 4 对于 S1 和 S4 口袋的研究，证据 6、证据 8、证据 9 并非 S1 口袋结合方式，因此，更加没有使用上述基团进行改进的技术启示。

最后，对于区别（1），请求人主张证据 3 本身已经公开了多种基团替换的可能，证据 5 实施例 7 公开的化合物中也具有 5-氯噻吩-2 基，因而能够对证据 3 化合物 A 进行结构的改进。然而，如上所述，本领域技术人员通过证据 3 和证据 5 的整体教导无法获知改进的位点如何选择，证据 5 中上述具体化合物与本专利的化合物基本没有相同的环结构，更无从比较骨架结构，现有技术中并不存在在结构完全不同的两种化合物之间寻找相同基团进行替换的技术启示。根据本专利说明书的记载，该专利中公开了要求保护的化合物用于口服的半数浓度活性及 IC_{50} 为 0.7nmol/L，可见其具有好的 Xa 因子抑制活性。

结论：维持专利权人 2020 年 7 月 15 日提交的权利要求 1~9 项专利权有效。

注：本次无效前后，本次无效请求人还对 ZL 00818966.8 进行了多次无效申请并对该申请的部分专利权无效宣告成功，限于篇幅和典型性原因，本书中未展示，感兴趣的读者可以关注相关信息。

案件看点

药品专利纠纷早期解决机制刚刚实施，对于药物化合物的专利挑战越来越成为各药企面临的重要课题。该案对于化合物创造性的审查思路和评价方式，既为仿制药企业在专利挑战中的证据准备提供了借鉴，也为原研药企业在专利申请过程如何维护其合法利益提供了参考。

请求人使用了较多证据组合方式，均以证据 3 的化合物 A 作为最接近的现有技术。请求人认为涉案专利要求保护的化合物与化合物 A 结构接近，在涉案专利并没有证明其具备预料不到技术效果的基础上，涉案专利实际解决的技术问题仅在于提供一种结构类似的 Xa 抑制剂。由于二者结构上存在 4 个取代基上的区别，请求人分别采用不同证据主张现有技术对这四个位点给出了基团替换的技术启示，从而得出不具备创造性的结论。而专利权人则认为，涉案专利要求保护的化合物与化合物 A 结构不接近，由此涉案专利解决的技术问题是提供一种不同母核的 Xa 抑制剂。然而，现有技术所有证据都不能就涉案专利的化合物母核结构给出技术启示，因此，涉案专利具备创造性。双方当事人对涉案专利实际解决技术问题的认定所引发的化合物创造性问题的判断产生了较大争议。

该案合议组遵循化合物创造性评述的“三步法”原则。首先对涉案专利和现有技术化合物结构进行比对和分析，根据案中大量现有技术，分析了该案化合物的活性必需基团以及与现有技术中化合物的结构差异，并基于对这种结构改造所获得的用途和/或效果进行构效分析的基础上确定发明实际解决的技术问题；继而分别对各个证据是否给出了进行相应结构改造可以获得相应技术效果的技术启示作出分析，最终对是否具备创造性作出判断。该案所有证据都未教导对化合物 A 结构进行改进，将甲脒基替换为吗啉基得到如涉案专利中化合物的噁唑烷酮并且仍具有良好的 Xa 抑制活性。通过以上分析能够得出，涉案专利的化合物与最接近的现有技术结构差异较大，并且相关证据均表明面对证据 3 的苄脒抑制剂，本领域技术人员选择改进的位点并不是使用其他基团替换苄脒，而是在保持该结构的基础上对其他结构进行改进，此外，公知常识性证据也没有给出相应结构改进的技术启示。因此，在现有证据基础上，涉案专利请求保护的化合物具备创造性。

在该案中，双方当事人对于涉案专利化合物与最接近的现有技术之间结构是否接近的判断产生较大分歧，因此得出了截然相反的创造性结论。无效决定从化合物最接近的现有技术的寻找出发，探讨了药物化合物发明起点问题，并且详细分析了该案化合物的必需结构基团以及与现有技术化合物的结构差异和构效关系，并基于进行这种结构改造所获得的用途和/或效果确定发明实际解决的技术问题，以此确定涉案专利相对现有技术的技术贡献，该部分内容构建了创造性“三步法”中阐述化合物具有突出的实质性特点的关键基础。

与案例二的评述思路有较大差异，该案阐释了典型的“三步法”在化合物创造性评价过程中的具体思路。对于机械比对化合物结构是否接近的误区，进一步明确了在化合物的创造性判断中，构效关系的分析是确定发明实际解决的技术问题以及分析现有技术是否存在相应技术启示的关键内容。结合案例二，可以进一步帮助我们理解专利中对化合物结构创造性的评价标准和思路。

在案例三的基础上，我们可以进一步清楚地认识化合物创造性判断的问题，除了案例二“案件看点”部分的分析外，我们还应该意识到：

涉及药物化合物专利的案例，认定技术启示不一定明确记载在现有文献中，它可能存在于相似的结构来解决某个技术问题的需要中。例如，在诺瓦提斯公司与国家知识产权局专利纠纷中，“高行终字第 492 号”将涉案专利

(ZL 200510055458.8）权利要求1与证据1（WO 9747317 A）相比，可以得出，权利要求1要求保护的实体瘤，是除胰腺肿瘤之外的脑肿瘤、头和/或颈部癌等其他多种实体瘤，是使用40-O-(2-羟乙基)-雷帕霉素进行治疗除胰腺肿瘤外更多的实体瘤。证据6公开了雷帕霉素在治疗各种实体肿瘤中的效果。由于40-O-（2-羟乙基）-雷帕霉素和雷帕霉素的结构没有太多的差异，所以雷帕霉素的母体结构也没有太多变化，一般来说，结构相似的化合物具有相似活性，本领域技术人员可以预见，40-O-(2-羟乙基)-雷帕霉素也应该具有治疗各种实体瘤的活性。涉案专利说明书的记载也进行了活性类似的证明。因此，根据证据1和证据6，本领域技术人员可以预见，40-O-(2-羟乙基)-雷帕霉素的单独或组合使用，对除胰腺肿瘤外的其他实体瘤均有疗效。在海南亚洲制药有限公司专利权无效行政纠纷案中，“高行终字第449号”也认为涉案专利权利要求2、权利要求3中的化合物区别在于糖基，两者结构相似。证据1已经披露人参皂甙Rh2可以用来升白降毒，药物领域技术人员会根据其相似的药理活性，并通过常规实验予以验证，即存在技术启示。

药物产品专利隐含的技术启示实践中有用途的相似性，用途相似为所要解决的技术问题形成某种指引，促使技术人员向着解决这个技术问题的方向在本领域或其他领域寻找技术方案。从默克公司的“中行初字第399号”案件中可以看出，根据证据1，即LUNARNEWS的翻译内容，阿伦膦酸盐需要解决副作用、服药困难和价格昂贵等问题，并指出，“可以间断循环口服双膦酸盐。或者可以每周口服一次40毫克或80毫克的阿伦膦酸，方便用药，还可以减少费用”。因此，可以得出一种低频率或者高剂量的技术启示，默克公司应该得到此用途相似的技术启示。在中国医学科学院药物研究所专利行政案件“京行终980号”中，对比文件3、对比文件4均公开了DNJ等生物碱可以降血糖。在天然药物化学领域，如果从植物有效部位提取物中提取了特定的化合物，并具有一定的药理活性，那么该有效部位提取物一般具有相同的药理活性。因为筛选现代天然药物，通常是从具有一定药理活性的活性部位提取物中分离出几种特定的化合物，然后利用这种药理活性模型进行有针对性的筛选，最终找到具有此药理活性的特定化合物。因此，在该案中，对比文件2公开的提取物具有类似降血糖的功能。

案例引申

引申案例 3-1

"6-羟基-2-萘甲酸柱状晶体及其制备方法"无效宣告案

一、案件基本信息

涉案专利申请号：ZL 00802360.3

案件类型：发明专利无效宣告案

发明名称：6-羟基-2-萘甲酸柱状晶体及其制备方法

专利权人：株式会社上野制药应用研究所

无效请求人：衢州英特高分子材料有限公司

无效决定编号：21950

二、案件技术方案和无效请求情况

6-羟基-2-萘甲酸可以用作各种工业原料，特别是染料、颜料、树脂等的原料。这种化合物通常是将科尔伯-施密特反应得到物质用水或水/醇类溶剂重结晶得到产品，这样得到的晶体有一系列性质上的不足。

经过实质审查，国家知识产权局于 2009 年 7 月 29 日授予该申请专利权，本专利授权公告时的主要权利要求包括：

1. 6-羟基-2-萘甲酸的柱状晶体的制备方法，包括将粗 6-羟基-2-萘甲酸溶解于水性介质，添加 3-羟基萘-2,7-二甲酸晶体作为晶种，冷却使之析出晶体的步骤。

2. 6-羟基-2-萘甲酸的柱状晶体的制备方法，包括将粗 6-羟基-2-

萘甲酸溶解于水性介质，添加6-羟基-2-萘甲酸柱状晶体作为晶种，冷却使之析出晶体的步骤。

3. 如权利要求1或权利要求2所述的制备方法，水性介质为水和甲醇、乙醇或异丙醇的混合溶剂。

4. 如权利要求1或权利要求2所述的制备方法，水性介质为水。

5. 如权利要求1或权利要求2所述的制备方法，水性介质为碱性水性介质。

6. 6-羟基-2-萘甲酸柱状晶体，其X射线衍射结果图具有图1、图2、图4、图6或图9所示的峰。

无效请求人提起无效请求的包括公开不充分，权利要求6不具备新颖性以及该案例主要讨论的“权利要求6不具备创造性”。

无效请求人提交了证据1~12，无效请求人以证据9（CN 2174706 A）和证据10（US 4345095 B）的6-羟基-2-萘甲酸化合物为最接近的现有技术，认为虽然证据9没有公开该申请中特定性质的晶体，但基于化合物的存在获得该申请的晶体显而易见，其效果也完全可以从晶型预期，权利要求6的晶体相对其不具备创造性。

专利权人则强调证据9、证据10未公开晶体，且该申请的晶体实现了一系列有益效果。

三、主要审查结论和解析

合议组作出的无效审查决定宣告ZL 97197460.8发明专利权利要求6无效。

合议组认为在化学结构相同的前提下，晶型的不同仅反映在与分子排列有关的化合物的微观空间结构上存在不同，这种不同通常并不改变化合物的活性。因此，在化合物的化学结构完全相同或其核心结构相同的情况下，通常认为化合物晶体发明与现有技术中的已知化合物或已知晶体在结构上接近。同时，所属领域的技术人员已知，将化合物制成晶体形式后，由晶体自身的特点决定了其可能具备相对稳定、纯度高、易于处理操作等优点，故在完成化合物产品的开发后，继而研究更具有利用价值的晶体在所属领域是非常普遍的研究思路，而且，这样的研究通常也是利用所属领域公知的晶体知识和结晶手段来完成的。在此情形下，晶体要具有创造性，则应当与与之化学结构接近的已知化学产品相比具有预料不到的技术效果。涉案专利相对于证据9实际解决的技术问题是提高产品的表观比重和流动性，从而获得更好的产品操作性，所采用的手段是将晶体的外观形态改为柱状。但对于所属领域技术人员而言，其既知晓柱状是晶体的常见外观形态，也了解该形态晶体所具有的一些相应特点，因而根据涉案专利晶体的这种外观形态即可容易地想到其相对于现有技术的鳞片状外观的晶体可以获得表观比重和流动性能方面的提高，并由此使产品的操作性能也获得改善，因此，在根据说明书的记载无法确定这种晶体形态的改变能使涉案专利晶体具有预料不到的技术效果的情况下，该涉案专利晶体不具有创造性。

目前一般认定晶体发明所采用的关键技术手段是具有特定微观结构的新晶型，在晶体结构是否接近的考量中，微观结构与晶体发明解决的技术问题之间的关系是必需的考虑因素。例如，游离化合物的晶型之间的结构相似度可能就高于游离化合物的晶型与化合物的水合物晶型的相似度，游离碱化合物的晶型和化合物与L缬氨酸的共晶可能就不属于结构相似。创造性地从考量药物化合物本身的结构特点、解决的技术问题的差异角度进行申辩，而不是只能比较技术效果。适用《专利审查指南2010》有关化合物的创造性的审查规定来判断创造性，在判断晶体是否具有预料不到的技术效果时，也不能因为晶体性能的检测方法是常规方法，就得出发明效果可以预期的结论。围绕预料不到的技术效果，应基于现有技术是否给出启示作出判断。发明效果是否可以预期与化学产品的性能检测方法是否常规，二者之间并无关联，不存在逻辑上的因果关系。此外，考察发明是否取得预料不到的技术效果时，还应避免将理化性质等同于技术效果进而以理化性质的改善程度来判定创造性。新的物理形式可能改善了化合物的某种性能，如溶解性、稳定性、与其他某些物质的相容性等，但良好的物理化学性能不意味着一定具备创造性，考察预料不到的技术效果时，最终着眼点应放在物理化学性能的改善是否给化合物的应用带来了预料不到的效果。如果没有体现出应用上的效果提升，则该物理化学性能的改善不属于发明对现有技术作出的技术贡献，不能作为确立发明创造性的依据。如果说明书中仅仅公开了新晶型具有某种性能，而没有说明且本领域技术人员根据现有技术也无法确定这种性能给晶型的实际应用带来了何种预料不到的技术效果，则申请的创造性难以确立。

在早先技术水平下，具有新颖性的药物晶型如果能够证明其获得非显而易见，通常使用这样的创造性评述思路。随着本领域科学技术的迅速发展，目前筛选药物晶型的技术已经比较成熟，大量现有技术特别是某些制药领域的工具书已表明很多药物晶型可以通过常规实验获得，这时其效果或用途对于创造性的认定就非常重要。例如，使用溶剂或者选择多种结晶溶剂组合进行重结晶，或进行高通量筛选得到药物化合物晶型，这时需要根据现有技术水平确定区别技术特征及化合物晶型实际解决的技术问题，是改善活性/优化物理化学性质/还是仅仅提供一种替代形式，然后进一步分析现有技术中是否具有技术启示；也可以视现有技术的情况先判断该申请和现有技术是否是结构接近的化合物，再判断是否要求其具有预料不到的用途或效果。在考虑预料不到的技术效果时，应当基于药物晶型自身的微观结构特点，充分考虑本领域药物晶型发明技术效果的可预期性。药物晶型通常以特定的立体几何物理形态成单个或簇状存在，在工业化生产中相对于油状或无定形，在取用、称量、配制、干燥、过滤等方面均更具优势，而且药物晶型本身就是一种相对稳定的形态，更易保存和运输，此外，基于从溶液中结晶析出的特性，也能进一步降低最终产物中杂质的含量，获得更纯的产品。因此，药物晶型所普遍具有的上述便于工业化生产的配置、干燥、过滤等操作且稳定易保存的基本性质，本领域技术人员可以预期到由油状物或无定形到晶型的性质改善，如获得便于成药、稳定性提高等技术效果。

化合物的各种晶体是专利申请中常见的保护对象，相比案例二及其引申案例、案例三中的化合物结构对化合物晶体创造性的判断标准有其特点。该案经历了实质审查、复审、无效的一系列程序，了解这一系列程序中对晶体创造性的把握尺度可以有效解决专利攻防中的化合物晶体特别是化合物晶体效果认定方面的疑难。

案例四

“固体药物剂型”无效宣告案

——剂型效果和商业上成功的考量

案情介绍

一、案件基本信息

涉案专利申请号：ZL 200480024748. X

案件类型：发明专利无效宣告案

发明名称：固体药物剂型

专利权人：ABBVIE 公司

无效请求人：罗氏制药有限公司

无效决定编号：23217

二、案件技术方案情况

该案涉及的药物为利托那韦的固体制剂，该药物为一种广受关注的抗艾滋病药物。

经过实质审查，涉案专利于2004年9月15日被授予专利权，本专利授权公告时的主要权利要求包括：

1. 一种固体药物剂型，其包含至少一种HIV蛋白酶抑制剂在至少一种可药用水溶性聚合物和至少一种可药用表面活性剂中的固体分散体，其中所述HIV蛋白酶抑制剂为(2*S*,3*S*,5*S*)-5-(*N*-(*N*-(*N*-甲基-N-((2-异丙基4-噻唑基)甲基)氨基)羰基)-L-缬氨酰基)氨基-2-(N-((5-噻唑基)甲氧基-羰基)-氨基)-氨基-1,6-二苯基-3-羟基己烷(利托那韦),并且所述可药用水溶性聚合物具有至少50℃的T_g，且以占剂型质量50%~85%的量存在，其中所述可药用表面活性剂是具有4~10的HLB值的可药用非离子表面活性剂，并且可药用表面活性剂以占剂型质量2%~20%的量存在。

2. 权利要求1的剂型，其中所述固体分散体是玻璃态溶液或固溶体。

3. 权利要求2的剂型，其中所述固体分散体还包含另一种可药用表面活性剂。

4. 权利要求2的剂型，其中所述表面活性剂是脱水山梨醇脂肪酸酯。

5. 权利要求2的剂型，其包含占剂型质量5%~30%的利托那韦、占剂型质量2%~20%的所述表面活性剂和占剂型质量0%~15%的添加剂。

6. 权利要求1的剂型，其中在非禁食状态的狗中，其显示的利托那韦血浆浓度的剂量调节AUC为至少9μg·h/(mL·100mg)。

7. 权利要求2的剂型，其中所述至少一种HIV蛋白酶抑制剂是利托那韦和洛匹那韦的组合。

8. 权利要求7的剂型，其中在非禁食状态的狗中，其显示的利托那韦血浆浓度的剂量调节AUC为至少9μg·h/(mL·100mg)，洛匹那韦血浆浓度的剂量调节AUC为至少20μg·h/(mL·100mg)。

9. 权利要求2的剂型，其中所述水溶性聚合物具有80~180℃的T_g。

10. 权利要求2的剂型，其中所述水溶性聚合物是N-乙烯基吡咯烷酮的均聚物或共聚物。

11. 权利要求2的剂型，其中所述水溶性聚合物是N-乙烯基吡咯烷酮和醋酸乙烯酯的共聚物。

12. 权利要求2的剂型，其包含至少一种选自流动调节剂、崩解剂、增量剂或润滑剂的添加剂。

13. 权利要求2的剂型，其中在40℃和75%湿度条件下保存6周后其包含利托那韦的起始含量的至少98%。

14. 权利要求1的剂型，其中所述水溶性聚合物具有80~180℃的T_g，并且所述表面活性剂具有4~10的HLB值，且以占剂型质量2%~20%的量存在。

15. 权利要求1的剂型，其中所述水溶性聚合物是*N*-乙烯基吡咯烷酮和醋酸乙烯酯的共聚物，并且所述表面活性剂是具有4~10的HLB值的脱水山梨醇脂肪酸酯，且以占剂型质量2%~20%的量存在。

16. 制备权利要求1的固体剂型的方法，所述方法包括：

制备包含所述至少一种HIV蛋白酶抑制剂、所述至少一种可药用水溶性聚合物和所述至少一种可药用表面活性剂的均匀熔化物，和允许熔化物固化以得到所述固体分散体。

17. 权利要求16的方法，所述方法还包括研磨所述固体分散体和将所述固体分散体压制成片。

18. 一种固体药物剂型，其包含利托那韦和洛匹那韦在至少一种可药用水溶性聚合物与至少一种可药用表面活性剂中的固体分散体，其中所述水溶性聚合物具有至少50℃的T_g，且以占剂型质量50%~85%的量存在，并且所述表面活性剂具有4~10的HLB值，且以占剂型质量2%~20%的量存在。

19. 权利要求18的剂型，其中所述固体分散体是玻璃态溶液或固溶体。

20. 权利要求18的剂型，其中所述水溶性聚合物具有80~180℃的T_g。

21. 权利要求18的剂型，其中所述水溶性聚合物是*N*-乙烯基吡咯烷酮和醋酸乙烯酯的共聚物，并且所述表面活性剂是脱水山梨醇脂肪酸酯。

22. 权利要求18的剂型，其中所述水溶性聚合物是*N*-乙烯基吡咯烷酮的均聚物或共聚物，并且所述表面活性剂是脱水山梨醇脂肪酸酯。

23. 权利要求18的剂型，其中所述水溶性聚合物是共聚维酮，并且所述表面活性剂是脱水山梨醇单棕榈酸酯。

24. 权利要求18的剂型，其包含至少一种选自流动调节剂、崩解剂、增量剂或润滑剂的添加剂。

25. 一种固体药物剂型，其包含利托那韦和洛匹那韦在基质中的固溶体或玻璃态溶液，所述基质包含*N*-乙烯基吡咯烷酮和醋酸乙烯酯的共聚物和脱水山梨醇脂肪酸酯，其中所述利托那韦和洛匹那韦以占剂型质量5%~30%的量存在，所述共聚物以占剂型质量50%~85%的量存在，并且所述脱水山梨醇脂肪酸酯以占剂型质量2%~20%的量存在。

26. 权利要求25的剂型，其中所述共聚物是共聚维酮，并且所述脱水山梨醇脂肪酸酯是脱水山梨醇单棕榈酸酯。

无效请求人罗氏制药有限公司先后两次对ZL 200480024748.X提起无效请求，无效的理由包括修改超范围、说明书公开不充分、权利要求得不到说明书支持、权利要求清楚等，以及该案例主要讨论的“权利要求1~26不具备创造性”。

无效请求人先后提交了数十项证据，对各项权利要求的评述均以证据5（WO 01/34119A2）为基础，其公开了一种不存在结晶的稳定的固体分散体药物制剂，其发明背景部分提及了固体分散体剂型的定义和好处：当药物水溶性差时，通常尝试寻找具有改善水溶性的药物的盐或其他衍生物。HIV蛋白酶抑制化合物典型的特征是口服生物利用度差。而固体剂量形式如胶囊或片剂与液体剂量形式相比通常是优选的。术语固体分散体指一种或多种活性成分在通过熔融（或熔化）、溶剂或熔融-溶剂方法制备的固态惰性载体或基质中的分散体。对于该制剂的活性成分，证据5中指出：HIV蛋白酶抑制化合物的实例包括利托那韦、ABT-378（洛匹那韦）等或其组合。证据5中还指出向该固体分散体中添加聚乙烯吡咯烷酮的好处：在置于溶液中时，一些药物倾向于形成晶体，这在配制药物期间可能产生问题。已知聚乙烯吡咯烷酮可抑制药物的结晶（Yohioka, M. et al. ,J. Pharm. Sci. ，1995，84，983）；并进一步指出：高能药物形式的存在通常可改善溶解速率。然而这些体系通常不是物理稳定的。本发明增强这类制剂的物理稳定性，由此使这类制剂更可行。聚乙烯吡咯烷酮用于抑制相关药物的结晶。本制剂中还使用聚乙烯吡咯烷酮（PVP），其为亲水性无定形聚合物的实例，并用于抑制结晶。其他亲水性聚合物包括羟丙甲纤维素（HPMC）等。可以使用的聚乙烯吡咯烷酮的范围为1%～95%（质量分数），优选为1%～15%（质量分数）。将聚乙烯吡咯烷酮掺入PEG基质中的益处是双重的，聚乙烯吡咯烷酮具有附加优点：具有高T_g，这通过降低迁移率使无定形区域稳定。因此，本发明在分散体中同时提供了PEG以及聚乙烯吡咯烷酮的性能优点。包含HIV蛋白酶抑制化合物的固体（分子）分散体可通过将HIV蛋白酶抑制化合物溶于或分散于足量的有机溶剂中然后分散于合适的水溶性载体中而制备。本发明的递送系统可提高HIV蛋白酶抑制化合物的溶解度和生物利用度并改善溶解速率。证据5中公开的固体药物剂型是包含药物化合物、水溶性载体，以及包含上述稳定的固体分散体和其他可药用载体、稀释剂或赋形剂的药物组合物；具体来说，所述药物化合物具体可为利托那韦（ABT-538）和洛匹那韦（ABT-378），其实施例1B描述了一种30%的利托那韦在85∶15的PEG8000（聚乙二醇8000）/聚乙烯吡咯烷酮的固体分散体，并公开了其制备方法：30% ABT-538在95∶5的PEG8000：PVP中的固体分散体通过在250mL圆底烧瓶中将ABT-538和PVP17PF溶于少量无水乙醇中而制备。方法的其余部分如上所述。还以类似方式制备了30% ABT-538在85∶15的PEG8000：PVP中的分散体以及不含药物的10%或20% PVP17PF在PEG8000中的分散体。证据5的实施例1B是最接近的技术方案，就剂型而言，本专利权利要求1与证据5实施例1B相同，均为固体分散体剂型；就活性成分而言，本专利权利要求1和证据5也相同，作为活性成分的HIV蛋白酶抑制剂也均包括利托那韦，根据证据5发明内容部分所述，该剂型中还可任选地再包含其他HIV蛋白酶抑制剂，如洛匹那韦、茚地那韦等。在其基础上辅以常规实验和材料或者其他证据即可显而易见地获得权利要求1~26的技术方案。

专利权人在创造性方面的意见主要在于：该专利中水溶性聚合物是固体

剂型的主要成分，作为基质。证据 5 中的基质是 PEG8000，而聚乙烯吡咯烷酮并不起到基质的作用，仅作为结晶抑制剂的一种掺入固体分散体中（证据 5 译文第 4 页第 10 行和倒数第 3 段第 1 行）。证据 5 虽然记载了“聚乙烯吡咯烷酮的范围为 1%～95%（质量分数），优选 1%～15%（质量分数）”，但阅读证据 5 的说明书可知，所述聚乙烯吡咯烷酮百分比是聚乙烯吡咯烷酮相对基质 PEG8000 的质量百分比，而不是聚乙烯吡咯烷酮占药物组合物的质量百分比，更不是聚乙烯吡咯烷酮占 PEG8000-聚乙烯吡咯烷酮二元混合物的百分比，即证据 5 中 PEG8000 是主要成分，聚乙烯吡咯烷酮是次要成分。基于上述发明目的并结合证据 5 译文第 4 页第 17～18 行记载的聚乙烯吡咯烷酮难以加工且妨碍药物的溶解，证据 5 明确教导了必须使用 PEG 作为主要成分而不能将聚乙烯吡咯烷酮用作主要成分，否则一方面难以“加工”，另一方面也会“妨碍药物的溶解”，即使用聚乙烯吡咯烷酮作为主要成分将导致证据 5 的发明目的不能实现。PEG8000 是作为改善药物溶解性能的主要成分，而聚乙烯吡咯烷酮是作为抑制药物结晶的次要成分，证据 5 公开的“聚乙烯吡咯烷酮的范围为 1%～95%（质量分数）”必然是指聚乙烯吡咯烷酮相对于 PEG8000 的质量百分比，这导致聚乙烯吡咯烷酮占整个药物剂型的质量百分比不可能超过 50%，即证据 5 明确公开了聚乙烯吡咯烷酮的含量不能超过整个药物剂型质量的 50%。证据 5 公开的聚乙烯吡咯烷酮仅作为抑制结晶的无定形聚合物的实例，结合其为次要组分这一事实，证据 5 教导的聚乙烯吡咯烷酮这一特征从根本上无法实现本发明中可药用水溶性聚合物的非晶性水溶性基质的功能。也即，证据 5 并未公开本发明的含量占剂型质量的 50%～85% 的 T_g 值至少为 50℃ 的非晶性水溶性聚合物这一特征。

证据 5 虽然在权利要求 10 中公开了药物组合物还可以含有表面活性剂，但其并没有公开药物组合物中关键的固体分散体可以含有表面活性剂。证据 5 在其说明书部分没有任何关于表面活性剂的描述，相反，证据 5 显示，在固体分散体制成最终产品的过程中可以加入合适的赋形剂。本领域技术人员更倾向于理解权利要求 10 中的表面活性剂属于固体分散体之外的药物赋形剂。由于证据 5 中的表面活性剂很可能是作为固体分散体之外的赋形剂使用的。证据 5 和证据 6 结合的结果对固体分散体没有影响，而只是在分散体之外使用了相关的表面活性剂，这种结合并不足以获得本专利的技术方案。退一步讲，即使将证据 6 中公开的表面活性剂应用到证据 5 的实施例 1B 的分散体中也不会得到该专利的技术方案，因其中的亲水性基质仍然是 PEG8000，而不是该专利的 T_g 值至少为 50℃的非晶性水溶性聚合物。况且，证据 6 虽然公开了使用表面活性剂，但其并没有特别教导使用含量为 2% ~ 20% 的具有 4 ~ 10 的 HLB 值的可药用非离子表面活性剂。证据 6 公开的表面活性剂的含量范围为 10% ~40%，优选为 15% ~25%，特别优选为 20% ~25%。证据 6 公开的表面活性剂的 HLB 值为 2 ~ 18，优选为 7 ~ 18，特别优选为 10 ~ 15。证据 6 优选的是亲水性的表面活性剂，而本发明的表面活性剂是疏水性的。因此证据 6 教导的优选的表面活性剂的用量和 HLB 值的趋势与本专利使用的“具有 2% ~ 20% 含量和 4 ~ 10 的 HLB 值的非离子表面活性剂”是相悖的。从有利于疏水难溶的药物化合物溶解的角度考虑，本领域技术人员不会选择疏水的表面活性剂。虽然证据 6 公开的 20% ~25% 的含量范围和 10 ~ 15 的 HLB 值与本专利的“具有 2% ~ 20% 含量和 4 ~ 10 的 HLB 值的非离子表面活性剂”存在一个点的重叠，但证据 6 并没有给出任何技术启示使本领域技术人员在两个宽泛的范围内选择该特定的点并组合，并且将该组合的点与证据 5 的特定技术方案即实施例 1B 相结合。实际上，现有技术中存在如证据 5 所公开的 PEG 基质中加入表面活性剂的尝试，如反证 5，但其使用了 HLB 值为 15 的表面活性剂，而且一般性地教导为了保证药物的完全溶出表面活性剂，HLB 值必须至少为 12。这也与证据 6 实施例中使用聚氧乙烯三羟基硬脂酸甘油酯 40（Cremophor RH40，HLB14 ~ 16，见反证 6）作为表面活性剂的教导是一致的。可见本领域技术人员需要明确的教导才会从证据 6 公开的众多技术方案中进行特定的选择和组合得出含量为 20% 的 HLB 值为 10 的表面活性剂与证据 5 结合。但现有技术中不存在这样的技术启示。相反，现有技术中却存在使用 HLB 值至少 12 的亲水性表面活性剂的教导，从而使本领域技术人员背离该专利的技术方案。

在生物利用度方面果，证据 6 没有教导其公开的制剂能用于增强含利托那韦药物的体内生物利用度，本领域技术人员在面对该技术问题时自然不会考虑证据 6 中关于表面活性剂的内容。该专利权利要求 1 中所包含的活性成分利托那韦属于生物制药分类系统（以下简称 BCS 系统）中的Ⅳ类药物，即具有低水溶解性和低通透性的药物（参见反证 7~11）。现有技术认为“第四类药物（低溶解度和低通透性）给生物利用度造成了严重的障碍，有些最好配置成溶解形式，例如，胃肠外液体填充的或半固体填充的软胶囊或硬明胶胶囊制剂”。由于需要解决体内肠通透性问题，从体外溶出实验的结果无法预测 BCS 系统第四类药物的体内生物利用度，如参见反证 11。本领域技术人员无法预期能够改善 BCS 第四类药物溶解性的制剂是否能改善 BCS 第四类药物的体内生物利用度。证据 6 中公开的乙磺普隆体外溶出试验数据不能启示本领域技术人员将具有 4~10 的 HLB 值以及占剂型质量 2% ~20% 的表面活性剂与占主要成分的水溶性聚合物组合，从而配制出一种能够明显改善含利托那韦药物的体内生物利用度的药物剂型。证据 5 没有记载实际实施了该口服生物利用度研究方案，更没有记载任何试验结果的数据。证据 5 仅实现了“改善药物水溶解性能”并防止其结晶的效果。而本专利所取得的以固体药物制剂获得了利托那韦良好体内生物利用度的技术效果。由于本领域技术人员无法预期将证据 6 的技术特征应用到证据 5 实施例 1B 后能够提高利托那韦的体内生物利用度，因此不会将证据 6 与证据 5 结合，本专利取得的体内生物利用度的大幅提高相比于证据 5 和证据 6 属于预料不到的技术效果。因此，本专利相对于证据 5 和证据 6 的组合具有创造性。

最后，专利权人通过一系列反证（FDA 批文、商品标签、工艺组织信件等）认为该专利技术方案解决了一直渴望解决但始终未能获得成功的技术难题，获得了商业上的成功。

三、主要审查结论

在创造性方面，合议组认为：证据 5 的实施例 1B 是最接近的技术方案，就剂型而言，本专利权利要求 1 与证据 5 实施例 1B 相同，均为固体分散体剂型；就活性成分而言，本专利权利要求 1 和证据 5 也相同，作为活性成分的 HIV 蛋白酶抑制剂也均包括利托那韦，根据证据 5 发明内容部分所述，该剂型中还可任选地再包含其他 HIV 蛋白酶抑制剂，如洛匹那韦、茚地那韦等。但就辅料中的所述具有至少 50℃的 T_g 的水溶性聚合物而言，本领域技术人员

公知 T_g 的概念是玻璃化温度。首先，本专利保护的是药学制剂领域的常见剂型——固体剂型，本专利全部实施例采用 copovidone（共聚维酮，是聚乙烯吡咯烷酮和乙酸乙酯的共聚物）作为具体水溶性聚合物来制备固体剂型，本领域技术人员可以清楚地参照说明书所公开的这些具体特征和可实现的具体技术内容来实施对符合本专利固体剂型的适当 T_g 的水溶性聚合物的选择；而且，对于 T_g 测定方法或条件不同所造成的 T_g 差异一般是系统性的，请求人所指出 T_g 测定方法和条件不同的因素并不能从根本上妨碍本专利所述“固体剂型”对水溶性聚合物的玻璃转化温度的一般性要求。其次，证据 5 实施例 1B 中公开的是聚乙烯吡咯烷酮（PVP），并指出聚乙烯吡咯烷酮属于 T_g 较高的水溶性聚合物，可以抑制所述固体药物剂型中活性成分的结晶，在口头审理中双方当事人均认可聚乙烯吡咯烷酮（PVP）属于本专利权利要求 1 所述 T_g 值范围的水溶性聚合物。另外，结合本专利说明书中对所述具有至少 50℃ 的 T_g 的水溶性聚合物的定义和举例，本领域技术人员也能够确认证据 5 中所使用的聚乙烯吡咯烷酮及其中提及的羟丙甲纤维素属于具有所述物理化学特性的水溶性聚合物中的一种。因此，证据 5 实施例 1B 的固体药物剂型中已经公开了本专利权利要求 1 中限定的具有所述特性（即较高的 T_g）的水溶性聚合物。因此，本专利权利要求 1 与证据 5 实施例 1B 的区别技术特征为：(1) 所述水溶性聚合物的含量不同，本专利权利要求 1 中限定了具有至少 50℃ 的 T_g 的水溶性聚合物含量为剂型的 50% 85%（质量分数），证据 5 实施例 1B 公开了作为所述水溶性聚合物的聚乙烯吡咯烷酮，其含量为 10.5%；(2) 本专利权利要求 1 限定了剂型中还包含 2%~20%（质量分数）的所述具有 4~10 的 HLB 值的可药用非离子表面活性剂，证据 5 实施例 1B 中不包含表面活性剂，发明内容中公开了该固体剂型中可以包含可药用表面活性剂，但未公开具体含量以及表面活性剂位于固体分散体中。基于上述区别技术特征，本专利权利要求 1 实际解决的技术问题是：如何提供一种具有良好的稳定性和生物利用度的包含利托那韦的固体药物剂型。

对于区别技术特征（1）而言，虽然证据 5 实施例 1B 中聚乙烯吡咯烷酮的含量和本专利权利要求 1 所限定的占剂型 50%~85%（质量分数）的含量不同，然而，如前所述，证据 5 中已经指出了现有技术已知聚乙烯吡咯烷酮可以添加到药物组合物中，并指出加入聚乙烯吡咯烷酮的好处在于可以加快溶解，其具有较高的 T_g 因而可以抑制结晶，因此，证据 5 已经给出了可以选择聚乙烯吡咯烷酮作为本专利权利要求 1 所限定的水溶性聚合物来改善包含难溶性药物利托那韦为活性成分的固体药物剂型的稳定性，并加快溶解，从而得到具有改善的稳定性和生物利用度的固体制剂的教导，本领域技术人员根据证据 5 的教导，可以通过常规实验选择出 50%～85%（质量分数）的作为所述水溶性聚合物的聚乙烯吡咯烷酮的总体含量。对于权利要求 1 中要求保护的除聚乙烯吡咯烷酮之外的其他具有所述特性的水溶性聚合物，证据 5 中也已经指出，对于水溶性聚合物而言，可以用羟丙基甲基纤维素等代替聚乙烯吡咯烷酮，同样可以得到具有预期技术效果的固体剂型，其含量范围也是可以通过常规制剂实验根据固体剂型的理化要求来进行调整；结合本专利说明书第［0050］段的描述也可进一步佐证，羟丙基甲基纤维素等同样属于本专利权利要求 1 限定的所述水溶性聚合物的一种。因此，当所述水溶性聚合物选自除聚乙烯吡咯烷酮之外的其他具有至少 50℃ 的 T_g 的水溶性聚合物时，其种类和含量也是可以根据证据 5 结合常规实验显而易见地选择得出的。另外，同属于固体分散体剂型的证据 6 中也公开了包含至少一种成骨架赋形剂，所述成骨架赋形剂是水溶性可药用聚合物如 *N*-乙烯吡咯烷酮的均聚物和共聚物，如共聚维酮，且并不必须包含 PEG，这也进一步佐证了向所述固体剂型中引入所述水溶性赋形剂的种类而无须同时引入 PEG 是显而易见的，至于其具体含量，则可以结合常规实验进一步加以选择。

对于区别技术特征（2）而言，首先，证据 5 还指出其可以含有可药用表面活性剂。其次，证据 6 中公开了一种用于口服给药的机械稳定的药物剂型，该制剂通过挤出熔融法制备，包含一种或多种活性成分，以及至少一种成骨架赋形剂，和 10%～40%（质量分数）的 HLB 值为 2～18 的表面活性剂；并具体指出：对于低溶解性的活性成分，活性成分在赋形剂骨架中呈分子分散体的形式（即固体分散体的形式）对于增加生物利用度是有利的；对于易于结晶的低溶解性的活性成分而言，为了获得最佳的吸收速率，添加表面活性物质是适宜的；所述活性成分特别适宜的是蛋白酶抑制剂等，所述制剂中包含的成骨架赋形剂是水溶性可药用聚合物如 *N*-乙烯吡咯烷酮的均聚物和共聚物；适宜的表面活性剂是具有 HLB 值为 7～18、优选为 10～15，在 20℃下是液体或者滴点在 20～50℃范围内的低分子量表面活性剂，特别适宜并且优选的表面活性物质包括：脱水山梨醇脂肪酸酯（即“司盘/Span”）或乙氧基化脱水山梨醇脂肪酸酯（即“吐温/Tween”）。证据 6 最终形成的同样是均匀分散于水溶性中成骨架聚合物和表面活性剂中活性成分的固体药剂，其中所述活性成分含量与本专利权利要求 1 限定的表面活性剂含量范围重叠；虽然证据 5 没有明确指出所述表面活性剂位于固体分散体中，对于表面活性剂的 HLB 值，证据 6 给出的范围更宽，实施例中也采用了 HLB 值大于 10 的具体表面活性剂，然而证据 6 已经列举了部分优选的表面活性剂如脱水山梨醇脂肪酸酯等 HLB 值小于 10 的表面活性剂，本领域技术人员已经能够根据证据 6 中所列举的上述部分优选的表面活性剂选择出适宜于本专利的 HLB 值介于 4～10 的表面活性剂，并根据证据 6 公开的其制剂形式和制备方法，通过常规实验选择出 2%～20%（质量分数）的含量范围，将其应用于包含难溶性药物利托那韦作为活性成分的固体分散体制剂中用于改善该固体剂型。

并且，该专利说明书也未证实该专利对于上述两项区别技术特征的选择在该专利的固体药物剂型的稳定性和生物利用度的改善方面产生了预料不到的技术效果。具体来说，关于稳定性，证据 5 和证据 6 中均公开了采用其技术手段所得的固体药物剂型，同样是为了实现更好的稳定性。

关于生物利用度，证据 5 和证据 6 中均明确指出选择其技术手段可以使所述固体剂型具有改善的生物利用度，且证据 5、证据 6 所述固体制剂的活性成分均可以是 HIV 蛋白酶抑制剂。结合前述分析可知，在证据 5、证据 6 的基础上，该专利权利要求 1 的固体剂型具有良好的生物利用度和稳定性也是可以预期的。同时，结合该专利说明书描述可知，该专利的实施例作为对比的比较对象并非证据 5 或证据 6 的技术方案，从该专利说明书尤其是实施例来看，也无法看出该专利选择上述区别技术特征（1）、（2）产生了预料不到的技术效果。

对于商业上的成功，反证证实了所述 Kaletra 片剂和 Norvir 片剂取得了商业上的成功，但两种片剂的技术方案和该专利的技术方案并不完全相同，这些反证并没有表明该商业成功和本专利的引入所述区别特征的技术方案之间存在必然联系，没有证实所述商业成功是由本专利的技术方案所直接带来的。

结论：宣告 ZL 200480024748. X 发明专利权全部无效。

案件看点

现有技术中某一技术特征未记载在最优实施方案中并不意味着给出了相反的技术启示；如果现有技术中记载了为解决同样的技术问题而采用某一技术手段，无论该技术手段是否记载在最优实施方案中，通常都应当认为现有技术已经给出了选择该技术手段的技术启示。在判断现有技术中是否给出采取某一技术手段的正向技术启示还是给出了相反技术启示时，需要在把握发明实际贡献的基础上，从本领域技术人员的视角出发，考虑该技术领域的发展水平、普遍认知和实际需求，对现有技术予以全面客观衡量。

该专利和证据 5 所要解决的技术问题都涉及提高水溶性差的药物（尤其是以利托那韦为代表的 HIV 蛋白酶抑制剂）固体制剂的稳定性和生物利用度；虽然证据 5 实施例 1B 中聚乙烯吡咯烷酮的含量和本专利权利要求 1 所限定的占剂型 50%～85%（质量分数）的含量不同，实施例 1B 中辅料以 PEG 为主，但证据 5 整体上已经给出了可以选择聚乙烯吡咯烷酮作为本专利权利要求 1 所限定的水溶性聚合物来改善包含难溶性药物利托那韦为活性成分的固体药物剂型的稳定性，并加快溶解，从而得到具有改善的稳定性和生物利用度的固体制剂的教导；现有技术并不存在聚乙烯吡咯烷酮不能作为主要基质或载体的负面教导，包括证据 5 本身在背景技术部分也描述了各种包含聚乙烯吡咯烷酮的制剂实例；本领域技术人员根据证据 5 的教导，可以通过常规实验选择出 50%～85%（质量分数）的作为所述水溶性聚合物的聚乙烯吡咯烷酮的总体含量。

证据 5 并未描述其中的表面活性剂位于固体分散体外，即使认为证据 5 中表面活性剂是位于固体分散体外的赋形剂，证据 6 中已经指出：对于低溶解性的活性成分，活性成分在赋形剂骨架中呈分子分散体的形式（即固体分散体的形式）对于增加生物利用度是有利的；在此基础上，为改善生物利用度，本领域技术人员有动机使表面活性剂成分位于固体分散体中。对于表面活性剂的种类，证据6中指出：适宜的表面活性剂是具有HLB值为7~18，优选为10~15，在20℃下是液体或者滴点在20~50℃范围内的低分子量表面活性剂，所述HLB值范围和该专利中限定的4~10相互重叠，证据6中进一步指出特别适宜并且优选的表面活性物质包括：脱水山梨醇脂肪酸酯（即“司盘/Span类表面活性剂”，属于该专利的技术方案中所限定的HLB值介于4~10的表面活性剂）。因此，尽管权利要求1中的所述表面活性剂不是证据6中实施例中公开的最佳实施方式中所使用的表面活性剂，但本领域技术人员能够根据证据6发明概述中所列举的上述部分优选的表面活性剂选择得出属于该专利范围内的HLB值介于4~10的具体表面活性剂。而关于所述表面活性剂的含量，该专利独立权利要求中所限定的表面活性剂的含量范围为2%~20%，证据6中公开的所述固体分散体中包含10%~40%（质量分数），优选为15%~25%（质量分数）的所述表面活性剂，上述含量范围和该专利限定的范围相互重叠；由以上分析可知，本领域技术人员结合证据6中公开的表面活性剂的种类和含量，可以结合常规实验显而易见地得出该专利所要求的具体表面活性剂种类及含量。反证5、反证6仅能说明针对其中所涉及的具体制剂，采用上述表面活性剂是适宜的，并不能推广到对于其他活性成分、其他水溶性辅料的情况下，仍然必须或应当采用上述表面活性剂。反证5、反证6不足以构成选择HLB值小于10的表面活性剂的技术障碍。

该专利说明书中描述的对比实施例同样应用了所述水溶性聚合物（Copovidone），而实施例1中采用的表面活性剂是HLB值大于10的表面活性剂（Cremophor RH40），实施例4、实施例5中同时采用了HLB值大于10的表面活性剂（Cremophor RH40）和HLB值小于10的表面活性剂（Span20）；综合该专利说明书整体来看，该专利说明书并未证实关于所述水溶性赋形剂的含量及所述表面活性剂的种类和含量的上述选择相对于现有技术产生了预料不到的技术效果。如前所述，在证据5和证据6的基础上，得到该专利各独立权利要求所限定的技术方案是显而易见的；即使证据5、证据6中对于生物利用度的提高并未给出体内实验数据，如前所述，它们已经给出了充足的技术教导，使本领域技术人员能够显而易见地得到该专利各独立权利要求的技术方案，至于生物利用度提高的技术效果，是可以结合常规实验去进行验证。反证1、反证2和反证22描述了利托那韦和部分其他HIV蛋白酶抑制剂代谢之间的关系，但并不足以证实专利权人所声称的该专利实施例中利托那韦必须首先改善自身生物利用度，而后才对洛匹那韦生物利用度起到改善作用。因而该专利实施例中同时采用利托那韦和洛匹那韦的技术方案仅能说明在该特定组合和实验条件下取得了所述生物利用度，并不足以证实单用利托那韦时生物利用度也能得到预料不到的改善和提高，不能证实该专利取得了预料不到的技术效果。

虽然申请日之后公开的反证7中提及了利托那韦根据BCS分类系统被归类为第Ⅳ类药物，然而因其公开时间在后，不能证实在本专利的申请日之前就存在这种认知；反证8中已经指出对利托那韦而言，溶解性和制剂因素也是很关键的（参见中文译文第2页第11~12行）；反证10则指出溶解性是影响药物生物利用度的重要因素，生物利用度同时还取决于药物的通透性，对于第四类药物，其中一些可能最好被配制成溶解的形式（参见中文译文第2~3页）；即使不考虑反证7的公开时间问题，结合反证7~11整体来看，利托那韦作为一种低溶解度药物，溶解性的改善是提高生物利用度的重要手段；这和该专利说明书背景技术中描述的该专利药物的水溶性和生物利用度之间的关系（参见说明书第0004段至第0007段）也是一致的。因此，本领域技术人员为了改善利托那韦的生物利用度，在看到证据5和证据6之后，有动机将两者结合，得到本专利的技术方案，并预期可实现生物利用度的提高。

如果新药在商业上取得成功主要依赖于技术上取得的显著进步，则该商业成功是佐证发明具有创造性时应予考虑的重要因素。但是，如果本领域技术人员不能确认商业成功是由要求保护的发明的技术特征所直接导致的，则即使取得了商业上的成功，也不足以证明要求保护的发明是非显而易见的。关于此问题，也可以参见“最高法知行终188号”，涉案专利权人代表曾某某为证明涉案专利取得商业上成功，所提交的证据包括：相关国家食品药品监督管理部门的认证注册文件、实验记录、疗效跟踪试验报告、产品简报、相关奖项和参会邀请函等。由于以上证据，相对于其他类似技术或商品在同行业所占的市场优势无关，无法证明涉案专利取得商业上的成功，更不能证明曾某某所宣称的商业成功直接来源于涉案实用新型专利区别于现有技术的区别技术特征。

技术启示往往是专利审查、复审/无效和司法程序中的争议焦点，该案对技术启示的存在及其方向的认定可以作为此方面的范例，对于法律专业人员掌握理解证据文件的正确方式很有借鉴意义。

重大专利纠纷案件中经常会涉及专利权人实际上市的产品，"商业上的成功"也是专利权人争辩创造性时常见的理由，该案结合案例一，从正、反两方面对"商业上的成功"及其与技术上取得的显著进步是否相关的认定给出了准确而典型的范例。

技术启示是判断显而易见的主要依据，但对于技术启示却没有明确的定义。我国在《专利审查指南 2010》中规定了认定存在技术启示的三种情形，经过专利审查和司法实践，以上判断已经得到广泛认可。但是也存在一些问题，首先，对于技术启示的内容没有准确的界定，审查者难以把握界限；其次，对于发明人可以获得技术启示的途径，在专利审查与司法审查中没有明确的指引，再加上药物领域专业性，很难得到很好的适用，进而会引起一系列纠纷。

类似的美国《专利审查程序手册》中也没有进行相关的概念规定，而仅指出，认定显而易见可以基于现有技术中存在组合或者改良现有技术的指引，这样在有一定的教学、启发和动机的情况下，就可以提出本发明专利技术方案。美国联邦法院在评价药物专利创造性是否存在技术启示时，主要关注药物的结构，判断是否存在相关教导，而非技术效果。在我国则存在不一样的观点，药物专利如果有动机改进此化合物，预料不到的技术效果则是需要考虑其中。另外，针对预料不到的技术效果对技术启示的影响，美国最高法院起初的观点是技术启示的判断存疑时即可作为辅助因素考虑，后来在 Graham 案中稍作改变，技术效果作为辅助因素适用之前。从此之后，为了统一司法实践中创造性审判的标准，联邦巡回上诉法院提出了"教学—建议—动机"的检验标准。这种标准主要涉及相关的现有技术文献、本技术领域的技术知识等，并且需要提供相关的事实证据。药物专利经常存在当权利要求中新合成的化合物使用类似的方法，但是起始物料不同的情况，对于本领域技术人员是否存在技术启示，美国联邦法院认为这种情况属于新的方法，但是并不意味存在技术启示或者不存在技术启示；换句话说，作为一个整体考虑，起始物料或者所得新产品，或者两个都没有记载在现有技术中，这种方法对于本领域技术人员来说也有可能存在技术启示。

案例引申

引申案例 4-1

“病毒纯化”复审请求案

一、案件基本信息

涉案专利申请号：ZL 200980132555.9

案件类型：发明专利复审请求案

发明名称：病毒纯化

申请人/专利权人：牛津生物医学（英国）有限公司

复审决定编号：99126

二、案件技术方案和无效请求情况

载体纯化过程是临床基因转移治疗中的一个重要步骤，就纯度和滴度而言，与安全性和功效直接相关。在大多数小规模的实验应用中，可采用离心技术通过相对简单的方法来浓缩和纯化载体。但是，将纯化方法进行放大以便为临床使用进行大规模生产，这是一个重大挑战，现有技术均存在各种不足。该案中申请人通过调整过滤前载体浓度解决了这一问题。

经过实质审查，国家知识产权局原审查部门于 2014 年 2 月 13 日以权利要求 1~43 不符合《专利法》第二十二条第三款的规定为由驳回了该发明专利

申请，驳回决定所针对的主要独立权利要求如下：

1. 一种生产反转录病毒载体制剂的方法，所述方法包括过滤除菌步骤，其中所述过滤除菌步骤不是该生产方法中的最终步骤，所述过滤除菌能使所得的制剂基本上不含污染物，在过滤除菌之后的污染物水平使所述制剂适用于临床应用。

9. 一种用于生产反转录病毒载体制剂的方法，该方法按时间顺序包括以下步骤（ⅰ）至（ⅳ）：

（ⅰ）培养能产生反转录病毒载体的细胞；（ⅱ）收获含有反转录病毒载体的上清液；（ⅲ）任选澄清上清液；（ⅳ）纯化反转录病毒载体以得到反转录病毒载体制品；（ⅴ）对反转录病毒载体制品进行过滤除菌，其中所述过滤除菌能使所得的制剂基本上不含污染物，在过滤除菌之后的污染物水平使所述制剂适用于临床应用；和（ⅵ）浓缩反转录病毒载体制品以生产出最终的批量产品。

41. 可通过前述权利要求中任一项所定义的方法获得的反转录病毒载体制剂。

43. 权利要求41的反转录病毒载体制剂在制备供基因治疗的药物中的用途。

驳回决定认为：对比文件1（Design，Production，Safety，Evaluation，and Clinical Applications of Nonprimate Lentiviral Vectors，Methods in Enzymology，第346卷，2002年，第466-500页）公开了制备EIAV载体（即权利要求1所述反转录病毒的下位概念）的方法，并具体公开了如下步骤：转染293T细胞，细胞转染后孵育过夜，丁酸钠诱导培养病毒，小心吸取上清液，为除去细胞碎片对收集的上清液进行离心，用coring PES 0.22μm对病毒制品进行过滤，其中过滤除菌步骤不是该生产方法中的最终步骤；通过离心病毒进行浓缩，可进一步用超滤进行浓缩。权利要求1与对比文件1的区别在于：权利要求1还限定了过滤除菌能使所得的制剂基本上不含污染物，过滤除菌之后的污染物水平使所述制剂适用于临床应用。然而，对比文件1还公开了EIAV载体系统倾向于临床应用（参见第494页第1段），可见，对比文件1给出了将反转录病毒载体系统用于临床应用的教导，而对比文件 1 中 0.22μm 孔径的过滤步骤即能达到除菌效果。本领域技术人员容易想到使用常规技术手段对制备步骤进行调整使之适用于临床。因此，权利要求 1 不具有创造性，不符合《专利法》第二十二条第三款的规定。基于类似的理由，其他独立权利要求和从属权利要求也不具备创造性。

三、主要审查结论和解析

合议组作出复审决定撤掉了原审查部分的驳回决定。

对于本领域技术人员在对比文件 1 所公开的 EIAV 病毒载体的常规生产方法的基础上是否意识到导致 EIAV 病毒载体收率低的原因，进而有动机在病毒载体的制备过程中通过在过滤除菌前降低载体浓度获得较高产率这一争议焦点。合议组认为：首先，根据说明书和实施例的描述，本申请的贡献在于发现了过滤除菌前的病毒载体浓度是影响 EIAV 病毒载体收率的原因，在找到现有技术这一缺陷的基础上，进而通过降低过滤除菌之前载体颗粒的浓度使其低于或等于约 4.6×10^{11} 个 RNA 基因组拷贝/mL 反转录病毒载体制品来改进病毒载体颗粒的收率。而对比文件 1 既没有公开“过滤除菌前降低反转录病毒载体浓度使其小于或等于约 4.6×10^{11} 个 RNA 基因组拷贝/mL”的技术特征，也没有记载任何降低反转录病毒载体的浓度会影响 EIAV 病毒载体收率的技术启示。对比文件 1 中所述 EIAV 病毒载体的生产方法仅涉及先过滤除菌再进一步浓缩处理的步骤，在过滤除菌之前并不包含调整病毒载体浓度的步骤。此外，该案申请日前公开的附件 1 的内容表明，在无菌药物产品的工业生产中通常会影响滤器性能的各种因素中并不包括待过滤样品的浓度。可见尽管调整病毒载体颗粒浓度属于本领域的常规技术，但是对比文件 1 和现有技术均没有认识到 EIAV 病毒载体生产过程中过滤除菌前的病毒载体浓度与其收率之间存在关联，同时也没有证据能够表明通过在过滤除菌前降低反转录病毒载体的浓度来提高 EIAV 病毒载体的收率是本领域一般技术人员的常规技术手段。可见，对本领域技术人员而言，在申请日之前发现导致 EIAV 病毒载体收率低的原因并不是显而易见的，因而，并不存在去寻找通过降低病毒载体颗粒浓度来改进病毒载体收率的技术手段的趋势或者方向的教导，由此本领域技术人员没有动机尝试所述改进，同时病毒载体的制备涉及多个步骤和环节，其最终产品的收率是各种影响因素的综合结果，本领域技术人员无法预期降低过滤除菌之前载体颗粒浓度后反而能够达到提高收率的技术效果。因此，权利要求 1 和权利要求 9 所要求保护的上述技术方案相对于对比文件 1 而言是非显而易见的。其次，对发明的创造性评价是由所属技术领域的技术人员依据申请日以前的现有技术与发明进行比较而作出的，对比文件 1 没有公开任何病毒载体浓度的信息，且其具体制备方法与本申请实施例所述方法也不完全相同。在现有技术没有证据表明其制品浓度必然低于本申请所述浓度的基础上，直接依据对比文件 1 公开的内容推定其中过滤前的病毒载体浓度应处于较低水平，因此其过滤浓缩后必然能达到本申请所述高效回收的效果是不妥当的。

此案中合议组详细考察了现有技术，认定了现有技术中的缺陷，针对现有技术中存在的技术缺陷，如果所属领域技术人员因导致缺陷存在的原因可能性众多而难以找到该原因，致使不清楚区别特征与克服现有技术的缺陷之间是否存在关系，从而无法对将区别特征引入最接近的现有技术后能够克服上述缺陷产生合理的成功预期，则所属领域技术人员不会有动机去对现有技术进行这样的改进。

案例五

“用抗 ErbB2 抗体治疗”无效宣告案

——现有技术的分析

案情介绍

一、案件基本信息

涉案专利申请号：ZL 200610008639. X
案件类型：发明专利无效宣告案
发明名称：用抗 ErbB2 抗体治疗
专利权人：基因技术股份有限公司
无效请求人：张某
无效决定编号：23948

二、案件技术方案情况

涉案专利涉及第一个分子靶向的抗癌药赫赛汀（ErbB2 抗体），其对于乳腺癌的治愈率达到95%，全球年销售额已近 100 亿美元，其专利权人基因技术股份有限公司是国际生物医药行业巨头，在中国围绕该抗癌药申请的专利有 40 余项，涉案专利为其中的核心专利之一。

经过实质审查，涉案专利于 2011 年 6 月 15 日被授予专利权，本专利授权公告时的主要权利要求包括：

1. 一种制品，它包含（1）一个容器，（2）容器内包含与

ErbB2胞外结构域序列中的表位4D5结合的抗ErbB2抗体的组合物，（3）容器上的标签或容器附带的标签，该标签表明了所述组合物可用来治疗以ErbB2受体过度表达为特征的乳腺癌，以及（4）包装插页，该包装插页上有避免使用蒽环类抗生素类化疗剂与所述组合物组合使用的说明。

2. 根据权利要求1所述的制品，其中所述标签表明所述组合物可用来治疗转移性乳腺癌。

3. 根据权利要求1所述的制品，其中所述抗体是人化4D5抗ErbB2抗体。

4. 权利要求1或权利要求2的制品，其中所述抗体结合SEQ ID NO：9中的任何一个或多个残基。

5. 权利要求1或权利要求2的制品，其中所述抗体是人源化的4D5抗ErbB2抗体，所述的4D5抗ErbB2抗体可获自保藏号ATCC CRL10463。

6. 权利要求1或权利要求2的制品，其中所述抗体是抗体片段。

7. 权利要求1或权利要求2的制品，其中所述抗体是抗体偶联物。

8. 权利要求1或权利要求2的制品，其中所述抗体是完整抗体。

9. 与ErbB2胞外结构域序列中的表位4D5结合的抗ErbB2抗体与塔克索德的组合在制备治疗人患者中以ErbB2过度表达为特征的乳腺癌的药物中的用途。

10. 权利要求9的用途，其中所述药物包含所述抗ErbB2抗体与塔克索德组合制成的单一制剂。

11. 权利要求9的用途，其中所述药物包含（1）所述抗体，和（2）所述塔克索德制成的分开的制剂。

12. 权利要求11的用途，其中所述分开的制剂是以任何顺序连续施用的制剂。

13. 权利要求9的用途，其中所述抗体包含在制品的一种容器内，该制品还包含包装插页，该包装插页上有避免蒽环类抗生素化疗剂与所述抗体组合使用的说明。

14. 根据权利要求9的用途，其中所述癌症是转移性乳腺癌。

15. 根据权利要求9或权利要求14的用途，其中所述抗体结合SEQ ID NO：9中的任何一个或多个残基。

16. 根据权利要求9或权利要求14的用途，其中所述抗体是人源化的4D5抗ErbB2抗体，所述的4D5抗ErbB2抗体可获自保藏号ATCC CRL10463。

17. 根据权利要求9或权利要求14的用途，其中所述抗体是抗体片段。

18. 根据权利要求9或权利要求14的用途，其中所述抗体是抗体偶联物。

19. 根据权利要求9或权利要求14的用途，其中所述抗体是完整抗体。

20. 根据权利要求9或权利要求14的用途，其中所述药物与选自下组的别的化疗剂一起施用：5-氟尿嘧啶（5-FU）、阿糖胞苷(Ara-C)、环磷酰胺、硫替哌、白清安、氨甲蝶呤、长春碱、博来霉素、表鬼臼毒素吡喃葡糖苷、异环磷酰胺……二溴卫矛醇、哌泊溴烷、加西托星、苯丁酸氮芥、加西它宾、6-硫代鸟嘌呤、巯基嘌呤、铂、新霉酰胺、诺维通、噻洛达、依邦洛内、CPT-11、拓扑异构酶抑制剂RFS2000、二氟甲基鸟氨酸（DMFO）、视黄酸或卡普它宾，以及上述任一种的药学上可接受的盐、酸或功能等价衍生物。

21. 根据权利要求9或权利要求14的用途，其中所述塔克索德是帕利他塞或多西他塞，或其药学上可接受的盐、酸或功能等价衍生物。

22. 根据权利要求9或权利要求14的用途，其中所述药物中所述抗体与塔克索德组合的量，低于所述抗体和塔克索德分别给药时所述抗体与所述化疗剂的量之总和。

无效请求人提交了证据1~3，认为权利要求1~22不具备新颖性或创造性。无效请求人认为证据1（Jose Baselga等，HER2 Overexpression and Paclitaxel Sensitivity in Breast Cancer：Therapeutic Implications，Oncology，第 11 卷，增补第 2 期）公开了乳腺癌治疗的方案，其中指出已完成了人源化抗体 rhuMoAb HER2 治疗过度表达 ErbB2 的乳腺癌患者的Ⅱ期临床试验，显示该抗体在治疗所述乳腺癌中有临床活性；同时也提出了将该抗体与化疗剂紫杉醇（即帕利他塞）或顺铂结合使用治疗 HER2 过度表达的乳腺癌的技术方案，该所用的化疗剂不是蒽环类化疗剂。可见，证据 1 公开了权利要求 1、权利要求 2 的全部技术特征，权利要求 1、权利要求 2 不具备新颖性。权利要求 3~8 的抗体即为证据 1 中所述的 rhuMoAb HER2 抗体，且说明书也没有提供除 rhuMoAb HER2 抗体之外的其他抗体或片段的治疗方案和效果，权利要求 3~8 也不具备新颖性；权利要求 1 实质上请求保护所述抗体与化疗剂组合给药治疗以 ErbB2 受体过度表达为特征的乳腺癌的方案，证据 1 公开了所述抗体与紫杉醇或顺铂组合使用治疗所述乳腺癌的技术方案和取得的治疗效果，即公开了权利要求 1 除包装容器和容器标签及包装插页外的所有技术特征，而所述包装容器、标签和插页为药品包装的一般性常识，因此本领域技术人员在证据 1 的基础上很容易得出权利要求 1 的技术方案，权利要求 1 不具备创造性。同理，权利要求 2~8 也不具备创造性。证据 2（吴国森等，阿霉素联合治疗恶性肿瘤 150 例对心脏毒性的临床观察，福建医药杂志，第 16 卷，第 3 期）公开了以阿霉素为主的联合化疗方案治疗恶性肿瘤的技术方案，其中阿霉素属于蒽环类抗生素类化疗剂，指出阿霉素对心脏的毒性作用值得高度重视。由该专利说明书可知，在联合化疗中避免组合使用蒽环类抗生素的原因是其出现“用蒽环类抗生素时所观察到的心肌功能紊乱综合征，由于其增加了心肌副作用”，而该副作用在证据 2 中已被公开和提示，本领域技术人员在证据 1 的基础上结合证据 2 很容易想到在使用该抗体治疗以 ErbB2 受体过度表达为特征的乳腺癌时，与其联合使用的化疗剂中，蒽环类抗生素因具有心脏毒性应被避免使用，因此权利要求 1~8 不具备创造性。证据 1 公开了 rhuMoAb-HER2 抗体（即与 ErbB2 胞外结构域序列中的表位 4D5 结合的抗 ErbB2 抗体）与帕利他塞（属于塔克索德的一种）联合对异种移植人类乳腺癌肿瘤的裸鼠治疗取得显著效果，且提出了将该抗体与帕利他塞组合用于治疗 Her2 过度表达的乳腺肿瘤患者。本领域技术人员在证据 1 的基础上，很容易得出所述抗体与塔克索德组合治疗以ErbB2过度表达为特征的乳腺癌的技术方案，因此权利要求9不具备创造性。权利要求10~12进一步限定权利要求9所述药物的制剂形式和施用顺序，这些限定特征为本领域公知常识，权利要求10~12也不具备创造性。由于证据1公开了该抗体与帕利他塞组合治疗所述乳腺癌的用途，帕利他塞不属于蒽环类抗生素化疗剂，而容器、插页为包装常识，不构成技术特征，因此权利要求13的技术特征已被公开，在权利要求9不具备创造性的基础上，权利要求13也不具备创造性。另外，证据2或证据3公开了癌症患者中使用蒽环类抗生素阿霉素对心脏的毒性，本领域技术人员不需要花费创造性劳动就可将证据1与证据2或证据1与证据3结合获得权利要求13的技术方案，权利要求13不具备创造性。权利要求14的附加技术特征已被证据1公开，也不具备创造性。根据说明书记载，本专利制备的抗体即为证据1所述的rhuMoAb HER2抗体，且说明书也没有提供除rhuMoAb HER2抗体之外的其他抗体或片段的治疗方案和效果，权利要求15~19也不具备创造性。该专利没有提供其他化疗剂与塔克索德和所述抗体的组合一起施用治疗乳腺癌的方案和效果，权利要求20也不具备创造性。权利要求21限定的药物与均为紫衫烷类药物或类似物，与帕利他塞有类似的作用效果，也已被证据1公开，权利要求21也不具备创造性。在联合给药时，由于药物相互作用，联合给药的量低于单独用药的量之和，这是本领域的常识，且该专利也未给出限定所述组合的量与分别给药的量之间有何意料不到的效果，权利要求22也不具备创造性。

专利权人提交了反证1~6，并修改了权利要求书（将授权的权利要求13的附加技术特征并入授权的权利要求9，删除了权利要求13）。专利权人认为：在使用权利要求1~8中要求保护的制品中避免使用蒽环类抗生素类化疗剂的说明构成技术特征，必须作为对权利要求的限定加以考虑。证据1并未教导或暗示该技术特征，而权利要求1~8均包含该限定，因此证据1无法破坏权利要求1~8的新颖性。证据1并未公开任何制品，更不用说具有权利要求1中所述特征的制品。证据1所讨论的Ⅱ期研究的设计中并未试图排除蒽环类抗生素类化学治疗药的使用，因此其并未提供任何使本领域技术人员能够实现权利要求1~8涵盖的制品的公开。修改后的权利要求9限定了避免蒽环类抗生素类化疗剂与抗 ErbB2 抗体组合使用的特征，这种避免某种类型组合的说明应视为构成“新用途”的技术特征，应在解释制药用途权利要求中加以考虑。权利要求 1、权利要求 9 及所有从属权利要求相对证据 1 均具备创造性：（1）证据 1 从总体上而言，并未打破用蒽环抗生素治疗乳腺癌的常规，相反，其承认蒽环抗生素的使用是对于乳腺癌治疗广泛使用的疗法，并公开了Ⅲ期临床试验的规程，其中两种治疗方案均包括蒽环抗生素类型的化学治疗剂。基于此，权利要求 1 相对证据 1 是非显而易见的。（2）证据 1 并未提供此类试验的临床功效的任何证据，且无法预测其临床效果，因此实质上并未提供使用 rhuMoAb 和帕利他塞的组合物治疗以 ErbB2 的过度表达为特征的乳腺癌的技术方案。（3）该专利说明书的数据证实了预料不到的技术效果，进一步支持本专利权利要求 1 的创造性。（4）本领域技术人员在阅读证据 1 之后，不会排除使用蒽环类抗生素。相反，证据 1 给出了与避免使用蒽环类抗生素类化学治疗药相悖的教导。（5）证据 2 和证据 3 指出阿霉素具有心脏毒性，但并没有排除蒽环类抗生素的使用，因此即使将证据 1 与证据 2 或证据 3 组合，本领域技术人员仍无法得出该专利权利要求 1 的技术方案。（6）现有技术中并未公开蒽环类抗生素与抗 ErbB2 抗体的组合会对于心肌功能障碍具有加重的作用，也并未公开进一步避免使用蒽环类抗生素是有利的。在该申请提供了实际的临床数据之前，肿瘤学工作者根据现有技术不会认为避免抗 ErbB2 抗体与蒽环类抗生素的组合会有任何好处。基于此，权利要求 1 相对于证据 1 与证据 2 或证据 3 的组合也具备创造性。（7）临床试验数据显示，抗 ErbB2 抗体治疗与紫杉烷化学治疗的组合与仅进行化学治疗相比，显著地增加了临床有效性，这是无法预测的。（8）如上所述，该专利的一个重要效果是发现在蒽环类抗生素衍生物不存在的情况下毒性减少，这是证据 1~3 都没有教导的。反证则进一步证明了该申请所作出的技术贡献。

三、主要审查结论

在创造性方面，合议组认为：

相比证据 1，本专利权利要求 1 的技术方案中将以上药物组合物制成了药盒制品，即将以上药物组合物放在一个容器中，将以上适应证类型写在标签上，并将以上用药禁忌写在包装插页上。由此可知，本申请实际解决的技术问题是制备一种使用方便的药盒制品。然而，在医药技术领域中，通常将药品进行包装，制成药盒，而药盒制品通常包括包装容器、标签和包装插页，其中包装容器用于盛放具有治疗功效的药物组合物；标签用于记载适应证类型等信息；包装插页则用于记载药物的使用方法特征，如药物的给药剂量、时间间隔等信息。以上均属于医药技术领域的常规技术手段。可见，本领域技术人员为了制备一种使用方便的药盒制品，很容易想到将证据 1 所述药物组合物放在一个容器中，将所述适应证类型等信息写在标签上，由此制成相应的药盒制品。

对于专利权人的意见：据证据 1 的记载，为了研究抗 ErbB2 抗体与帕利他塞联合治疗乳腺癌的效果，证据 1 比较了对异种移植人类乳腺癌肿瘤的裸鼠分别单独或联合使用上述两种疗法所获得的肿瘤生长抑制比例；同时，为了研究抗 ErbB2 抗体与顺铂联合治疗乳腺癌的效果，测定了Ⅱ期临床试验中对顺铂耐药性患者联合使用上述两种疗法的反应率和毒性。可见，上述两个技术方案中均未使用蒽环类抗生素类化疗剂治疗乳腺癌。证据 1 的Ⅲ期临床试验方案并不影响其记载的动物实验及Ⅱ期临床试验方案本身的公开，更何况其并未记载相应的实验结果及结论。证据 1 明确记载，对异种移植人类乳腺癌肿瘤的裸鼠联合使用抗 ErbB2 抗体和帕利他塞的抑制比例（93%）显著高于单独使用的抑制比例（均为 35%），抗 ErbB2 抗体和帕利他塞的联合治疗可导致异种移植物消失；同时，在Ⅱ期临床试验中对顺铂耐药性患者联合使用抗 ErbB2 抗体与顺铂的反应率达到 25%，而毒性并不大于单独使用顺铂的。可见，针对上述两个技术方案，证据 1 均记载了具体的试验数据和结果。尽管证据 1 在文末（反证 1 的第二段译文）提到该抗体与帕利他塞联合治疗的效果“尚在评估中”，但是根据本领域技术人员的理解，上述“尚在评估中”的效果是指综合考虑了疗效、安全性、稳定性等因素的整体效果，而正如证据 1 摘要部分所述，依据上述试验证据足以证明抗 ErbB2 抗体和帕利他塞或顺铂联合使用可以产生显著的抗肿瘤作用的结论。可见，证据 1 实质上公开了采用包含与表位 4D5 结合的抗 ErbB2 抗体的组合物，而不使用蒽环类抗生素类化疗剂，从而治疗以 ErbB2 受体过度表达为特征的乳腺癌的技术方案，可见本专利权利要求 1 所限定的用药禁忌并不构成该权利要求与证据 1 的区别技术特征，因此该用药禁忌所产生的技术效果就应当理解为证据 1 的技术方案客观上存在的效果，不足以导致本专利具备创造性。反证 2~4、反证 6 涉及本专利优先权日之后相关抗体药物的说明书及相关研究成果，记载了抗 ErbB2 抗体与帕利他塞联合治疗、抗 ErbB2 抗体与蒽环类抗生素联合治疗的效果等信息，以上反证均不能否定现有技术中存在将上述区别特征应用到证据 1 以解决其存在的技术问题的启示，因此都不足以证明本专利的技术方案具备创造性。

将本专利权利要求 9 与证据 1 公开的上述技术方案相比，两者的药物组合物均为与表位 4D5 结合的抗 ErbB2 抗体和塔克索德，均不含有且不联合使用蒽环类抗生素类化疗剂，其适应证均为以 ErbB2 受体过度表达为特征的乳腺癌；两者的区别技术特征仅在于：（1）本专利权利要求 1 的技术方案中将以上药物组合物制成了药盒制品，即将以上药物组合物放在一个容器中，并将以上用药禁忌写在包装插页上；（2）将证据 1 所述治疗异种移植人类乳腺癌肿瘤的裸鼠的药物组合物，用于治疗人患者。由此可知，本申请实际解决的技术问题是制备一种使用方便的用于治疗人患者的药盒制品。就区别技术特征（1）而言，如权利要求 1 的创造性评述，该区别特征是本领域的常规技术手段，现有技术中存在将其应用到该证据以解决其存在的技术问题的启示；就区别技术特征（2）而言，证据 1 明确公开了进行所述动物试验是为了研究人类转移性乳腺癌的治疗方案，因此本领域技术人员完全有动机将证据 1 所述治疗异种移植人类乳腺癌肿瘤的裸鼠的药物组合物用于治疗人患者，同时本专利说明书也没有记载所述治疗对象的改变会带来任何预料不到的技术效果。因此，在证据 1 的基础上结合本领域的常规手段得到权利要求 9 所要求保护的技术方案，对本领域的技术人员来说是显而易见的。权利要求 9 不具备《专利法》第二十二条第三款规定的创造性。

结论：宣告 ZL 200610008639. X 发明专利权全部无效。

案件看点

涉案申请是典型的被现有技术论文公开的情况，专利权人在出现此类不利情况下的应对方式是该申请中值得关注的点（关于该申请，后续在司法程序中进行了进一步的证据和说理交锋，读者如有进一步了解的需求可以阅读相关判决和论文）之一。此外，对于排除方式限定的权利要求（不使用蒽环类抗生素类化疗剂），在如何定性限定作用，分析现有技术中的实验进而认定证据也值得读者学习，这不仅对无效、司法过程中的答辩策略有借鉴意义，而且对老药新用、新给药方法技术方案的专利申请策略制定和具体撰写也有帮助。

案例六

“治疗口腔炎症的中药制剂及其制备方法”无效宣告案

——中药案件中显而易见性和效果

案情介绍

一、案件基本信息

涉案专利申请号：ZL 200710151989.6

案件类型：发明专利无效宣告案

发明名称：治疗口腔炎症的中药制剂及其制备方法

专利权人：广州白云山和记黄埔中药有限公司

无效请求人：延安常泰药业有限责任公司

无效决定编号：18566

二、案件技术方案情况

口腔炎症是一种口腔常见病，该案则在传统配方基础上提供了一种治疗此疾病的中药制剂，并上市了实际产品“口炎清”颗粒，具有较大的销量和知名度。

经过实质审查，涉案专利于2007年9月21日被授予专利权，本专利授权公告时的主要权利要求包括：

1. 一种治疗口腔炎症的中药制剂，其特征在于，各中药原料的质量份为：天冬25份、麦冬25份、玄参25份、甘草12.5份、山银花30份。

2. 如权利要求1所述的治疗口腔炎症的中药制剂，其特征在于该制剂为有糖颗粒剂、无糖颗粒剂、片剂、胶囊剂、散剂、丸剂、合剂、糖浆剂、煎膏剂、滴丸剂、凝胶剂或茶剂。

3. 一种权利要求1所述治疗口腔炎症的中药制剂的制备方法，其特征在于该方法包括如下过程：

(1) 按配方称取五味药材原料；(2) 将上述原料投入蒸煮提取锅中，加水浸过药材，开启蒸汽蒸煮两次，滤过，合并滤液；(3) 滤液浓缩至60℃时相对密度为1.09~1.12，冷却至常温，加入乙醇，搅拌均匀，静置12小时以上使沉淀，取上清液，回收乙醇，浓缩至60℃时相对密度为1.30~1.33的浸膏；(4) 加入辅料，按所需剂型的制备工艺制成相应剂型。

4. 如权利要求3所述的治疗口腔炎症的中药制剂的制备方法，其特征在于所述的辅料为黏合剂、填充剂、矫味剂、湿润剂、防腐剂、抗氧化剂中的一种或几种。

无效请求人请求无效的理由主要为全部权利要求不具备新颖性或创造性。无效请求人提交了附件1~13，对于新颖性和创造性，无效请求人认为：附件1（ZL 200510098589.4公开文本）所公开的药物与本申请权利要求1~4的区别仅在于金银花替换成山银花，但这种替换并未构成新颖性上的区别（其他附件中证明了本领域技术人员经常将两者换用或者混用）；本领域技术人员在附件1、附件3，附件1、附件9组合的基础上，也可以显而易见地得到权利要求1~4的技术方案。对于替换的效果，说明书除了断言“能够进一步提高这种中药制剂的抗炎作用、体外抑菌作用和生津润燥作用”外，没有提供专利制剂在口腔炎症的治疗上优于已知制剂的事实和理由。其中虽然给出了自由基清除能力和扶正固本实验数据，但由于这些实验存在种种问题（重开不充分部分指出过），完全不能说明用山银花替换已知制剂中的金银花在口腔炎症治疗上具有任何有益效果。

专利权人则先后提交了反证1~27，专利权人认为：在本案提出专利申请时，《中华人民共和国药典》2005 年版已颁布。中药材山银花与金银花是药典中明确分列的两种不同中药材，它们分别列有不同的来源与质量标准，涉案专利说明书对此已有明确说明，所属技术领域的技术人员凭专利说明书和药典就能够实现。在涉案专利申请日，即 2007 年 9 月 21 日前，《中华人民共和国药典》2005 年版已颁布，新药典已吸收当时的最新科研成果，在《中华人民共和国药典》2000 年版里中药材金银花包括四个来源：忍冬、红腺忍冬、山银花、毛花柱忍冬的规定，已被修改为只有忍冬属于中药材金银花，红腺忍冬、山银花、加上原未列入药典的灰毡毛忍冬属于中药材山银花，毛花柱忍冬则被剔除出药典，并规定生产口炎清颗粒只能用中药材金银花。因此，在涉案专利申请日前，本领域技术人员看到附件，结合当时应该知道的现有技术，得到的启示不是"可以用中药材山银花替代中药材金银花生产口炎清颗粒"，而是"不能用中药材山银花替代中药材金银花生产口炎清颗粒"。反证证明清除自由基、扶正固本有利于治疗口腔炎症。

三、主要审查结论

在新颖性和创造性方面，合议组认为：

山银花和金银花虽然有区分，但两者的性味、归经、功能与主治完全相同，而性味、归经、功能与主治是决定中药最终用途的关键因素，专利权人没有证据证明这种药物名称的区分是由于不可替代导致的，本领域技术人员在附件 1 的基础上，容易想到采用山银花来取代金银花，《中华人民共和国药典》2005 年版中规定口炎清颗粒中所用的中药材是金银花并不会妨碍或阻止本领域技术人员尝试用性味功能类似的中药。

在《中华人民共和国药典》2005 年版中对金银花、山银花相关内容的修改仅表明金银花和山银花存在不同，并不能由此认定山银花和金银花这两者的不可替代性。反证 1 是北京市第二中级人民法院针对涉案专利的民事侵权诉讼所作出的判决，其中针对专利权人所提出的采用山银花的技术方案属于现有技术的现有技术抗辩的内容，法院认定金银花和山银花在药效学上存在实质区别，而存在区别并不代表该方案一定具备创造性，因为现有技术抗辩的判断标准与创造性的判断标准并不相同。

专利权人所采用的“三基准对比”实质上是一种数据的直观对比，其本身并不包含对数据进行统计分析的过程，而且专利权人没有提供充分的证据证明采用这种直观的数据分析方法能够消除个体差异等实验条件的影响。

专利权人提交的反证记载其他多种与山银花和金银花存在显著不同的中药材，它们与山银花和金银花之间没有可比性，其不能证明用山银花代替金银花是非显而易见的。证明清楚自由基和扶正固本与治疗口腔炎症的关系的反证无法证明权利要求1~4的技术方案相对于附件1、附件3和附件4的结合具备创造性。

结论：宣告ZL 200710151989.6发明专利权全部无效。

案件看点

中医中药作为我国独特的医学体系在国民健康中发挥着重要作用，相关申请也在医药专利申请中占有较大的比例。由于中医药的药材种类和对疾病的认识受限程度较高，中药创造性考量中的评价标准也与西药、药剂、生物药等不同，有其特点。

涉案专利系在口腔炎中药制剂中使用山银花替代现有技术中的金银花，并宣称这种替代产生了预料不到的更好的技术效果，这样少量、近似药材原料种类的替换属于中药发明中常见的技术方案。在这种情况下，对于显而易见性和预料不到的技术效果的判断成为涉案专利是否具备创造性的争议焦点。专利复审委员会审查决定和二审判决均认为，本领域技术人员在现有技术的基础上，采用山银花替代金银花是显而易见的，而且通过统计分析后部分存在、部分不存在显著性差异的实验数据并不能证明使用山银花达到预料不到的技术效果。

从该案例可见，在中药领域专利中，如果在治法治则上没有重大突破，技术方案的显而易见性往往不够突出，此时，效果的展示在创造性评判中所起的作用明显高于化合物、生物药等领域，这点与药剂类有些相似。但对于中药领域来说，效果往往通过病例来说明，难以通过规范的动物模型或临床试验体现，如何科学、合理、可行地展示效果，是技术人员和法律人员都需要进一步探讨的问题。

案例引申

引申案例 6-1

“一种治疗妇女不孕不育症的中药组合物及其制备方法”复审请求案

一、案件基本信息

涉案专利申请号：ZL 201310182213.6

案件类型：发明专利复审请求案

发明名称：一种治疗妇女不孕不育症的中药组合物及其制备方法

申请人/专利权人：崔某某

复审决定编号：101856

二、案件技术方案和无效请求情况

该案申请人设计了一种治疗不孕不育这一临床上疑难病症的纯中药组合物，并以病例统计和个例记载的方式记载了该申请中药组合物效果优于现有类似药物。

国家知识产权局审查部门于2014年7月3日发出驳回决定，以权利要求1~5不具备创造性为由驳回了该发明专利申请，驳回决定所针对的权利要求书为：

1. 一种治疗妇女不孕不育症的中药组合物，其特征在于由如下质量份的原料制成：当归12份、川芎10份、白芍10份、秦艽6份、王不留行18份、泽泻10份、覆盆子15份、香附7份、陈皮15份、丹参10份、没药12份、桂枝8份、牡丹皮15份、阿胶10份、菟丝子6份、乌药10份、益智仁18份、杜仲12份、益母草18份、延胡15份、石菖蒲7份、佛手10份、郁金6份、细辛9份、枸杞子13份、桔梗15份、防风6份、干姜10份。

2. 如权利要求1所述的治疗妇女不孕不育症的中药组合物，其特征在于：所述中药组合物为片剂、胶囊剂或合剂。

3. 如权利要求1所述的治疗妇女不孕不育症的中药组合物的制备方法，其特征在于其包含如下步骤：按比例称取当归、川芎、白芍、秦艽、王不留行、泽泻、覆盆子、香附、陈皮、丹参、没药、桂枝、牡丹皮、阿胶、菟丝子、乌药、益智仁、杜仲、益母草、延胡、石菖蒲、佛手、郁金、细辛各味药物，分别去除杂质，晾干炒黄，将药物混合，加药物三倍量的清水浸泡3小时，移入砂锅中大火至沸，然后文火煎煮3小时，滤出药液，再加药物二倍量的清水继续煎煮2小时，取上清液送蒸发器浓缩制成浸膏，浸膏送入烘干箱内于130℃温度下烘干，粉碎成300~400细末，消毒后制备成片剂、胶囊剂或合剂。

4. 如权利要求1所述的治疗妇女不孕不育症的中药组合物在制备治疗不孕不育症药物中的用途。

5. 如权利要求4所述的用途，其特征在于：所述不孕不育症为输卵管梗阻引发的不孕不育症。

驳回决定认为权利要求1~5与对比文件1（CN 102657829A）的中药组合物相比，区别在于省略了吴茱萸、红花、穿山甲、泽兰、熟地黄、赤芍药、茯神和牛膝，加入当归、王不留行、泽泻、陈皮、没药、延胡、佛手和郁金，并限定了药物的用量，基于上述区别技术特征，其实际解决的技术问题是提供一种可供选择的治疗妇女不孕不育症的中药组合物。而上述药物均为本领域常规药物，对药物加减调整属于常识，基于对比文件2（“郁金新用妙方”，尚学瑞，《中国中医药报》，2009 年 6 月 25 日，第 5 版，第 1 页）本领域技术人员有动机加入郁金、陈皮、当归、王不留行，且各药物的用量是本领域技术人员根据药效有动机通过有限的实验进一步选择的。

复审请求人认为：药物的替换及用量的确定需付出创造性劳动，现有技术并未给出本申请的药物组合物可以具有治疗因输卵管阻塞而引发的不孕不育的启示，没有给出任何有关本申请的组方和用量的技术启示，此外权利要求 1 的技术方案与对比文件 1 的技术方案有着本质的区别，权利要求 1 取得了预料不到的技术效果，具备创造性。

三、主要审查结论和解析

合议组作出的复审决定维持了原审查部门的驳回决定。

合议组认为：对于中药组合物而言，其组方配伍是在辨证立法的基础上选择合适的药物组合成方，治法是组方的依据，配伍而成的中药组合物则是治法的体现，即“方从法出”“法随证立”。依据对比文件 1 中关于输卵管阻塞型的不孕不育症的治法治则以及组方用药的教导，本领域技术人员可以以对比文件 1 为基础，对组方中药物进行增减变化，其属于本领域技术人员的常规技术手段。对比文件 1 中已经公开对于本申请所治疗疾病的病因病机，即“中医认为输卵管不通主要是由于气滞、血瘀、痰凝、湿热阻滞胞脉，两经不能相合而不孕”，同时公开了治疗该病的治法治则，即“有效达到疏通输卵管、滋阴、补血的功效。促使瘀血消散、促进粘连松懈，活血调经、养血安神，加强滋阴补血、输卵管恢复正常功能”，因此，本领域技术人员可以在保留组方中大部分药物的基础上，选择对组方中个别药物进行加减变化。例如，对组方中少部分药物进行替换，或者减去个别药物而另外加入个别药物，获得与上述治法治则相对应的，即具有行气滞、化血瘀、解痰凝、利湿热及具有滋阴、补血、活血功效的中药组合物，以实现药物的增减变化。本领域技术人员已知，对比文件 1 中红花、穿山甲、赤芍药、牛膝、泽兰具有活血散瘀的作用，由此想到替换本领域已知的其他活血散瘀药物，如本申请中的当归、王不留行、没药、延胡及郁金，以符合组方中对输卵管阻塞性不孕不育的治法治则属于本领域技术人员的常规选择，且对比文件 2 也公开了郁金具有“活散瘀血”“清气化痰”之功，对排卵功能障碍性不孕可使用郁金与其他药物配伍使用；并且去掉个别药物，如吴茱萸、熟地和茯神，而加入与上述治法治则相对应的理气中药佛手、陈皮，以及利水渗湿药物泽泻仍是在对比文件 1 的教导下进行的常规的药物增减变化，因此在对比文件 1 理法方药的教导下，选择上述具有活性散瘀调经、利湿、理气的药物对本领域技术人员而言均是显而易见的。对比文件 1 中已经公开了川芎、白芍、秦艽、覆盆子、香附、丹参、桂枝、牡丹皮、阿胶、菟丝子、乌药、益智仁、杜仲、益母草、石菖蒲、细辛、枸杞子、桔梗、防风和干姜药物的用量范围，据此本领域技术人员可以对这些药物的具体用量进行选择，并且可依据药物的常规用法用量，对当归、王不留行、泽泻、陈皮、没药、延胡、佛手和郁金的用量进行确定，这仍属于本领域技术人员公知的技术手段。而且本申请说明书中没有证据表明这些选择取得了预料不到的技术效果。综上，在对比文件 1 的启示下，结合对比文件 2 和上述公知常识，可以得到权利要求 1~5 的技术方案，其对本领域技术人员而言是显而易见的。

结合前面案例六的讨论，经过合议组分析，该申请的中药组合物的显而易见性较明显，本领域技术人员通过对现有技术治法治则的理解和药物典籍中的记载完全可以获得该案的组合物技术方案，这也是中药领域最常见的情况。效果展示方案，该申请中传统的治愈率统计加具体病例记载方式并没有得到合议组的认可。

案例七

“抗生素的给药方法”无效宣告案

——瑞士型权利要求的限定因素

案情介绍

一、案件基本信息

涉案专利申请号：ZL 99812498.2

案件类型：发明专利无效宣告案

发明名称：抗生素的给药方法

专利权人：卡比斯特制药公司

无效请求人：肖某

无效决定编号：13188

二、案件技术方案情况

潜霉素为已知抗生素，现有技术采用高剂量给药容易产生骨骼肌毒性，导致无法临床应用，原研药公司因此放弃了对该药物的进一步研究。卡比斯特制药公司发现按照适宜的给药间隔、给予适宜的剂量不会产生骨骼肌毒性，进而生产出销售额达到10亿美元级别的药物产品“克必信”。

经过实质审查，涉案专利于2004年5月19日被授予专利权，本专利授权公告时的主要权利要求包括：

1. 潜霉素在制备用于治疗有此需要的患者细菌感染而不产生骨

骼肌毒性的药剂中的用途，其中用于所述治疗的剂量是3~75mg/kg的潜霉素，其中重复给予所述的剂量，其中所述的剂量间隔是每24小时一次至每48小时一次。

2. 根据权利要求1所述的用途，其中所述的剂量间隔是每24小时给药一次。

3. 根据权利要求1所述的用途，其中所述的剂量是3~12mg/kg。

4. 根据权利要求1所述的用途，其中所述的剂量是10~25mg/kg。

5. 根据权利要求1所述的用途，进一步包括除潜霉素以外的抗生素的一种抗生素在制备用于治疗患者细菌感染的药剂中的用途。

6. 根据权利要求5所述的用途，其中所述的抗生素选自下列抗生素组成的组：青霉素类及相关药物、碳青霉烯类、头孢菌素类及相关药物、氨基糖苷类、杆菌肽、短杆菌肽、莫匹罗星、氯霉素、甲砜霉素、褐霉酸钠、林可霉素、氯林可霉素、大环内酯类、新生霉素、多粘菌素、利福霉素、大观霉素、四环素、万古霉素、替考拉宁、蜜柑霉素类、抗叶酸药包括磺胺类药、甲氧苄啶及其组合物和乙胺嘧啶、合成的抗菌药、硝基呋喃类、孟德拉胺、马尿酸乌洛托品、硝基咪唑类、喹诺酮类、氟喹诺酮类、异烟肼、乙胺丁醇、吡嗪酰胺、对氨基水杨酸（PAS）、环丝氨酸、卷曲霉素、乙硫异烟胺、丙硫异烟胺、氨苯硫脲和紫霉素。

7. 根据权利要求5所述的用途，其中所述的抗生素选自亚胺培南、阿米卡星、奈替米星、磷霉素、庆大霉素和替考拉宁组成的组。

8. 根据权利要求5所述的用途，其中所述的剂量是口服、皮下或静脉内剂量。

9. 根据权利要求7所述的用途，其中所述的剂量是3~12mg/kg。

10. 根据权利要求2所述的用途，其中所述的剂量是10~25mg/kg。

11. 根据权利要求2所述的用途，其中所述的剂量是25~75mg/kg。

12. 根据权利要求1或权利要求2所述的用途，其中所述的剂量是口服、皮下或静脉内剂量。

13. 根据权利要求1或权利要求2所述的用途，其中将潜霉素给予3天~6个月。

14. 根据权利要求1或权利要求2所述的用途，其中将潜霉素给予7~28天。

15. 根据权利要求1或权利要求2所述的用途，其中将潜霉素给予7~14天。

无效请求人的无效理由包括不授权的主题、说明书公开不充分、权利要求得不到说明书支持、权利要求清楚等，以及本案例主要讨论的“权利要求1~4、10、11、13~15不具备新颖性”。

无效请求人提交了证据1~10，认为：权利要求1包括的治疗剂量和重复给予所述剂量的时间对制药用途不能起到限定作用，“而不产生骨骼肌毒性”是希望达到的治疗效果，不是限定制药用途权利要求的技术特征，本申请说明书记载的现有技术公开了潜霉素在制备用于治疗细菌感染而不产生骨骼肌毒性的药剂中的用途，证据6、证据7和证据8均公开了潜霉素作为药物用于治疗患者的细菌感染，因此权利要求1不具有新颖性，即使考虑给药剂量和间隔，证据8公开了0.1mg/kg至约100mg/kg潜霉素的剂量范围及每24小时一次的给药间隔，权利要求1相对证据8也不具有新颖性。后续权利要求2~4、权利要求10、权利要求11、权利要求13~15也基于类似的理由不具备新颖性。

在审理过程中，专利权人放弃了部分权利要求的优先权，并进一步限定和删除了部分权利要求：

1. 潜霉素在制备用于治疗有此需要的患者细菌感染而不产生骨骼肌毒性的药剂中的用途，其中用于所述治疗的剂量是3~25mg/kg的潜霉素，其中重复给予所述的剂量，其中所述的剂量间隔是每24小时一次至每48小时一次。

2. 根据权利要求1所述的用途，其中所述的剂量间隔是每24小时给药一次。

3. 根据权利要求1所述的用途，其中所述的剂量是3~12mg/kg。

4. 根据权利要求1或权利要求2所述的用途，其中所述的剂量是口服、皮下或静脉内剂量。

5. 根据权利要求1或权利要求2所述的用途，其中将潜霉素给予3天~6个月。

6. 根据权利要求1或权利要求2所述的用途，其中将潜霉素给予7~28天。

7. 根据权利要求1或权利要求2所述的用途，其中将潜霉素给予7~14天。

8. 根据权利要求1所述的用途，进一步包括除潜霉素以外的抗生素的一种抗生素在制备用于治疗患者细菌感染的药剂中的用途。

9. 根据权利要求8所述的用途，其中所述的抗生素选自下列抗生素组成的组：青霉素类及相关药物、碳青霉烯类、头孢菌素类及相关药物、氨基糖苷类、杆菌肽、短杆菌肽、莫匹罗星……

10. 根据权利要求8所述的用途，其中所述的抗生素选自亚胺培南、阿米卡星、奈替米星、磷霉素、庆大霉素和替考拉宁组成的组。

11. 根据权利要求8所述的用途，其中所述的剂量是口服、皮下或静脉内剂量。

专利权人认为：权利要求1的剂量和剂量间隔及“不产生骨骼肌毒性”对所要求保护的用途均有限定作用。

三、主要审查结论

在新颖性方面，合议组认为：

证据6公开了在每24小时2mg/kg的剂量下，潜霉素显示出可有效治疗多种革兰氏阳性感染，在每12小时3mg/kg的剂量下注意到偶发的副作用，并公开了潜霉素的抗菌机理。因此，证据6公开了潜霉素可用于抗菌，是治疗细菌感染的药物。权利要求1请求保护的同样是潜霉素用于治疗细菌感染的制药用途，虽然其进一步包括了“不产生骨骼肌毒性”和“其中所述治疗的剂量是3~75mg/kg的潜霉素，其中重复给予所述的剂量，其中所述的剂量间隔是每24小时一次至每48小时一次”的限定。然而，由于没有证据表明对潜霉素不产生骨骼肌毒性的副作用的进一步认识能使权利要求1保护的制药用途区别于证据6公开的已知制药用途；同时，本领域技术人员公知给药剂量、重复给药和给药间隔特征是医生在治疗过程中针对患者进行选择和确定的信息，属于用药过程的信息，与制药过程无关。例如，包含相同药物含量的制剂可以采用不同剂量、以不同时间间隔给药，而包含不同药物含量的制剂也可以以相同的剂量给药，因此给药剂量、重复给药和给药间隔特征对药物本身不产生限定作用，也不能使权利要求1的制药用途区别于证据6公开的已知制药用途，所以，权利要求1的制药用途与证据6公开的用途实质相同，因此权利要求1不具备新颖性。

证据7公开了潜霉素作为治疗细菌感染的药物；证据8公开了制药学纯化的LY146032（潜霉素）或其盐可以配制为口服或非胃肠给药的制剂，用于治疗或预防细菌感染，可见证据8已经公开了潜霉素或其盐的口服或非胃肠给药的制剂用于治疗细菌感染。权利要求1与证据7或证据8相比，虽然进一步包括“其中所述治疗的剂量是3~75mg/kg的潜霉素，其中重复给予所述的剂量，其中所述的剂量间隔是每24小时一次至每48小时一次”的内容，但是，如前所述，合议组认为，这些信息不能使权利要求1的制药用途中的药剂区别于证据7或证据8中公开的潜霉素药物制剂，因此不能使权利要求1的制药用途区别于证据7或证据8公开的已知用途。因此，权利要求1的制药用途与证据7或者证据8公开的用途实质相同，不具备新颖性。

本发明要求保护的技术方案与请求人提供的相应证据相比，虽然进一步具体限定了治疗剂量和剂量间隔以及潜霉素不产生骨骼肌毒性的副作用的特征，然而，由于没有证据表明对潜霉素不产生骨骼肌毒性的副作用的进一步认识能使本发明制药用途要求保护的治疗用途区别于现有技术的已知用途；同时，治疗剂量和给药间隔特征体现在用药过程中，与制药过程无关，对药物本身不产生限定作用，不能使本发明的制药用途区别于现有技术的已知用途，因此，专利权人的主张及其提供的反证均不足以说明本专利权利要求1~15相对于请求人提供的证据具备新颖性和创造性。

结论：宣告 ZL 99812498.2 发明专利权全部无效。

案件看点

专利复审委员会经审理认为，给药剂量和给药时间间隔等治疗方案的信息不能使涉案专利的制药用途区别于现有技术的已知用途，在宣告涉案专利权全部无效后，该案又在司法程序中先后经过一审、二审和再审，均维持了专利复审委员会上述审查决定。

与世界上大多数国家一样，我国专利法规定对疾病的诊断和治疗方法不授予专利权。在审查实践中借鉴了“瑞士型权利要求”的撰写形式来予以保护，这类权利要求可以包括哪些技术特征，特别是对于给药方式等用药特征是否属于“瑞士型权利要求”的技术特征一直是业界讨论的焦点。

“一种观点认为‘患者每次服用几粒药、每日服用几次’是医生在治疗过程中所进行的选择，这种仅体现于用药行为中的特征不属于可以改变制药用途的技术特征，因此对权利要求请求保护的制药方法本身不具有限定作用。我委一直持这种观点。”该案参审员介绍道：“另一种观点认为医药用途发明本质上是药物的使用方法发明，应当包括药品出厂前的所有工序，当然也包括‘给药特征’，因此，如何使用药物的‘给药特征’也应纳入权利要求之中。”欧洲专利局上诉委员会已于 2010 年作出决定，不再承认“瑞士型权利要求”的合理性，而采用其他方式来保护物质的医药用途发明。

但在我国目前仍未改变沿用“瑞士型权利要求”现状的情况下，针对涉案专利作出的决定及裁定无疑将对今后医药用途发明的专利保护起到重要的指导作用。该案结果以及其后的司法程序结果明确了“瑞士型权利要求”中哪些技术特征会对方案起限定作用，对于医药专利的各个程序环节都有清晰且重要的指导作用。

从另一个角度看，在目前法律规定的框架下（目前我国专利法及其修正中仍然没有在此方面进行修改的意向），改进点在用药特征上的医药用途发明获得中国专利保护仍有很大难度，如何保护这样的发明人的权利尚需探讨。

案例引申

引申案例 7-1

“对年幼动物免疫接种以抵抗胞内劳森菌感染”复审请求案

一、案件基本信息

涉案专利申请号：ZL 200780019257. X

案件类型：发明专利复审请求案

发明名称：对年幼动物免疫接种以抵抗胞内劳森菌感染

申请人/专利权人：贝林格尔·英格海姆维特梅迪卡有限公司

复审决定编号：84987

二、案件技术方案和无效请求情况

胞内劳森菌是猪，特别是仔猪中的常见病原菌，其会引起猪回肠炎。该申请提供了使用减毒的胞内劳森菌免疫仔猪的方法，其特点在于特定的免疫方案和效果。

经过实质审查，国家知识产权局原审查部门于 2012 年 11 月 27 日发出驳回决定，以权利要求 1~9 不具备《专利法》第二十二条第二款规定的新颖性为由驳回了本发明专利申请。驳回所针对的权利要求为：

1. 减毒的修饰的活胞内劳森菌细菌的用途，其用于制备在具有母体来源的抗胞内劳森菌抗体的 1 天大至 20 天大的动物中引发对胞内劳森菌的免疫反应的药剂。

2. 权利要求1的用途，该等动物为1天大至9天大。

3. 权利要求1或权利要求2的用途，该等动物为1天大至6天大。

4. 权利要求1~3之一的用途，该等动物为1天大或2天大。

5. 权利要求1~4之一的用途，其中该等动物具有每毫升血清或流体至少1∶4的可检测的抗胞内劳森菌抗体滴定度。

6. 权利要求1~5之一的用途，其中该等动物具有每毫升血清或流体至少1∶64的可检测的抗胞内劳森菌抗体滴定度。

7. 权利要求1~6之一的用途，其中该药物包含约3.0$TCID_{50}$至约6.0$TCID_{50}$剂量的该活的、经修饰的胞内劳森菌细菌。

8. 权利要求1~7之一的用途，其中该等动物选自下组：鸟、鱼及哺乳动物，诸如牛、猪、马及灵长类动物。

9. 权利要求8的用途，其中该等动物为猪。

驳回决定引用了对比文件3（WO 2005011731 A1），其与该申请技术方案的区别在于给药对象的年龄及接种时的状态，审查员认为该区别没有导致药物作用机理和所治疗的疾病（在动物体内引发免疫反应，产生针对胞内劳森菌的抵抗）产生不同，即所述区别仅仅属于药物施用过程中的区别，该区别并不能对所述抗原的制药过程产生影响，因此，该案的全部权利要求不具备新颖性。

复审请求人则主张“在具有母体来源的抗胞内劳森菌抗体的1天大至20天大的动物中引发对胞内劳森菌的免疫反应”是一种新的适应证，因此也是一种新的用途：（ⅰ）证据1显示适应证是指“症状或指示特定医学处理或规程的合理性或必要性的特定情况”，即“在具有母体来源的抗胞内劳森菌抗体的1天大至20天大的动物中引发对胞内劳森菌的免疫反应”符合适应证的文字定义；（ⅱ）证据2该兽药注册许可公告在猪回肠炎活疫苗说明书中所记载的【用法与用量】为“3周龄或3周龄以上猪，每头猪通过口服或饮水方式服用1头份剂量”，即1~20天的猪接种疫苗需要新的销售许可，因此其应被认为属于一种新的适应证特征；（ⅲ）欧洲专利局判例承认要治疗的受试者新群体的选择确实是一种新的适应证。本发明的受试者在年龄和免疫学上与现有技术均可区分，因此本申请具备新颖性。此外，在本发明之前，一般认为母体抗体或其他催乳因子的存在可潜在地干扰三周龄以下仔猪疫苗接种的功效，因为在仔猪的免疫系统可识别疫苗且开始分泌其自身抗体之前，母体抗体具有中和疫苗的能力。因此，本领域技术人员不会考虑给 1 天大到 20 天大的小猪接种疫苗。补充提交的实验结果（证据 3）显示本发明解决了这一技术问题，克服了本领域存在的该母体抗体会干扰疫苗的技术偏见。

三、主要审查结论和解析

合议组作出的复审决定维持了原审查部门的驳回决定。

合议组认定：疫苗的“母源性抗体干扰”现象是本领域公知的，但不同的疫苗，这种干扰程度是不同的，并且当母源性抗体下降到一定程度时即可首免。本发明仅发现该种疫苗不存在母源性抗体干扰或母源性抗体干扰较小，并不证明所述疫苗可以预防一种新的疾病；虽然给药对象状态的不同有可能导致对所述疾病的预防效果有所不同，然而该给药对象的不同状态不足以构成新疾病，即“具有母体来源的抗胞内劳森菌抗体的 1 天大至 9 天大的动物、该等动物具有每毫升血清或流体至少 1∶4 的可检测的抗胞内劳森菌抗体滴定度并且其中该等动物为猪”的给药对象，并不能改变预防胞内劳森菌感染而发生猪回肠炎该相同疾病的医学本质；本发明与对比文件 3 的疫苗中，所包含的减毒活菌的剂量是完全相同的，并没有因为限定了不同的给药对象，就需要对制药过程中的药物组分、含量及剂型等进行相应调整，而药品说明书仅是一种信息记载，不构成药物组合物的技术特征，对药物也是没有限定作用的。权利要求 1 中的给药对象特征对权利要求的保护范围不具有限定作用。

将施用对象或一些症状特征认定为一种单独的适应证是制药用途权利要求撰写和复审、无效争辩过程中常用的策略，但如该案所述，在缺乏足够的背景技术和公知认识的情况下，这种策略的效果往往不佳。如果要将施用对象或一些症状特征认定为一种单独的适应证，需要准备足够的证据以证明这种适应证是实际检查治疗中所经常区分的，且药物对这种适应证有不同于其他施用对象或症状的效果。

案例引申

引申案例 7-2

“利用 IL-17 拮抗剂治疗牛皮癣的方法”复审请求案

一、案件基本信息

涉案专利申请号：ZL 201180048732.2

案件类型：发明专利复审请求案

发明名称：利用 IL-17 拮抗剂治疗牛皮癣的方法

申请人/专利权人：诺华有限公司

复审决定编号：118708

二、案件技术方案和无效请求情况

IL-17 是与牛皮癣这一自身免疫疾病显著相关的细胞因子，使用拮抗剂治疗牛皮癣已经有很多尝试，该案技术方案的特点在于使用特定剂型皮下施用 IL-17 拮抗剂。

经过实质审查，国家知识产权局原审查部门于 2015 年 9 月 2 日以权利要求 1～19 不具备创造性为由驳回了该申请。驳回所针对的权利要求为：

1. a. 包含 IL-17 抗体、缓冲剂、稳定剂和增溶剂的液体药物组合物以及 b. 用于向慢性斑块型牛皮癣的患者皮下施用该 IL-17 抗体的工具在制备用于治疗慢性斑块型牛皮癣的药物中的用途，其特征在于该 IL-17 抗体：

ⅰ）以五剂约150mg至约300mg的剂量向该患者皮下施用，每周递送该五剂中的一剂；及

ⅱ）此后以约150mg至约300mg的每月剂量向患者皮下施用；

其中所述IL-17抗体选自：

a）含有包含SEQ ID NO：8所示的氨基酸序列的免疫球蛋白VH域及包含SEQ ID NO：10所示的氨基酸序列的免疫球蛋白VL域的IL-17抗体；

b）含有包含SEQ ID NO：1、SEQ ID NO：2及SEQ ID NO：3所示的高变区的免疫球蛋白VH域及包含SEQ ID NO：4、SEQ ID NO：5及SEQ ID NO：6所示的高变区的免疫球蛋白VL域的IL-17抗体；

c）含有包含SEQ ID NO：11、SEQ ID NO：12及SEQ ID NO：13所示的高变区的免疫球蛋白VH域及包含SEQ ID NO：4、SEQ ID NO：5及SEQ ID NO：6所示的高变区的免疫球蛋白VL域的IL-17抗体；及

d）苏金单抗。

2. 如权利要求1的用途，其中所有剂量均为约150mg或所有剂量均为约300mg。

3. 如权利要求2的用途，其中若该患者体重小于90kg，则向该患者施用约150mg的剂量，且其中若该患者体重大于或等于90kg，则向该患者施用约300mg的剂量。

4. 如权利要求1的用途，其中在用所述IL-17抗体治疗之前，所述患者此前未曾接受过牛皮癣全身性药剂的治疗。

5. 如权利要求1的用途，其中在用所述IL-17抗体治疗之前，所述患者此前已接受过牛皮癣全身性药剂的治疗。

6. 如权利要求5的用途，其中所述全身性药剂选自：甲氨蝶呤、环孢素、反丁烯二酸酯、阿曲汀、阿法赛特、阿达木单抗、依法珠单抗、依那西普、英利昔单抗、戈利木单抗及优特克单抗。

7. 如权利要求1的用途，其中所述IL-17抗体在第0周、1周、

2周、3周、4周和8周以及此后每月皮下施用。

8. 如权利要求1的用途，其中所述施用工具包括小瓶及注射器、注射笔或自动注射器。

9. IL-17抗体在制备用于治疗慢性斑块型牛皮癣的皮下施用且具有150mg单位剂量的IL-17抗体的药物中的用途，其特征在于该IL-17抗体：

ⅰ）以五剂约150mg至约300mg向患者皮下施用，该五剂中的每一剂每周递送；及

ⅱ）此后以约150mg至约300mg的月剂量向患者皮下施用，

其中该IL-17抗体包含：

a）包含SEQ ID NO：8所示的氨基酸序列的免疫球蛋白VH域及包含SEQ ID NO：10所示的氨基酸序列的免疫球蛋白VL域；

b）包含SEQ ID NO：1、SEQ ID NO：2及SEQ ID NO：3所示的高变区的免疫球蛋白VH域及包含SEQ ID NO：4、SEQ ID NO：5及SEQ ID NO：6所示的高变区的免疫球蛋白VL域；

c）包含SEQ ID NO：11、SEQ ID NO：12及SEQ ID NO：13所示的高变区的免疫球蛋白VH域及包含SEQ ID NO：4、SEQ ID NO：5及SEQ ID NO：6所示的高变区的免疫球蛋白VL域；或

d）苏金单抗。

10. 如权利要求9的用途，其中在第0周、1周、2周、3周、4周和8周期间及此后每月皮下施用该IL-17抗体。

11. 如权利要求9或权利要求10的用途，其中所有剂量均为约150mg，或所有剂量均为约300mg。

12. 如权利要求11的用途，其中若该患者体重小于90kg，则向该患者施用约150mg的剂量，且其中若该患者体重大于或等于90kg，则向该患者施用约300mg的剂量。

13. 如权利要求9的用途，其中在用所述IL-17抗体治疗之前，所述患者此前未曾接受过牛皮癣全身性药剂的治疗。

14. 如权利要求9的用途，其中在用所述IL-17抗体治疗之前，

所述患者此前已接受过牛皮癣全身性药剂的治疗。

15. 如权利要求14的用途，其中所述全身性药剂选自：甲氨蝶呤、环孢素、反丁烯二酸酯、阿曲汀、阿法赛特、阿达木单抗、依法珠单抗、依那西普、英利昔单抗、戈利木单抗及优特克单抗。

16. 如上述任一项权利要求所述的用途，其中所述IL-17抗体是苏金单抗。

17. 如上述任一项权利要求所述的用途，其中所述患者患有中度至重度的慢性斑块型牛皮癣。

18. 包含苏金单抗、缓冲剂、稳定剂和增溶剂的液体药物组合物以及用于向慢性斑块型牛皮癣的患者皮下施用苏金单抗的工具的液体药物组合物在制备用于治疗慢性斑块型牛皮癣的药物中的用途，其特征在于，在第0周、1周、2周和3周通过皮下注射以约150mg或约300mg的剂量向所述患者施用苏金单抗，以及此后自第4周起每月通过皮下注射以约150mg或约300mg的剂量向所述患者施用苏金单抗。

19. 苏金单抗在制备用于治疗慢性斑块型牛皮癣的患者的皮下施用且具有150mg单位剂量的苏金单抗的药物中的用途，其特征在于在第0周、1周、2周和3周通过皮下注射以约150mg或约300mg的剂量向所述患者施用苏金单抗，以及此后自第4周起每月通过皮下注射以约150mg或约300mg的剂量向所述患者施用苏金单抗。

驳回决定引用对比文件1（Effects of AIN457, a Fully Human Antibody to Interleukin-17A, on Psoriasis, Rheumatoid Arthritis, and Uveitis, Wolfgang Hueber等，Science Translational Medicine，第2卷，第52期），其公开了利用IL-17A的抗体AIN457/苏金单抗治疗慢性斑块型牛皮癣的用途，0~12周内单次静脉注射给药3mg/kg和对比文件2（WO 2006/013107 A1，2006年2月9日），其公开了一种IL-17抗体AIN457。驳回决定认定：权利要求技术方案中所限定的具体药物用量、给药时间、频次等通常与医生对治疗方案的选择密切相关，其属于一种治疗方法的改进，而与药物及其制剂本身没有必然的联系，对于权利要求1中所述的液体药物组合物及工具制备药物的用途不具有限定作用。权利要求 1 技术方案与对比文件 1 的区别特征为：（1）限定了所述药物组合物中还包含缓冲剂、稳定剂和增溶剂；（2）包括了施用工具且限定了具体的施用方式为皮下施用。本领域技术人员知晓，静脉注射是把药物注入静脉，它是使药物达到全身的最迅速的方式；皮下给药是将少量药液注入皮下组织，通常注射在皮肤与肌肉之间。虽然静脉内施用与皮下施用的药物组合物通常具有不同的辅料成分，但是静脉内施用的药物通常对于载体组分的安全性具有更高的要求，即本领域技术人员将用于静脉内施用的药物转用至皮下施用通常具有较低的难度。皮下施用和静脉内施用均属于本领域常用的给药途径，由于本发明主要涉及慢性斑块型牛皮癣，其属于一种皮肤疾病，本领域技术人员为了达到局部快速的治疗效果，容易想到选择皮下施用方式替换静脉内施用方式，并且通过本领域常规技术手段调整所述药物中所含有的缓冲剂、稳定剂和增溶剂，并配合施用所述药物的具体工具，使所述药物更加适于皮下施用方式下的患者吸收和利用，对于所述药物中所含有的缓冲剂、稳定剂和增溶剂和施药工具的选择属于本领域的常规选择，其技术效果是本领域技术人员容易预期的。全部权利要求均不具备创造性。

复审请求人则主张：对比文件 1 的牛皮癣研究中，患者接受单次 3mg/kg 苏金单抗的基于体重的静脉（Ⅳ）滴注，采用的是单次、基于体重的给药水平，本申请权利要求中限定的是多剂量分叉方案（第 0 周、1 周、2 周、3 周和 4 周每周一剂，此后每月一剂）、剂量独立于体重。患者平均体重为 90kg，由于皮下（SC）递送苏金单抗的生物利用度仅 73%，与对比文件 1 中基于体重的Ⅳ剂量相对应的苏金单抗 SC 剂量为 370mg，大大超出了权利要求中所涉及的剂量范围（150~300mg）。考虑到对比文件 1 采用基于体重的给药剂量获得了某种成功，本领域技术人员没有动机切换为本申请权利要求所限定的固定剂量方案。就给药途径而言，对比文件 2 虽然提及 SC 给药是一种可能的递送途径，但其他还有Ⅳ或肌肉内给药，并没有对任何给药途径给出明确的倾向。对比文件 1 通过Ⅳ给药以苏金单抗治疗牛皮癣，申请人也在Ⅱ期临床研究中对Ⅳ递送 3mg/kg 和 10mg/kg 苏金单抗用于治疗牛皮癣进行了测试。将附件 1 和对比文件 1 结合来看，显然提示Ⅳ给药是治疗牛皮癣的优选途径。本领域仍对通过皮下途径递送生物药物所面临的障碍存在显著的本领域共识。

并提供了本领域的专家证言，证明改变递送途径将会改变所给予的生物制品的药代动力学（PK）曲线，进而导致药效学（PD）和响应曲线的改变。难以预期将特定生物制品从Ⅳ切换成SC给予对疾病的成功治疗。在没有数据显示成功治疗牛皮癣的情况下，相关现有技术无法使技术人员确认是否可能通过皮下途径给予足量苏金单抗来治疗牛皮癣。请求人的一个针对葡萄膜炎的Ⅲ期临床就没能将苏金单抗给药从10mg/kg基于体重的Ⅳ剂量切换成150mg/300mg的固定SC剂量，基于此，技术人员会得出如下结论：苏金单抗的Ⅳ给药对于葡萄膜炎的疗效是必需的。

三、主要审查结论和解析

合议组作出的复审决定维持了原审查部门的驳回决定。

在复审决定中，合议组认定了静脉注射和皮下注射药物在制药方法中对药物浓度、助剂成分及含量等方面都存在区别，在评述权利要求1与对比文件1的区别时即表明其区别在于权利要求1药物组合物的给药方式为皮下施用，即所制备的药物组合物中包括相应用于皮下施用的缓冲剂、稳定剂和增溶剂，对比文件1采用静脉注射方式，以及在对权利要求9进行评述时，认为其区别还在于限定的“具有150mg单位剂量”。关于上述区别仍然不能使该申请具备创造性的理由也已经在对权利要求1、权利要求9不具备创造性的审查意见中作了论述。对于权利要求1所限定的“以五剂约150mg至约300mg的剂量向该患者皮下施用，每周递送该五剂中的一剂；及此后以约150mg至约300mg的每月剂量向患者皮下施用”而言，其属于给药方案，是实施制药方法并获得药物后，将药物施用于人体的具体用药方法，并不体现在制药方法中。对于给药方式、制剂形式限定的已知药物的新制药用途能否获得专利授权的可能性问题，个案审理受其背景技术、对比文件披露程度、本领域技术人员的认知程度等多方面客观因素影响，并不能由该申请的审查过程推而广之。

合议组依据对比文件2所披露的可选择的“皮下施用”方式并结合该申请的药物活性成分、所治疗的疾病及现有技术给药途径状况综合考量得出结论皮下施用方式不具备创造性。该申请所施用的苏金单抗为抗体类药物，所治疗的疾病是慢性斑块型牛皮癣，属于一种慢性皮肤炎性疾病，已知应用抗体类药物治疗牛皮癣通常采用的是皮下施用方式。例如，伊那西普和优特克单抗、艾法利单抗等均采用皮下施用方式。在面临需要长期给药治疗慢性斑块型牛皮癣时，本领域技术人员会有动机采用皮下施用方式。

虽然该复审决定没有撤销原审查部分的驳回决定，并且认定“具体给药剂量、给药时间、频次等通常与医生对治疗方案的选择密切相关，与制药方法没有直接、必然的关联性，属于仅体现于用药行为中的特征，对制药用途不具有限定作用”，但同时也给出了对制药用途权利要求中限定因作用认定的正向例子“限定的给药方式意味着所制备的药物组合物中包括了相应用于皮下施用的缓冲剂、稳定剂和增溶剂，即对药物组合物的组成产生了影响，因此，其中限定的给药方式对制药用途权利要求具有限定作用”，这对我们从不同角度理解制药用途这一类权利要求的可行限定方式和保护范围是一个很好的例子。我们在此案例及案例七及其引申案例 7-1 的基础上可以对我国专利法对“瑞士型权利要求”的解读有一个比较清晰的认识。

实验数据篇

我国《专利审查指南2010》指出，化学发明能否实施往往难以预测，必须借助实验结果加以证实才能得到确认；由于化学属于实验性学科，多数发明需要经过实验验证，因此说明书中通常应当包括实施例，如产品、制备、应用实施例；机械、电器领域中的发明或实用新型的有益效果，在某些情况下，可以结合发明或实用新型的结构特征和作用方式进行说明。但是，在化学领域中的发明大多数情况下不适于用这种方式说明发明的有益效果，而是借助实验数据来说明。在引用实验数据说明有益效果时，应当给出必要的实验条件和方法，对于化学产品发明，如果所属技术领域的技术人员无法根据现有技术预测发明能够实现的用途和/或使用效果，则说明书中还应当记载足以证明发明的技术方案可以实现所述用途和/或达到预期效果的定量或定性的实验数据。

然而，药物研发具有高投入、高风险的特点，医药企业药物研发竞争非常激烈，为了最大限度地保护研究成果，很多医药企业在专利申请时往往采取专利保护和保留技术要点并行的策略。此外，药物研发的周期比较长，这使医药企业在完成初步研究时就必须进行专利布局，而此时很多优选技术方案客观上无法公开，因此不管是主观因素还是客观因素，申请人在专利申请时往往会对实验数据有一定保留。在发明专利申请的实质审查程序、复审程序及发明专利权授权后的无效程序中，“发明得不到说明书的支持”“说明书对请求保护的发明没有充分公开”及“发明不具备创造性”是经常被审查员、合议组或请求人指出的缺陷。作为一种重要的争辩方式，专利申请人或专利权人往往会提交补充实验数据（申请日后提交的实验数据）以证明专利申请或专利中不存在上述缺陷，尤其是在化学、医药、生物和材料等实验科学领域中更常见。特别是在创造性方面，专利申请人或专利权人通常通过提交补充实验数据证明本发明相比于其他选择具有预料不到的技术效果来说明本发明的创造性。

对于提交补充实验数据的争辩方式，欧洲、美国、韩国、日本等的专利审查机构基本持考虑的态度，其中美国采取了最宽松的尺度，其次是欧洲，再次是日本，这与他们制药产业的发达程度紧密相关。美国专利审查指南（MPEP）规定，审查员在确定权利要求在可专利性方面的显而易见性问题时，必须考虑适时提出的宣誓证言或声明（包括补充实验证据）。欧洲审查指南规定，补充实验证据证明的效果由原始提交的申请中最初建议的技术问题暗示或者至少与该技术问题相关时，应该考虑该效果。日本审查指南规定，在下述（ⅰ）和（ⅱ）的情况下，审查员应该考虑意见陈述书（如提交的补充实验数据）等中主张、佐证的优于对比文件的技术效果，（ⅰ）原始说明书中记载了其效果；（ⅱ）说明书中没有明确记载其效果，但本领域技术人员基于说明书或附图的内容能够推断其效果。韩国的判决指出，如果发明的改进效果在说明书中没有被明确记载，但可被本领域技术人员根据说明书的描述推断得出，这样的应用效果在确定本发明的创造性时仍应被考虑。

中国制药企业自主研发能力弱，产业集中度与发达国家存在一定的差距。中国对于补充实验数据长期以来采取比较严苛的审查标准，特别是对用于证明本发明优异效果的补充实验数据基本上不予认可。关于“补交实验数据”在《审查指南》（1993 年修订）第八章中规定：补充实验数据，以说明发明的有益效果，或补入实施方式和实施例以说明在权利要求保护范围内能够实施，但是这些补充内容可以放入申请案卷中，供审查员审查专利性时参考。在《专利审查指南 2010》中进一步将前述版本指南中所述的“专利性”明确为“新颖性、创造性或实用性”。在《审查指南》（2006 年修订）中要求“判断说明书是否充分公开，以原说明书和权利要求记载的内容为准，申请日后补交的实施例和实验数据不予考虑”。在《专利审查指南 2010》第二部分第十章中仍然维持了上述规定，即“申请日之后补交的实施例和实验数据不予考虑”。《专利审查指南 2010》（2017 年修订）在第二部分第十章新设第 3.5 节“关于补交的实验数据”，将“申请日之后补交的实施例和实验数据不予考虑”修改为“对于申请日之后补交的实验数据，审查员应当予以审查”。2020 年对《专利审查指南 2010》第二部分第十章第 3.5 节“关于补交的实验数据”部分作出较大修改，在第 3.5 节下新增第 3.5.1 节“审查原则”和第 3.5.2 节“药品专利申请的补交实验数据”。其中，第 3.5.1 节修改内容涉及“对于申请日后申请人为满足专利法第二十二条第三款、第二十六条第三款等要求补交的实验数据，审查员应当予以审查”。第 3.5.2 节内容为“按照本章第 3.5.1 节的审查原则，给出涉及药品专利申请的审查示例”。同时，对于示例 1 和示例 2 也进行了修改。

《专利审查指南 2010》属于我国法律渊源体系中的部门规章，是国家知识产权局依法行政的法律依据和审查标准，也是有关当事人在各个阶段应当遵守的规定，作为部门规章，审查指南在法律属性上的类型可定义为“立法性行政解释”。因此，2020 年针对《专利审查指南 2010》中涉及发明专利补交试验数据部分章节的修改，属于在《专利法》及《中华人民共和国专利法实施细则》（以下简称《专利法实施细则》）的条款没有修改或没有实质性改变的情况下，对上位法作出具体解释、补入审查实务中形成共识的内容，其与意见版本对“补交实验数据”在内容和表述上存在差别，但是在法律层面仍然遵循“实体从旧，程序、解释从新”的原则。

下文将结合复审和无效的典型案例对药物领域专利申请中补交实验数据和实验数据真实可靠两方面进行说明，以期为申请人在药物相关专利的开发布局中，对专利申请应当如何进行必要的实验数据提供参考借鉴。

案例八

“用作组蛋白脱乙酰酶抑制剂的苯甲酰胺化合物”复审请求案

——补充数据以证明具备创造性

案情介绍

一、案件基本信息

涉案专利申请号：ZL 200680047678. 9
案件类型：发明专利复审请求案
发明名称：用作组蛋白脱乙酰酶抑制剂的苯甲酰胺化合物
复审请求人：阿斯利康（瑞典）有限公司
复审决定编号：74723

二、案件技术方案情况

涉案专利涉及组蛋白脱乙酰酶（HDAC）的有效抑制剂，即新的苯甲酰胺化合物或其药学上可接受的盐。涉案专利制备获得的苯甲酰胺化合物是HDAC的有效抑制剂，同时具有其他良好的药用特性，包括有利的细胞和体内效能、有利的DMPK特性以及良好的溶解性。所述化合物是有效的细胞周期抑制剂，可用于治疗HDAC酶单独或部分介导的疾病，如肿瘤等。

经过实质审查，涉案专利申请于2013年7月31日以权利要求1~8不具备创造性为由被驳回，涉案专利申请被驳回时的主要权利要求包括：

1. 化合物 *N*-(2-氨基苯基)-4-{1-[(1,3-二甲基-1H-吡唑-4-基)甲基]哌啶-4-基}苯甲酰胺或其药学上可接受的盐。

2. 一种药用组合物，其包含权利要求 1 的化合物或其药学上可接受的盐以及药学上可接受的稀释剂或载体。

3. 权利要求 1 的化合物或其药学上可接受的盐在制备药物中的用途，该药物用于在温血动物中产生 HDAC 抑制作用。

4. 权利要求 1 的化合物或其药学上可接受的盐在制备药物中的用途，该药物用于在温血动物中产生细胞周期抑制作用。

7. 权利要求 1 的化合物或其药学上可接受的盐在制备用于治疗癌症的药物中的用途，其中所述癌症选自肺癌、结直肠癌、乳腺癌、前列腺癌、淋巴瘤和/或白血病。

8. 一种制备权利要求 1 的化合物或其药学上可接受的盐的方法，该方法包括：

(a) 在还原剂存在下，使式(Ⅱ)化合物：

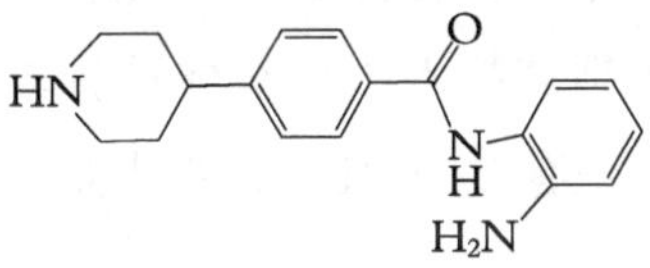

(Ⅱ)

其中：苯胺部分可被适当地保护；

与式(Ⅲ)化合物反应

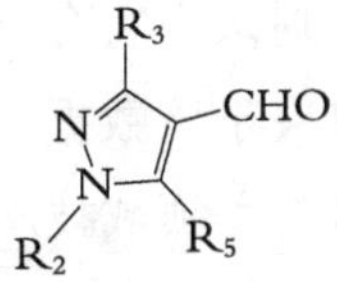

(Ⅲ)

其中:R_2 和 R_3 为甲基，R_5 为氢；或者

(b) 在适当的碱存在下，使如上定义的式(Ⅱ)化合物与式(Ⅳ)化合物反应：

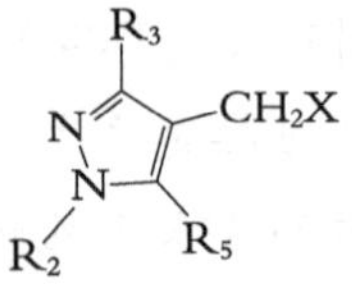

（Ⅳ）

其中：R_2 和 R_3 为甲基，R_5 为氢，且 X 是活性基团，所述活性基团选自卤代或磺酰氧基；

然后，如果必要，除去可能存在的任何残留的保护基。

复审请求人没有修改说明书和权利要求书。

三、主要复审请求理由和证据

复审请求人认为：（1）权利要求 1 的化合物具有令人惊奇的、有效的 HDAC 抑制活性。所述化合物的有利效力和其他有益药学特性参见说明书第 2 页 18 行~第 3 页第 1 行和补充实验数据。（2）对比文件 1 没有给出选择对比化合物作为其起始点的技术启示。即使选择了对比化合物作为起始点，也没有给出任何技术启示来激发本领域技术人员具体选择本发明权利要求 1 的化合物，或意识到这一化合物将是有效的 HDAC 抑制剂。

四、主要审查结论

合议组认为：对化合物的创造性判断而言，如果结构上与已知化合物接近的化合物具备预料不到的技术效果，则认为它有创造性。在创造性的审查过程中，补充实验数据能否被接受，取决于该数据本身，或者实验结论是否与原申请文件的记载一致，或者是否属于本领域技术人员能够根据原申请文件记载的信息而直接确定的内容。

就涉案专利申请，对比文件 1 公开了一种可以用作组蛋白脱乙酰酶抑制剂的化合物，其中具体公开了表 7 化合物 9 为 *N*-(2-氨基苯基)-4-[1-(吡啶-2-基甲基)哌啶-4-基]苯甲酰胺。将权利要求 1 与对比文件 1 的化合物 9 进行比较，其区别在于：涉案专利申请的权利要求 1 的化合物结构中的哌啶基通过一个亚甲基与“1,3-二甲基-1H-吡唑基”连接，对比文件 1 的化合物 9 结构中的哌啶基通过一个亚甲基与“吡啶-2-基”连接。

涉案专利申请说明书中记载了：

通过该实例，使用抑制 HDAC1 的试验（a）和抑制全细胞增殖的试验（b），本文实施例 4 中所述的化合物给出下表 A 中所示的 IC_{50} 结果。该表还包括 *N*-(2-氨基苯基)-4-(1-(吡啶-2-基甲基)哌啶-4-基)苯甲酰胺(以上化合物［1］）的对应的结果：

表 A

实施例化合物	IC_{50} 试验（a） （抑制 HDAC1 的体外试验）	IC_{50} 试验（b） （抑制全细胞增殖的体外试验）
4	0.081μmol/L	0.508μmol/L
对比化合物 1	0.100μmol/L	1.433μmol/L

上述对比化合物 1 即对比文件 1 中表 7 化合物 9，由上述数据可以看出，涉案申请实施例化合物 4（尽管其不是权利要求要求保护的）特别是在抑制全细胞增殖的体外实验，即实验（b）中，具有优于对比文件 1 化合物 9 的活性。

此外，请求人答复《第一次审查意见通知书》和《第三次审查意见通知书》时提交了该申请实施例 2A/7A/7B 化合物以及对比文件 1 的表 7 化合物 9 之间进行对照的实验数据：

化合物	用 HCT116 细胞的测定（b） 平均 pIC_{50}/(μmol/L)
N-(2-氨基苯基)-4-(1-(吡啶-2-基甲基)哌啶-4-基)苯并酰胺（对比化合物，D1）	5.844
实施例 2A/7A/7B	6.396

请求人指出，该数据是根据前述涉案申请说明书第 17 页第 15~22 行所述的测定方法（b），采用 HCT116 细胞生成的。

合议组对上述两组数据进一步对照核实，在补充数据中，对比文件 1 的表 7 化合物 9 的 pIC_{50} 为 5.844，经过换算得到 IC_{50} 值为 1.433μmol/L，该数据与涉案专利申请说明书记载的通过测定方法（b）得到的前述对比文件 1 的

对比化合物的 IC_{50} 值 1.433μmol/L 一致，并且涉案专利申请化合物 2A/7A/7B 的 pIC_{50} 值 6.396 换算为 IC_{50} 值为 0.402μmol/L，与说明书表 A 中实施例 4 化合物的结果相近。涉案申请权利要求 1 要求保护的化合物与实施例 4 化合物的结构非常相似，区别仅在于实施例 4 中的咪唑基进一步被甲氧基取代，本领域技术人员根据说明书记载的实施例 4 化合物的效果数据能够预期实施例 2A/7A/7B 化合物的效果，补充数据中的实施例 2A/7A/7B 化合物的上述实验结果也进一步验证了二者效果确实基本相当。

因此，在无相反证据的前提下，本领域技术人员首先可以确认上述补充数据是采用与涉案申请说明书第 22 页中记载的实验数据通过相同的测定方法（b）在相同的条件下得到的实验数据，并且正如本领域技术人员所预期的，涉案申请中实施例 2A/7A/7B 化合物具有与实施例 4 化合物类似的效果，因此，该补充数据可作为涉案申请权利要求创造性的评价依据。

进而，由涉案申请说明书记载的表 A 可知，涉案申请实施例 4 化合物在试验（b）中的 IC_{50} 值比对比文件 1 表 7 化合物 9 相应的 IC_{50} 值低一半以上，本领域技术人员可以预期，实施例 4 所述的化合物及其结构类似的化合物，如涉案申请权利要求 1 请求保护的实施例 2A/7A/7B 化合物，较之对比文件 1 化合物具有更高的组蛋白脱乙酰酶抑制活性，并且，补充数据的实验结果也验证了上述结论。

由此可见，涉案申请权利要求 1 相对于对比文件 1 实际解决的技术问题是提高组蛋白脱乙酰酶抑制活性。尽管对比文件 1 的权利要求 1 中公开了其环 A 上的取代基 K 的选择范围是“（杂环基）C1-6 烷基”，涉案申请化合物的相应基团“1,3-二甲基-1H-吡唑基”落入上述范围内，但对比文件 1 并未给出将对比文件 1 表 7 化合物 9 中的“吡啶-2-基”用“1,3-二甲基-1H-吡唑基”进行替换以得到权利要求 1 中具有更高的组蛋白脱乙酰酶抑制活性的化合物的技术启示，因此，相对于对比文件 1 中的化合物，权利要求 1 的化合物对于本领域技术人员来说是非显而易见的。权利要求 1 具备创造性。

结论：撤销国家知识产权局于 2013 年 7 月 31 日对该申请作出的驳回决定。

案件看点

在药物专利领域的专利申请中，实验数据是非常关键的内容之一，与申请的专利性直接相关。在我国多年审查实践中，专利审查、专利复审和无效环节关于实验数据的纷争日益增多，使该问题在处理中也被愈加谨慎地对待。为了克服不具备创造性的缺陷，申请人往往会通过补交对比实验数据来证明发明相对现有技术具有预料不到的技术效果。因此，对于补交的对比实验数据的考量在创造性的判断中显得尤为重要。

在当前的审查实践中，对于申请人在申请日后提交的用于证明请求保护的发明具备新颖性、创造性和公开充分的证据，均会在审查过程中予以审查。但具体到每个案件情形下，审查员会根据实际情况进行判定。在克服创造性问题时，采用的对比实验应该在请求保护的发明与最接近的现有技术之间进行；补交实验证据所要证明的技术效果要求是在原申请文件中有明确记载，且给出了令所属领域技术人员确信存在的一定实验证据的技术效果。因此，申请人应当在原始申请文件中对关键的性能指标进行记载，用以对专利的公开充分性和创造性进行证明，也为后续需要时实验数据的补充留下充分的空间。

关于补交实验数据能否接受以及如何审查长期存在争议。《专利审查指南2010》关于补交实验数据的章节也在不断完善，2020 年 1 月 16 日，中国政府发布中美第一阶段经贸协议公告。其中，该协议要求中国允许药品专利申请人在专利审查程序、专利复审程序和司法程序中，依靠补交数据来满足可专利性的相关要求，包括对公开充分和创造性的要求，这对药品专利申请人来说是很大的利好。无论是原研药物的申请人，还是仿制药的申请人，应充分重视此协议中对药品专利、审批制度的相关规定，日后在进入各国的专利申请实践中，无论是在专利撰写阶段，还是在审查、复审及司法阶段，充分利用各国对于补交实验数据的相关要求和规定，维护自己的权益。

案例九

“含有缬沙坦和 NEP 抑制剂的药物组合物”无效宣告案

——补交实验数据不被接受

案情介绍

一、案件基本信息

涉案专利申请号：ZL 201110029600.7
案件类型：发明专利无效宣告案
发明名称：含有缬沙坦和 NEP 抑制剂的药物组合物
专利权人：诺华股份有限公司
无效请求人：戴某某
无效决定编号：34432

二、案件技术方案情况

涉案专利保护一种包含沙库巴曲和缬沙坦的药物组合物，诺华股份有限公司（以下简称诺华公司）在本专利基础上开发了“沙库巴曲缬沙坦钠片”，商品名为诺欣妥（Entresto），全球首个血管紧张素受体脑啡肽酶抑制剂（ARNI），可有效降低心血管病死率和心力衰竭住院的风险。该药于 2015 年先后在美国（2015 年 7 月 7 日）和欧盟（2015 年 11 月 18 日）获得批准上市。中国于 2017 年 9 月 20 日批准沙库巴曲缬沙坦钠片，用于射血分数降低的慢性心力衰竭（NYHA Ⅱ-Ⅳ级，LVEF≤40%）成人患者，降低心血管死亡和心力衰竭住院的风险。该案制备了包含沙库巴曲和缬沙坦的药物组合物，记载了测试药物组合物活性的动物模型，提到所述药物组合物产生了更有效的抗高血压治疗。同时，其可用于治疗或预防心衰、动脉粥样硬化等多种疾病。

经过实质审查，涉案专利于 2015 年 4 月 8 日被授予专利权，本专利授权公告时的主要权利要求包括：

1. 一种药物组合物，其包含(ⅰ)AT 1-拮抗剂缬沙坦或其可药用盐和(ⅱ)*N*-(3-羧基-1-氧代丙基)-(4*S*)-对-(苯基苯基甲基)-4-氨基-2*R*-甲基丁酸乙酯或 *N*-(3-羧基-1-氧代丙基)-(4*S*)-(对-苯基苯基甲基)-4-氨基-2*R*-甲基丁酸或其可药用盐以及可药用载体。

4. 一种药物包，其在独立的容器中包含单包装的药物组合物，其在一个容器中包含含有 *N*-(3-羧基-1-氧代丙基)-(4*S*)-(对-苯基苯基甲基)-4-氨基-2*R*-甲基丁酸乙酯或 *N*-(3-羧基-1-氧代丙基)-(4*S*)-(对-苯基苯基甲基)-4-氨基-2*R*-甲基丁酸的药物组合物，在第二个容器中包含含有缬沙坦的药物组合物。

专利权人对权利要求作了修改，删除了权利要求 2～3，以及权利要求 1 和权利要求 4 中涉及“*N*-(3-羧基-1-氧代丙基)-(4*S*)-(对-苯基苯基甲基)-4-氨基-2*R*-甲基丁酸或其可药用盐”的技术方案，修改后的权利要求如下：

1. 一种药物组合物，其包含(ⅰ)AT 1-拮抗剂缬沙坦或其可药用盐和(ⅱ)*N*-(3-羧基-1-氧代丙基)-(4*S*)-(对-苯基苯基甲基)-4-氨基-2*R*-甲基丁酸乙酯或其可药用盐以及可药用载体。

2. 一种药物包，其在独立的容器中包含单包装的药物组合物，其在一个容器中包含含有 *N*-(3-羧基-1-氧代丙基)-(4*S*)-(对-苯基苯基甲基)-4-氨基-2*R*-甲基丁酸乙酯的药物组合物，在第二个容器中包含含有缬沙坦的药物组合物。

三、主要无效理由和证据

无效请求人请求宣告涉案专利权利要求全部无效，在无效审查过程中，无效请求人提交了17项证据，无效的理由为：说明书公开不充分；全部权利要求得不到说明书的支持；全部权利要求不具备创造性。

（1）说明书公开不充分，权利要求得不到说明书的支持。请求人认为：涉案专利要解决的技术问题是提供一种具有协同效果的治疗或预防高血压等多种疾病的药物组合物。而本专利说明书以“断言式结论”的方式记载了缬沙坦与中性内肽酶抑制剂（NEP抑制剂）可以产生协同作用，并未披露和记载实验方法，缺乏用来证明两种药物之间存在协同作用的实验证据，也没有公开与缬沙坦组合的具体NEP抑制剂，以及二者的用量比例，而证据7和证据8显示联合用药时用量比例是重要的。而且，涉案专利公开了药物组合物具有多种用途，但是说明书中没有实验数据支持该组合物具有所述的用途，也没有公开药物的协同效果出现在所有的疾病中，还是特定的疾病。所以涉案专利说明书公开不充分。

由于说明书公开不充分，所以权利要求也相应得不到说明书支持。

（2）权利要求不具备创造性。请求人提供多篇证据，其中证据13作为最接近的现有技术，其公开了NEP抑制剂和血管紧张素Ⅱ受体拮抗剂的组合物，用于治疗高血压和充血性心衰。权利要求1与证据13之间的区别在于，从血管紧张素Ⅱ受体拮抗剂中选择了缬沙坦，从NEP抑制剂中选择了*N*-(3-羧基-1-氧代丙基)-(4*S*)-(对-苯基苯基甲基)-4-氨基-2*R*-甲基丁酸乙酯。证据14和证据15公开了缬沙坦是血管紧张素Ⅱ受体拮抗剂，证据12公开了*N*-(3-羧基-1-氧代丙基)-(4*S*)-(对-苯基苯基甲基)-4-氨基-2*R*-甲基丁酸乙酯属于NEP抑制剂。权利要求1属于选择发明，而且也没有证明能够取得预料不到的技术效果。因此，权利要求1不具备创造性。

四、主要审查结论

对于无效请求人的主张，合议组认为：

（1）关于说明书公开不充分，如果一项发明存在多个要解决的技术问题，并不要求其必须解决说明书记载的所有要解决的技术问题，只要其解决了所保护的技术方案要解决的其中一个技术问题，对该技术方案而言就达到了充分公开的要求。涉案专利说明书记载了血管紧张素Ⅱ拮抗剂可以被用作抗高血压药，NEP 抑制剂可降低血压，而 EP0443983A 和 US5399578 公开了缬沙坦，其属于血管紧张素Ⅱ拮抗剂，US5217996 公开了 *N*-(3-羧基-1-氧代丙基)-(4*S*)-(对-苯基苯基甲基)-4-氨基-2*R*-甲基丁酸乙酯及其可药用盐，其属于 NEP 抑制剂。可见，涉案专利说明书已经记载了缬沙坦和*N*-(3-羧基-1-氧代丙基)-(4*S*)-(对-苯基苯基甲基)-4-氨基-2*R*-甲基丁酸乙酯为已知化合物，并且分别具有降血压作用。同时，涉案专利说明书也公开了缬沙坦和 *N*-(3-羧基-1-氧代丙基)-(4*S*)-(对-苯基苯基甲基)-4-氨基-2*R*-甲基丁酸乙酯联合应用的技术方案，给药剂量分别为 1~10mg/(kg·天)和10~50mg/(kg·天),或者 1~30mg/(kg·天)和低于50mg/(kg·天)。因而，本领域技术人员基于说明书记载的内容可以判断本专利所要解决的技术问题至少包括提供“一种有效治疗高血压的药物组合物”“一种具有协同作用的治疗高血压的组合物”。而对于本领域技术人员而言，两种分别具有降血压作用的化合物——缬沙坦和 *N*-(3-羧基-1-氧代丙基)-(4*S*)-(对-苯基苯基甲基)-4-氨基-2*R*-甲基丁酸乙酯组合之后仍然能够发挥一定的降血压作用具有可行性和合理性。现有技术中也没有相反的证据，因此说明书符合充分公开的要求。

（2）关于权利要求不具备创造性，双方争论的焦点在于缬沙坦和 *N*-(3-羧基-1-氧代丙基)-(4*S*)-(对-苯基苯基甲基)-4-氨基-2*R*-甲基丁酸乙酯在降血压方面是否具有预料不到的技术效果。合议组认为：联合用药是选用高血压药物的原则之一，联合用药可减少每一种药的用量和不良反应，并达到协同作用的效果。但具有协同作用效果的联合用药具有选择性，而非随意性。根据现有技术和公知常识的记载可知，治疗高血压时联合用药能够获得协同作用，是对经过验证的具有协同作用的联合用药经验的概括性描述，并非归纳总结得出的普适性规律，所以本领域技术人员不能以此演绎推理得到不同的降血压药物组合后均能获得协同作用。

涉案专利中的血管紧张素Ⅱ受体阻滞剂与 NEP 抑制剂的组合具有协同作用的效果不在公知常识范围内，本领域技术人员无法预期二者具有协同作用。所以专利权人声称缬沙坦和 *N*-(3-羧基-1-氧代丙基)-(4*S*)-(对-苯基苯基甲基)-4-氨基-2*R*-甲基丁酸乙酯组成的组合在降血压方面具有协同作用，需要药效实验加以证实。

药效实验通常包括实验方法、实验数据和结果、实验结论等，其中实验方法相对容易获得，例如，可以借鉴已知的试验方法，实验数据和结果对于证明药物效果发挥着决定性作用，实验结论则建立在实验数据的统计分析结果基础之上。涉案专利说明书第 0047—0062 段公开了动物模型、给药方法、每日剂量、检测指标等实验方法，第 0063 段公开的“所获得的结果表明本发明的组合具有意想不到的治疗作用”属于实验结论，但说明书并没有公开具体的实验数据或结果。在本领域技术人员无法预期协同效果的前提下，没有实验数据和结果为基础的实验结论不能使本领域技术人员确认药物的协同效果。

专利权人提交的反证 1 和反证 3 属于申请日后补交的实验数据，其目的在于证明缬沙坦和 *N*-(3-羧基-1-氧代丙基)-(4*S*)-(对-苯基苯基甲基)-4-氨基-2*R*-甲基丁酸乙酯的药物组合物在高血压动物模型中具有降低平均动脉压的协同作用。该数据是申请日后补交的，不属于专利原始申请文件记载和公开的内容，也不是本专利的现有技术内容，根据先申请制原则和专利制度以公开换保护的本质，接受该数据的前提必须是其所证明的技术效果是从原说明书能够得到的。如前所述，缬沙坦和 *N*-(3-羧基-1-氧代丙基)-(4*S*)-(对-苯基苯基甲基)-4-氨基-2*R*-甲基丁酸乙酯的协同效果不属于本领域技术人员从原说明书能够得到的技术效果。因此，反证 1 和反证 3 不能用于认定本专利的技术效果。

况且，反证 1 和反证 3 的内容也无法证明涉案专利的组合物具有协同效果，具体理由如下：首先，涉案专利说明书所采用的动物模型是醋酸脱氧皮质酮–盐(DOCA–盐)和自发性高血压大鼠(SHR)两种大鼠模型，而反证 1 和反证 3 采用的动物模型是 Dah1 盐敏感性大鼠、有卒中倾向的雄性原发高血压大鼠(SHPsp)和高血压 SHR 大鼠三种大鼠模型。涉案专利与反证 1 和反证 3 共同使用的动物模型仅有 SHR 大鼠模型，涉案专利说明书声称获得了意想不到的治疗作用，而反证 1 和反证 3 的结论是 SHR 大鼠研究中没有显示协同作用，二者结论不一致。其次，反证 1 和反证 3 测试了缬沙坦与 AHU377 [即 *N*-(3-羧基-1-氧代丙基)-(4S)-(对-苯基苯基甲基)-(4-氨基-2R-甲基丁酸乙酯)] 在三种大鼠模型中的相互作用。实验结果显示，在 Dah1 盐敏感性大鼠模型和

SHPsp 模型中，缬沙坦与 AHU377 显示出一定相互协同作用，而在 SHR 大鼠研究中没有显示协同作用。从反证 1 和反证 3 可见，缬沙坦与 AHU377 的相互作用在不同的大鼠模型中的表现并不一致。所以，缬沙坦与 AHU377 在 Dah1 盐敏感性大鼠模型和 SHPsp 模型中的相互作用不能代表其在涉案专利的 DOCA-盐和 SHR 两种大鼠模型中具有协同作用。

综上所述，不能认可缬沙坦和 *N*-(3-羧基-1-氧代丙基)-(4*S*)-(对-苯基苯基甲基)-4-氨基-2*R*-甲基丁酸乙酯在降血压方面产生了协同作用，权利要求 1 中两种化合物在组合物中各自发挥其降血压的作用，从而使组合物整体呈现出一定的降血压效果。进一步得出权利要求 1 相对于证据 13 实际解决的技术问题是提供一种具体的治疗高血压的组合物。

关于区别特征，证据 12 公开了 *N*-(3-羧基-1-氧代丙基)-(4*S*)-(对-苯基苯基甲基)-4-氨基-2*R*-甲基丁酸乙酯及其药学上可接受的盐属于 NEP 抑制剂，可用于治疗高血压，证据 14 公开了缬沙坦为血管紧张素Ⅱ受体 AT1 的阻断剂，其降血压效果不逊于现有各种降压药，不良反应少，特别是 ACEI 所致咳嗽的不良反应较少，为患者所乐用。附件 15 公开了缬沙坦为血管紧张素Ⅱ受体拮抗药，在调节全身血压，维持电解质体液平衡方面起关键作用，该药具有安全、长效等优点。在证据 13 的基础上寻找一种具体的治疗高血压的组合物时，本领域技术人员能够预期抑制中性内肽酶和拮抗血管紧张素Ⅱ受体的降血压化合物组合之后仍然能够在各自发挥降血压作用的基础上使组合物整体上呈现出一定的降血压效果。所以对于证据 13 中列举的具体的化合物，以及现有技术中已知的属于 NEP 抑制剂和血管紧张素Ⅱ受体拮抗剂降血压化合物而言，本领域技术人员通常能够预期其可以解决本专利实际解决的技术问题。因此，本领域技术人员有动机将现有技术公开的两种具体的血管紧张素Ⅱ受体拮抗剂和 NEP 抑制剂进行组合，其组合所得药物组合物的降血压效果也是可以预期的，权利要求 1 不具备创造性。

结论：宣告 ZL 201110029600.7 专利权全部无效。

案件看点

涉案专利涉及诺华公司于2017年9月上市的药物“诺欣妥”，被业界视作重整心血管市场的重磅产品。根据诺华公司发布的财报，2018年诺欣妥全球销售金额达到10.28亿美元，比上一年增长103%。市场调研机构Evaluate Pharma曾发布报告预测，到2024年，诺欣妥全球销售金额将达到44.3亿美元。根据国家知识产权局专利局复审和无效审理部发布的口头审理公告，进入2019年以来，尤其是6—8月，多家国内药企，包括石药集团欧意、齐鲁制药、北京四环制药等对诺欣妥提出专利无效挑战，涉及该药关键性的2项化合物和组合物专利。但在产品上市之前，诺华公司就围绕诺欣妥进行了精密的专利布局，其他企业想要进行仿制生产，首先要面对的就是诺华公司的“专利壁垒”。因此，该专利无效案件在全球范围内受到极大的关注。

由于该案涉及重大经济利益，社会影响力极大，专利复审委员会成立了5人合议组对其进行公开审理，审理时涉及两大焦点问题，即应如何认定联合用药原则对药物组合使用的技术启示以及申请日后补充的实验数据，在决定中进行了深度解读，诠释了相关的判断思路和审查原则。

合议组认为涉案专利说明书中对于组合药物在降血压方面产生协同效果的阐述只公开了实验方法和简单的结论，在缺少必要的实验数据的情况下，仅凭实验方法和简单的结论，本领域技术人员无法确认预料不到的技术效果。此外，合议组对专利权人提交的申请日后补充实验数据审查时发现，申请日后的实验数据得出的结论“SHR大鼠研究中没有显示协同作用”与原始说明书记载的结论“在自发性高血压大鼠（SHR）模型中发现了意想不到的效果”不一致。进一步证明了组合药物在降血压方面产生协同效果是预料不到的技术效果，不能从原始说明书中得到，不能接受。

因此，虽然专利权人补充提交了相关实验数据，但根据《专利审查指南2010》的规定，由于申请日后补交的实验数据不属于专利原始申请文件记载和公开的内容，也不是本专利的现有技术内容，根据先申请制原则和专利制度以公开换保护的本质，接受该数据的前提是其证明的技术效果必须能够从原说明书中得到。在该案中，专利权人补充提交的实验数据证明的技术效果并不能从原说明书中得到，甚至结论相矛盾，因此，合议组对这部分证据不予接受。

“通过申请日后补交的对比实验数据证明其要求保护的技术方案相对于现有技术具备创造性时，接受该数据的前提必须是针对在原申请文件中明确记载的技术效果。”事实上，这个原则也已经得到司法实践的确认。最高人民法院在（2012）知行字第41号行政裁定书、（2016）行申1878号裁定书认定的两个案件中专利权人补交的实验资料所证明的效果均未被说明书提及，从而不能被用于证明创造性。

案例引申

引申案例 9-1

“含有缬沙坦和NEP抑制剂的药物组合物”复审请求案

一、案件基本信息

涉案专利申请号：ZL 201110029600.7

案件类型：发明专利复审请求案

发明名称：含有缬沙坦和NEP抑制剂的药物组合物

复审请求人：诺华股份有限公司

复审决定编号：71217

二、案件技术方案情况

涉案专利保护一种包含沙库巴曲和缬沙坦的药物组合物，诺华公司在该专利基础上开发了“沙库巴曲缬沙坦钠片”，商品名为诺欣妥（Entresto）。该案制备了包含沙库巴曲和缬沙坦的药物组合物，记载了测试药物组合物活性的动物模型，提到所述药物组合物产生了更有效的抗高血压治疗。同时，其可用于治疗或预防心衰、动脉粥样硬化等多种疾病。

经过实质审查，涉案专利申请于2012年3月29日以说明书公开不充分为由被驳回，驳回决定所针对的主要权利要求包括：

1. 一种药物组合物，其包含（ⅰ）AT 1-拮抗剂缬沙坦或其可药用盐和（ⅱ）*N*-(3-羧基-1-氧代丙基)-(4*S*)-(对-苯基苯基甲基)-4-氨基-2*R*-甲基丁酸乙酯或*N*-(3-羧基-1-氧代丙基)-(4*S*)-(对-苯基苯基甲基)-4-氨基-2*R*-甲基丁酸或其可药用盐以及可药用载体。

4. 一种药物包，其在独立的容器中包含单包装的药物组合物，其在一个容器中包含含有*N*-(3-羧基-1-氧代丙基)-(4*S*)-(对-苯基苯基甲基)-4-氨基-2*R*-甲基丁酸乙酯或*N*-(3-羧基-1-氧代丙基)-(4*S*)-(对-苯基苯基甲基)-4-氨基-2*R*-甲基丁酸的药物组合物，在第二个容器中包含含有缬沙坦的药物组合物。

复审请求人没有修改申请文件。

三、主要复审请求理由和证据

复审请求人提出复审请求时，提交了2项证据，认为：说明书公开充分的标准在于“本领域技术人员”基于“说明书内容”是否能够实施发明，如果说明书提供了实施发明所必需的技术手段，则本领域技术人员无须过多的劳动就能够重复技术方案，并预期技术效果，则这样的说明书应当被认可为符合《专利法》第二十六条第三款的规定。关于效果，说明书于第9~12页详细描述了可用于研究本组合的效果的试验方法，这些内容应当被认定为本申请说明书公开的实施例。说明书第7页倒数第2段至第8页第2段明确给出了本发明组合物在上述实施例中证实的效果。“更高的响应率”“比单独给予……更高的疗效”等本身构成了定性的实验结果。本领域技术人员基于说明书公开的信息，不缺乏任何实施发明的技术手段，完全能够制备获得权利要求所述的组合、在所公开的动物模型试验中验证并确信说明书中公开的技术效果。

请求人提交的证据 1（本申请发明人之一的 R. L. 韦布先生提供的声明）证明了涉案申请说明书所公开的技术效果，应当能够用于说明该申请说明书满足充分公开的要求。从证据 2（授权公告号为 CN 100404024 C 的发明专利说明书）可以看出，针对类似情形的专利申请已经授权，涉案申请也满足充分公开的规定。

四、主要审查结论和解析

1. 主要审查结论

合议组认为：在药物领域中，如果说明书或现有技术中公开了药物组合物中各原料药物的功效或作用，并且各原料药物的功效类似且与所治疗的疾病相关，根据本领域的公知常识可以预测该药物组合物具有治疗该疾病的作用，那么即使说明书没有记载药效数据，或者没有清楚记载有关药效的实验内容，也认为该申请的技术方案解决了其技术问题，产生了预期的技术效果。

因此，具体到涉案专利申请，请求保护一种药物组合物，其包含(ⅰ)AT 1-拮抗剂缬沙坦或其可药用盐和(ⅱ)*N*-(3-羧基-1-氧代丙基)-(4*S*)-(对-苯基苯基甲基)-4-氨基-2*R*-甲基丁酸乙酯或 *N*-(3-羧基-1-氧代丙基)-(4*S*)-(对-苯基苯基甲基)-4-氨基-2*R*-甲基丁酸或其可药用盐及可药用载体。涉案申请说明书记载了“本发明所要解决的技术问题是提供一种用于治疗或预防高血压等疾病的药物组合物”“本申请所述的药物组合物包括缬沙坦或其可药用盐与 *N*-(3-羧基-1-氧代丙基)-(4*S*)-(对-苯基苯基甲基)-4-氨基-2*R*-甲基丁酸乙酯或 *N*-(3-羧基-1-氧代丙基)-(4*S*)-(对-苯基苯基甲基)-4-氨基-2*R*-甲基丁酸或其可药用盐，其中 *N*-(3-羧基-1-氧代丙基)-(4*S*)-(对-苯基苯基甲基)-4-氨基-2*R*-甲基丁酸乙酯或 *N*-(3-羧基-1-氧代丙基)-(4*S*)-(对-苯基苯基甲基)-4-氨基-2*R*-甲基丁酸或其可药用盐为 NEP 抑制剂”。本领域技术人员公知，Valsartan(缬沙坦)是一种特异性的血管紧张素Ⅱ受体阻断剂类型的抗高血压药物；中性肽链内切酶抑制剂(NEP 抑制剂)为抗高血压药，即说明书与现有技术已经清楚地公开了缬沙坦与 NEP 抑制剂都是抗高血压药。由此可知，根据说明书的描述和现有技术，缬沙坦与 NEP 抑制剂组合后对高血压的治疗效果是本领域技术人员可以预见的，此外，所属领域也没有相反的证据表明该申请权利要求请求保护的药物组合物不能治疗高血压，因此该发明的技术方案并不属于必须依赖实验结果加以证实才能成立的情形。综上所述，本领域技术人员根据说明书的记载，能够实现本发明的技术方案，解决其技术问题，并且产生预期的技术效果。本申请说明书对发明作出了清楚、完整的说明，达到公开充分的要求，符合《专利法》第二十六条第三款的规定。

结论：撤销国家知识产权局于 2012 年 3 月 29 日对该申请作出的驳回决定。

2. 解析

案例六（无效决定编号：34432）和引申案例 6-1（复审决定编号：71217）均涉及补交实验数据能否被接受的问题。面对审查员提出的专利申请说明书公开不充分或者权利要求不具备创造性等审查意见时，申请人需要提供补交实验数据以进行针对性答复，对专利审查授权和确权具有重要影响，因而，在《专利审查指南》的历年修改中，与“补交实验数据”相关的章节部分也经历了多次修改。2020 年对《专利审查指南 2010》第二部分第十章第 3.5 节“关于补交的实验数据”部分作出较大修改，在第 3.5 节下新增第 3.5.1 节“审查原则”和第 3.5.2 节“药品专利申请的补交实验数据”。其中，第 3.5.1 节修改内容涉及“对于申请日之后申请人为满足《专利法》第二十二条第三款、第二十六条第三款等要求补交的实验数据，审查员应当予以审查”。第 3.5.2 节内容为“按照本章第 3.5.1 节的审查原则，给出涉及药品专利申请的审查示例”。同时，对示例 1 和示例 2 也进行了修改。2020 年对《专利审查指南 2010》中新修改的“补交实验数据”章节，将之前版本指南中关于“补交实验数据”的原则性规定进行具体细化并适应性修改了两个具体案例，首次明确了适用的法律条款，即《专利法》第二十二条第三款、第二十六条第三款，也首次对具体发明领域提出适用要求，即涉及药品专利申请，进一步明确了审查中对于申请日后提交的效果实验数据的审查标准。

由于药品的研发一般存在投资大、难度高、周期长等特点，为了避免研究成果被窃取或被竞争对手占先从而造成重大损失，从事药品研发的主体倾向于尽早提出专利申请。早期的研究可能并不完善，所以在专利审查过程中，当要求保护的发明被质疑说明书公开不充分或者不具备创造性时，申请人希望能通过补交实验数据来证明其技术效果。然而，如果一律允许申请人凭借申请日后补交的实验数据证明其技术方案具备创造性从而获得专利权，则有可能违背在先申请制和公开换保护的原则。专利申请文件该如何撰写，类似案件该如何处理呢？

《专利审查指南2010》（2020年修订）和两件涉案专利诠释了相关的判断思路和审查原则。

（1）补交实验的效果应能从申请文件中得到，不能是一个新的事实。案例六与引申案例6-1的区别在于，补交实验数据证明的技术效果不同，解决的技术问题不同。在案例六中，补交的实验数据意欲证明的技术效果是缬沙坦和沙库巴曲的药物组合物在高血压治疗中具有协同作用；而引申案例6-1中，补交的实验数据意欲证明的技术效果是该药物组合物具有治疗高血压的效果。虽然涉案专利中对于药物组合物治疗高血压的效果仅有断然性的结论，但是，结合现有技术，本领域技术人员可以预期现有技术中两个已知的具有降压效果的缬沙坦和沙库巴曲组合后的组合物能够治疗高血压，并且现有技术中也没有相反的证据证明其不具备治疗高血压的效果，然而，本领域技术人员根据现有技术不能演绎推理得到不同的降血压药物组合均能获得协同作用，也不能从说明书的记载得到该技术效果。因此，引申案例6-1接受了补交的实验数据，案例六没有接受补交的实验数据。

（2）预料不到的效果应当在申请文件中证实。怎样的技术效果才是本技术领域的技术人员能够从专利申请公开的内容中得到的技术效果？一般认为，专利申请文件证实的技术效果毫无疑问属于本技术领域的技术人员能够从专利申请公开的内容中得到的技术效果。而没有被专利申请文件证实的技术效果可以分为两类：一类是所属领域技术人员能够预期的技术效果，另一类是所属领域技术人员预料不到的技术效果。针对所属领域技术人员能够预期的技术效果，即使申请文件没有提供实验数据，所属领域技术人员凭借其掌握的知识和能力也能得到该效果。例如，缬沙坦和沙库巴曲均是已知具有降血压作用的化合物，二者组合之后，在没有反证的情况下，即使说明书没有提供实验数据，所属领域技术人员也能得到二者组合后仍然能够发挥一定的降血压作用。而预料不到的技术效果已经超出了所属领域技术人员的知识和能力范围，如果申请文件不加以证实，则所属领域技术人员无法得到该效果。药物发明的预料不到的技术效果往往依赖实验来证实，药效实验通常应包含实验方法、实验数据和实验结果和结论等。因此，申请人撰写药物发明专利申请文件时，对于所属领域技术人员不能确认的效果或用途，应在说明书中提供充足的药效实验资料以证实该技术效果。

案例十

“作为抗肿瘤剂的5-取代的喹唑酮衍生物”复审请求案

——实验数据记载有缺陷，补充数据不被接受

案情介绍

一、案件基本信息

涉案专利申请号：CN 200780042615.9

案件类型：发明专利复审请求案

发明名称：作为抗肿瘤剂的5-取代的喹唑酮衍生物

复审请求人：细胞基因公司

复审决定编号：73780

二、案件技术方案情况

涉案申请要求保护一种通式化合物，说明书实施例记载了58种具体化合物的制备方法及产物的结构确认数据，记载了化合物在PMBC中对于TNF-α抑制的测定方法、T细胞的IL-2和MIP-3α生成的测定方法以及细胞增殖方面的测定方法，仅泛泛地提到该化合物具有多种机理的活性，可以治疗大量的疾病。但是未公开相关实验的实验数据。

经过实质审查，涉案专利于2012年5月30日以说明书公开不充分为由被驳回，涉案专利申请被驳回时的主要权利要求包括：

1. 式(Ⅱ)的化合物：

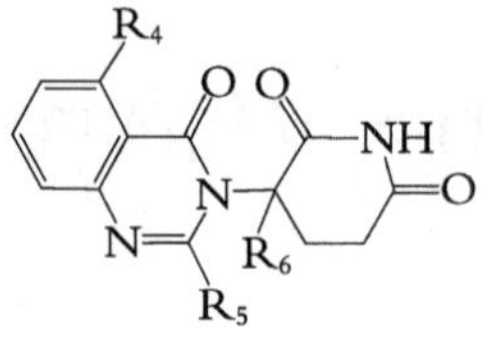

(Ⅲ)

或其药学上可接受的盐、溶剂化物或立体异构体，其中：

R_4 是：卤素；—$(CH_2)_nOH$；(C1-C6)烷基，任选地被一个或多个卤素取代；或

(C1-C6)烷氧基，任选地被一个或多个卤素取代；

R_5 是：氢；—$(CH_2)_nOH$；苯基；—O—(C1-C6)烷基；或(C1-C6)烷基，任选地被一个或多个卤素取代；

R_6 是：氢；或(C1-C6)烷基，任选地被一个或多个卤素取代；和

n 是 0、1 或 2。

复审请求人没有对驳回文本中的权利要求 1 进行修改。

三、主要复审理由和证据

复审请求人对驳回决定不服，认为：（1）本申请说明书第 57~118 页记载了本申请权利要求保护范围内的 58 种具体化合物的合成方法和结构鉴定，即本申请中公开了要求保护的化合物的确认和详细的制备方法。对于所述化合物的用途，本申请说明书第 17 页明确指出所述化合物的用途。（2）说明书公开了所述化合物的具体效果和确定该用途效果的具体实验方法，本领域技术人员完全有能力验证该用途效果，因此，根据说明书中公开的上述内容，本领域技术人员完全能很容易重复说明书中的实验，进而验证本申请记载的化合物的具体效果。从而，对于本领域技术人员而言，确定哪些具体化合物具有实施例中公开的上述具体效果，只是简单地重复，无须付出任何创造性的劳动，不需要额外的实验数据。因此，本申请说明书符合《专利法》第二十六条第三款的规定。

四、主要审查结论

对于复审请求人的主张，合议组认为：对于化合物发明，在所属领域技术人员无法根据现有技术预测申请的化合物能够实现所述用途和/或使用效果的前提下，如果说明书中也未记载任何能够表明申请人在申请日时已经针对所述化合物所能够实现的所述用途和/或使用效果完成了定性或定量实验，则说明书公开的只是结果未定的研究方向，不符合《专利法》第二十六条第三款的规定。

就涉案专利申请，说明书中记载了涉案申请的化合物的制备及其确认数据以及药理学测试过程，对于要求保护化合物的结构、其制备方法及相关的结构确认数据均予以具体公开，但是仅泛泛地提到所述化合物具有多种机理的活性，可以用于治疗一系列疾病，但是没有记载任何实验数据。可见，在该案中，判断说明书对要求保护的化合物公开是否充分的关键在于：本领域技术人员由该申请说明书的内容结合现有技术的内容能否确定该申请的化合物控制血管生成或抑制 TNF-α、TNF-β、IL-12、IL-18、GM-CSF 和/或 IL-16 细胞因子的生成活性。

合议组在考察说明书的内容时发现，首先，该申请提供新的声称具有控制血管生成或抑制 TNF-α、TNF-β、IL-12、IL-18、GM-CSF 和/或 IL-16 细胞因子的生成活性的化合物，对于该类化合物，尚没有证据表明现有技术中存在与其结构相似并具有相同或相类似活性的化合物，即本领域技术人员根据现有技术无法确定该申请要求保护的技术方案能够产生预期的效果，该申请的技术方案属于必须依赖实验结果加以证实才能成立的情况，申请人有义务在说明书中公开相关实验的实验结果；其次，就效果实验而言，该申请仅在说明书第 118 页最后一段至 122 页最后一段记载了化合物在 PMBC 中对于 TNF-α 抑制的测定方法、T 细胞的 IL-2 和 MIP-3α 生成的测定方法以及细胞增殖方面的测定方法，并未公开任何效果实验数据，本领域技术人员无法获知申请人在申请日时是否已经采用上述实验方法证实本发明的技术方案的确具有如说明书记载的用途和/或效果。尽管该申请说明书中记载了该申请化合物具有多种机理的活性且可以治疗一系列疾病，但是没有提供任何表明复审请求人在申请日时已经完成相关发明工作，初步确定所述化合物可用于治疗相关疾病的实验证据。据此，上述请求人在说明书中声称的化合物的技术效果只是申请人给出的结果未定的宽泛研究方向，而并非在申请日时已经完成的发明成果，因此，根据该申请说明书公开的内容尚不足以使其获得对该研究方向的垄断。

由此可见，根据现有技术无法预期该申请化合物具有所述活性，同时，说明书中未公开任何效果实验数据，因此，该申请不符合《专利法》第二十六条第三款的规定。

此外，对于复审请求人在答复第一次审查意见通知书时补充提交的涉案申请中 32 个具体化合物的 TNF-α 抑制的效果实验数据，合议组认为，申请人可以通过在申请日后补充提交实验证据的方式佐证专利要求保护的技术方案实质上能够实现，用以反驳审查员对发明可行性的质疑，这通常是指在专利申请文件记载的内容的基础上，补充提交的实验证据可以作为补强证据以印证说明书中已经记载的内容；但是，由先申请原则决定，这类实验证据不能改变由专利申请文件在申请日时所确定的事实。

就涉案专利申请而言，根据现有技术无法预期该申请化合物具有所述活性，同时说明书中也未公开任何效果实验数据，因此，尽管上述补充提交的 32 个具体化合物均落入该申请说明书中具体制备的化合物范围内，但是复审请求人提交的以上补充实验数据并不能证明申请人在申请日时已经完成并公开了相关工作，不能改变说明书公开不充分的事实。

结论：维持国家知识产权局于 2012 年 5 月 30 日对该申请作出的驳回决定。

案件看点

涉案专利申请是中国知识产权杂志推选出的“2017 年度全国法院知识产权典型案例”中八大专利行政案件之一。该案的典型意义在于，在最高人民法院（2014）行提字第 8 号行政判决基础上，参照《专利审查指南 2010》

(2017 年修订) 关于补充实验数据审查的新规，强化了药品专利申请补充实验数据的审查标准。

北京市高级人民法院于 2017 年 4 月在《当前知识产权审判中需要注意的若干法律问题》中，就专利授权确权案件中补充实验数据的接受和采信，明确提出四点意见：(1) 补充实验数据用以证明的技术效果必须在原申请文件中有明确记载，不能用以证明超过原申请文件公开范围的新技术事实；(2) 补充实验数据用以证明的技术效果，无论是弥补说明书公开不充分，还是克服创造性缺陷，其接受和采信标准一致；(3) 补充实验数据的接受和采信，不仅局限于化学领域，还适用于其他技术领域；(4) 补充实验数据的获得，应当采用专利申请日前的实验条件、设备和手段。

该案一审和二审判决强化了补充实验数据的审查标准，确立了接受和采信补充实验数据的两个基本原则或前提：(1) 专利先申请原则，要求补充实验数据必须是所属领域普通技术人员根据说明书记载和公开的内容能够得到的，用以证明的技术效果必须能够由所属领域普通技术人员从申请文件所公开的内容中得到，不得引入超过原申请文件公开范围的新技术内容；(2) 公开换保护原则，要求实验数据通过申请日前相关实验获得后必须在说明书中记载和公开，补充实验数据必须详细说明或证明其基于何时的技术水平、采用何种方法获得，不得既要获得专利保护又隐藏部分技术内容，也不允许先隐藏部分技术内容再补充实验数据，其中“隐藏部分技术内容”包括仅在说明书中公开实验方法，而由所属领域普通技术人员获取或补充实验数据。

药品等化学发明属于试验性技术领域，其是否能够解决技术问题并取得积极效果，主要依赖实验数据。但往往需要提交补充实验数据克服说明书公开不充分和不具备创造性的问题。然而补充实验数据可能冲击专利先申请原则和公开换保护原则，所以，世界各国对其接受和采信都采取审慎的态度。

中美第一阶段经贸协议于 2020 年 1 月签署，对中国知识产权保护提出新要求，该协议第 1.10 条要求药品专利申请在审查程序、复审程序及其后续司法审查程序中，为满足充分公开、创造性等要求，允许补充实验数据。相应地，我国《专利审查指南 2010》(2020 年修订) 的有关内容作出了进一步修改。但无论是说明书充分公开的审查还是创造性审查，都以原专利申请文件记载或隐含的包括技术效果在内的全部内容为基准，补充实验数据只是用以证明原专利申请文件记载或隐含的技术效果。因此，专利申请人欲通过申请专利获得对技术的垄断，前提是应当在说明书中充分公开其技术方案，使本领域技术人员阅读后即能清楚地了解该技术方案并实现。为此，申请人在撰写申请文件时应当：（1）充分表明其已经完成该发明的研究并占有具体的研究成果，而非仅仅提出一种结果未定的研究方向，并试图对该研究方向进行垄断；（2）本领域技术人员能够确定该发明具有可行性。

案例引申

引申案例 10-1

"利用补体途径抑制剂治疗眼部疾病"复审请求案

一、案件基本信息

涉案专利申请号：CN 200680050481.0
案件类型：发明专利复审请求案
发明名称：利用补体途径抑制剂治疗眼部疾病
复审请求人：健泰科生物技术公司
复审决定编号：66546

二、案件技术方案

涉案申请要求保护补体旁路途径抑制剂在制备用于预防或改善补体活化相关眼部疾病的药物中的用途。其中该补体抑制剂抑制补体旁路途径，且其中该补体抑制剂抑制因子 B、因子 Ba、因子 Bb 或因子 D 的活性，且其中该补体抑制剂选自抗体、蛋白、肽、模拟肽、小分子或多核苷酸。老年性黄斑变性（AMD）是最常见的黄斑病变，说明书描述了抗因子 D 抗体，如单克隆抗体 166-32 在预防或改善 AMD 中的用途。但说明书仅仅提供了实验的方法和工具，而没有公开所述的补体抑制剂用于治疗补体活化相关眼部疾病的相应实验数据。

经过实质审查，涉案专利于 2011 年 6 月 23 日以说明书公开不充分、不符合《专利法》第二十六条第三款的规定为由被驳回，涉案专利申请被驳回时的主要权利要求包括：

1. 用于补体活化相关眼部疾病的补体抑制剂，其中该补体抑制剂抑制 C2a、C3a、C5、C5a、C5b、C7、C8 或 C9 的活性，且其中该补体抑制剂选自抗体、蛋白、肽、模拟肽、小分子或多核苷酸。

2. 用于补体活化相关眼部疾病的补体抑制剂，其中该补体抑制剂抑制补体旁路途径，且其中该补体抑制剂抑制因子 B、因子 Ba、因子 Bb 或因子 D 的活性，且其中该补体抑制剂选自抗体、蛋白、肽、模拟肽、小分子或多核苷酸。

3. 用于补体活化相关眼部疾病的补体抑制剂，其中该补体抑制剂抑制补体旁路途径，且其中该补体抑制剂是因子 H、或其功能肽或其模拟肽。

17. 用于补体活化相关眼部疾病的补体抑制剂，其中该补体抑制剂是对补体通路蛋白具有特异性的 siRNA。

18. 用于补体活化相关眼部疾病的补体抑制剂，其中该补体抑制剂是编码补体抑制剂的可表达的核酸。

19. 药物组合物，包含有效量的根据权利要求 1~18 中任一项所述的用于补体活化相关眼部疾病的补体抑制剂和药学可接受稀释剂或载体。

复审请求人在答复复审通知书时，提交了权利要求书全文替换页，修改后的主要权利要求如下：

1. 补体抑制剂在制备用于预防或改善补体活化相关眼部疾病的药物中的用途，其中该补体抑制剂抑制补体旁路途径，且其中该补体抑制剂抑制因子 B、因子 Ba、因子 Bb 或因子 D 的活性，且其中该补体抑制剂选自抗体、蛋白、肽、模拟肽、小分子或多核苷酸。

12. 补体抑制剂在制备用于预防或改善补体活化相关眼部疾病的药物中的用途，其中该补体抑制剂是对旁路补体途径蛋白具有特异性的 siRNA，其中该蛋白是因子 B、因子 Ba、因子 Bb 或因子 D。

13. 补体抑制剂在制备用于预防或改善补体活化相关眼部疾病的药物中的用途，其中该补体抑制剂是编码旁路补体途径抑制剂的可表达的核酸，其中该抑制剂抑制因子 B、因子 Ba、因子 Bb 或因子 D 的活性。

三、主要复审请求理由和证据

复审请求人提出复审请求时，提交了 1 项证据，认为：（1）本申请的说明书描述了抗因子 D 抗体如单克隆抗体 166-32 在预防或改善 AMD 中的用途。如本申请说明书中引用的美国专利申请 2002/0081293 中所述，特异性结合因子 D 的抗体如单克隆抗体 166-32 能够在通过溶血分析测定的很低的抗体对因子 D 的摩尔比（1.5∶1.0）下完全抑制旁路途径补体活性。可见本申请披露了特异性针对因子 D 的抗体如单克隆抗体 166-32 能够有效抑制旁路途径补体活化。（2）证据 1 发现在 C3-缺陷小鼠或在用抗鼠 C6 多克隆抗体处理的小鼠中，激光诱导的脉络膜新血管形成可被抑制。基于上述发现，证据 1 提示补体的活化，特别是 MAC 的形成，是产生激光诱导的脉络膜新血管形成的关键。（3）结合本申请公开的内容以及证据 1 对于抗鼠 C6 抗体的研究，本领域技术人员能够合理地预测本申请的补体抑制剂能够用于治疗与补体活化相关的眼部疾病，如老年性黄斑变性。类似地，本领域技术人员能合理地预期能够有效抑制旁路途径活性的因子 B、因子 Ba 或因子 Bb 抑制剂同样能用于治疗或改善与补体活化相关的眼部疾病。

四、主要审查结论和解析

在处理有关实验数据与《专利法》第二十六条第三款间关系的问题时，判断专利申请的技术方案是否必须依赖实验结果加以证实才能成立是必经环节。通常，这种判断主要基于所属领域技术人员对现有技术的整体状况、发明相对现有技术所作的改进等因素的准确理解来完成。

如果所属领域技术人员依据现有技术的整体状况已经能够确定发明所要求保护的技术方案具有基本的功能和效果，则发明的技术方案不属于必须依赖实验结果加以证实才能成立的情况，说明书中无须记载效果实验数据也可满足《专利法》第二十六条第三款的规定。

就涉案专利申请，权利要求请求保护补体抑制剂在制备用于预防或改善补体活化相关眼部疾病的药物中的用途，其中该补体抑制剂抑制补体旁路途径，且其中该补体抑制剂抑制因子 B、因子 Ba、因子 Bb 或因子 D 的活性，且其中该补体抑制剂选自抗体、蛋白、肽、模拟肽、小分子或多核苷酸。根据说明书的记载，老年性黄斑变性（AMD）是最常见的黄斑病变，临床表现主要有干性和湿性两种，形成两种形式 AMD 的最重要的风险因素是老龄化和视网膜色素上皮后的脉络膜小疣沉积及异常胞外沉积。脉络膜小疣含有补体激活剂、抑制剂、活化特异性补体片段及包括膜攻击复合物（MAC 或 C5b-9）的末端通路组分，已有研究暗示在脉络膜小疣的形成中的局部炎症和补体级联反应的活化。说明书还公开了对 AMD 病人的单核苷酸多态性分析发现 H 因子遗传变体与 AMD 发病率的增加相关，并推测 H 因子缺乏导致的补体旁路途径活化可能导致 AMD 的发生。此外，证据 1 中考察了补体活化在激光诱导的脉络膜新血管形成（CNV）中的作用，其中披露了腹膜内施用抗—C6 多克隆抗体能够阻断 MAC 形成并抑制小鼠的 CNV。基于说明书的记载和现有技术证据，本领域技术人员可以理解补体抑制剂能够用于预防或治疗补体活化相关眼部疾病如 AMD。

在已知补体抑制剂可以用于预防或治疗补体活化相关眼部疾病如 AMD 的基础上，该案说明书是否充分公开的判断焦点在于，本领域技术人员能否预测补体旁路途径的抑制剂可以用于治疗或改善与补体活化相关的眼部疾病。

合议组认为：首先，本领域公知，补体系统的活化有三个途径，即经典途径、凝集素途径和旁路途径，其中旁路途径主要包括 C3、因子 D、因子 B（包括因子 Ba、因子 Bb）等。三个途径既存在区别，也存在密切联系和共性。其区别主要是 C3 的活化途径存在差异，但三种途径均活化 C3，然后是 C5。

在共同的补体终末成分的活化中，C5以后的终末成分以非蛋白酶的形式活化，并组装成膜攻击复合物MAC。由此可见，证据1中的抗—C6多克隆抗体结合的C6其实属于C5以后的终末成分，其与三种活化途径均相关，而且本申请说明书也记载了脉络膜小疣含有MAC等成分，本领域技术人员可以理解，补体系统的经典途径或旁路途径的抑制都会影响到C5以后的终末成分的活化以及MAC的组装，进而影响脉络膜小疣的形成。此外，现有技术中已知一些旁路途径的抑制剂，如本申请说明书中引用的美国专利申请US20020081293中公开了已知抑制因子D的单克隆抗体166-32，因子B、因子Ba、因子Bb的抑制剂也是现有技术中容易获得的，如通过常规技术获得其单克隆抗体。本领域技术人员根据本申请说明书的记载和本领域的现有技术，可以预测补体旁路途径的补体抑制剂，如因子D、因子B、因子Ba、因子Bb等的抑制剂能够用于治疗或改善与补体活化相关的眼部疾病。

结论：撤销国家知识产权局于2011年6月23日对该申请作出的驳回决定。

引申案例10-2

“可用于治疗帕金森症的儿茶酚胺衍生物”复审请求案

一、案件基本信息

涉案专利申请号：CN 200880023124.4

案件类型：发明专利复审请求案

发明名称：可用于治疗帕金森症的儿茶酚胺衍生物

复审请求人：H. 隆德贝克有限公司

复审决定编号：74341

二、案件技术方案

涉案专利申请涉及新型儿茶酚胺和儿茶酚胺衍生物，涉及它们的制备方法，含有它们的药物组合物和它们在治疗中的用途。其通过在体内代谢为儿茶酚胺化合物（母体化合物）的方式产生药物活性，该前药是亚甲基二氧基形式的前药或酯形式的前药。所述新型儿茶酚胺和儿茶酚胺衍生物是有力的多巴胺 D1-样和 D2-样激动剂并且可用于治疗神经和精神疾病。

经过实质审查，涉案专利于 2012 年 4 月 1 日以说明书公开不充分，不符合《专利法》第二十六条第三款的规定为由被驳回，涉案专利申请被驳回时的主要权利要求包括：

1. 具有结构Ⅰ的化合物

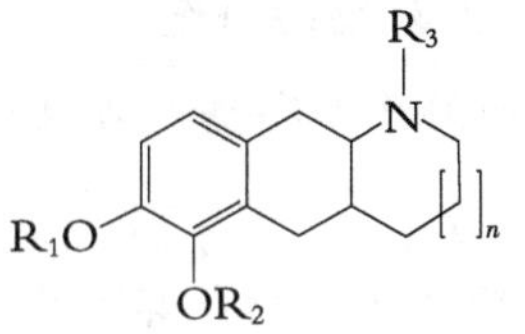

（Ⅰ）

· 其中 $n=0$，1

· 其中 R_1 和 R_2 稠合并形成亚甲基（CH_2）、羰基（C═O）或草酰基（O═C—C═O）

· R_3 选自氢、甲基、乙基、正丙基、环-丙基、环-丁基、烯丙基、炔丙基、羟乙基、3-氟丙基和 2-氟乙基，

及其可药用酸加成盐。

12. 如前述权利要求任一项所述的化合物作为药物的用途。

13. 包含治疗有效量的式(Ⅰ)的化合物和一种或多种可药用载体、稀释剂和赋形剂的药物组合物，所述式(Ⅰ)的化合物具有下列结构：

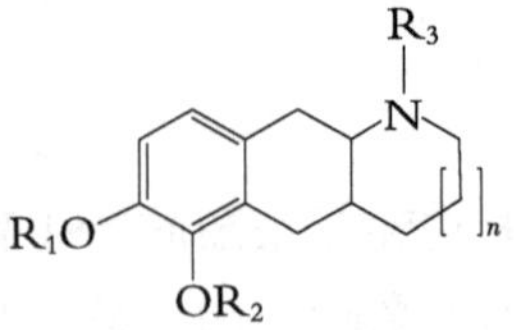

（I）

· 其中 $n=0$，1

· 其中 R_1 和 R_2 稠合并形成亚甲基（CH_2）、羰基（C═O）或草酰基（O═C—C═O）

· R_3 选自氢、甲基、乙基、正丙基、环-丙基、环-丁基、烯丙基、炔丙基和羟乙基，

及其可药用酸加成盐。

17. 权利要求 1~11 任一项的化合物或其可药用酸加成盐用于制备哺乳动物神经变性疾病的治疗药物的用途。

18. 权利要求 17 的化合物用于制备哺乳动物的帕金森症或亨廷顿舞蹈症的治疗药物的用途。

19. 权利要求 1~11 任一项的化合物或其可药用酸加成盐用于制备哺乳动物的精神病、阳萎、肾衰竭、心力衰竭或高血压的治疗药物的用途。

20. 权利要求 1~11 任一项的化合物或其可药用酸加成盐用于制造哺乳动物的认知损伤的治疗药物的用途。

21. 权利要求 1~11 任一项的化合物或其可药用酸加成盐用于制造哺乳动物的下肢不宁综合征（RLS）或周期性肢体活动障碍（PLMD）的治疗药物的用途。

22. 权利要求 1~11 任一项的化合物或其可药用酸加成盐用于制造哺乳动物的活动障碍、运动缺乏、运动障碍性疾病、步态障碍或意向震颤的治疗药物的用途。

23. 权利要求 1~11 任一项的化合物或其可药用酸加成盐用于制造哺乳动物运动障碍的治疗药物的用途。

24. 权利要求 1~11 任一项的化合物或其可药用酸加成盐用于制造哺乳动物的抑郁、双相障碍和焦虑的治疗药物的用途。

25. 权利要求1~11任一项的化合物或其可药用酸加成盐用于制造哺乳动物认知损伤的治疗药物的用途，所述认知损伤与选自精神分裂症、帕金森症、痴呆如AIDS痴呆、焦虑性障碍、年龄相关性记忆损伤、抑郁，包括重性抑郁，特别是在老年人中，阿尔茨海默氏症、注意力缺陷多动障碍（ADHD）或创伤后应激障碍（PTSD）的障碍或疾病相关联。

复审请求人没有对申请文件进行修改。

三、主要复审请求理由和证据

复审请求人提出复审请求时，提交了1项证据，认为：（1）结合本申请说明书中提供的有关化合物确认和制备的详细公开内容，本领域技术人员完全能够认识到本申请已经例示地展示了实施例3a1-3d1和实施例5d1等的MDO衍生物代谢转化为了游离的活性儿茶酚胺。（2）实施例部分中的相关药理学实验如体外细胞检验中所采用的化合物是针对本申请的实施例化合物而言的，包括实施例3a1-3d1和实施例5d1所述的那些化合物。（3）本申请说明书中已经指出了缩醛形式掩蔽儿茶酚中两个羟基的前药原理已被报道用于阿朴啡。例如，在文献Baldessarini，Ram，Neumeyer；Neuropharmacology，21（10），953（1982）中。因此，本领域技术人员能够推断，本申请实施例3a1-3d1和实施例5d1等的化合物代谢转化为了游离的活性儿茶酚胺，并且能够推断出本发明实施例3a1-3d1和实施例5d1的活性代谢物的EC_{50}值<200nmol/L。

四、主要审查结论和解析

1. 主要审查结论

判断说明书是否充分公开，需要从本领域技术人员的角度出发，在说明书公开内容的基础上结合现有技术的整体状况进行综合考量。

对于化学产品发明，说明书中应当完整地公开该产品的用途和/或使用效果，通常应当记载足以证明可以实现所述用途和/或达到预期效果的定性或者定量实验数据。但是，如果发明能够实现所述用途和/或效果是所属领域技术人员根据现有技术能够预测到的，则无论说明书中是否给出了证明发明能够实现所述用途和/或效果的实验证据，都应认为其说明书满足充分公开的要求。

判断发明的技术方案是否属于必须依赖实验结果加以证实才能成立的情形，需要在准确理解现有技术的整体状况、发明相对现有技术所作的改进等因素的基础上，以所属技术领域技术人员的视角进行客观的判断，而不能仅仅局限于申请文件文字记载的内容。

就涉案专利申请，说明书中记载了该申请所涉及的化合物是新型儿茶酚胺衍生物，可用于治疗神经变性疾病及其他适应证。实施例中记载了用于制备该申请化合物的中间体的制备、该申请的化合物的制备及其确认数据以及药理学测试过程，由于上述内容对于结构式（Ⅰ）的化合物的结构、其制备方法及相关的结构确认数据均予以具体公开，可见，在该案中，判断说明书对要求保护的化合物公开是否充分的关键在于：判断上述通式化合物的用途和/或效果是否能够得以实现。

涉案专利申请请求保护的化合物的对应母体化合物是现有技术中已知的，其生物活性已经得到验证。因此，在其母体药物的药物活性已经得到确认的基础上，判断涉案申请要求保护的该母体药物的前药化合物的效果/用途是否能够实现的焦点在于：该前药化合物能否在体内转化为具有活性的母体药物。

在对该焦点问题的判断过程中，判断者首先应当准确了解现有技术的整体状况，达到所属领域技术人员的水平，然后从所属领域技术人员的角度判断，是否必须依据实验证据才能确定该前药化合物能够在体内转化为具有活性的母体药物。如果所属领域技术人员基于现有技术的整体情况已能确定该前药化合物可以在体内转化为具有活性的母体药物，则该申请的技术方案不属于必须依赖实验结果加以证实才能成立的情况，无须考察说明书中的实验数据记载情况即可认定说明书符合《专利法》第二十六条第三款的规定。否则，如果所属领域技术人员依据现有技术的整体状况无法确定该前药化合物能否在体内转化为具有活性的母体药物，此时则应进一步考察说明书中是否提供了相关实验证据，并判断该证据能否使该申请满足充分公开的要求。

现有技术中公开的阿扑吗啡的 MDO 形式的前药，已经证实该前药能够代谢为相应的母体化合物，由于该化合物与该申请请求保护的化合物结构类似，因此，基于所属领域技术人员的普通技术知识和现有技术能够预见该申请请求保护的儿茶酚胺衍生物的 MDO 形式前药能够代谢为相应的母体药物。此外，通式化合物中除了 MDO 衍生物外涉及的另外两类化合物属于酯前药，由于酯前药本身就是最常见的载体前药形式，本领域技术人员能够预见此类前药能够代谢为相应的母体药物儿茶酚胺。可见涉案申请的技术方案并非属于必须依赖实验结果加以证实才能成立的情形，而是所属领域技术人员根据普通技术知识和现有技术就能够预见到要求保护的化合物的用途和/或使用效果。因此，该申请说明书满足充分公开的要求，符合《专利法》第二十六条第三款的规定。

结论：撤销国家知识产权局于 2012 年 4 月 1 日对该申请作出的驳回决定。

2. 解析

案例十和引申案例 10-1、引申案例 10-2 均涉及说明书中是否应当记载相应的实验数据才能证明其技术效果，符合《专利法》第二十六条第三款的规定。当所属领域技术人员依据现有技术的整体状况，结合所属技术领域的常识及其具备的常规技能，无法预期权利要求的技术方案能够具有声称的用途和/或使用效果时，说明书中应当提供相应的实验证据，证明所述技术方案具有所述用途和/或使用效果，其中案例七就属于该情形，对于结构上与已知化合物不接近的化合物以及已知化合物的全新用途发明，由于现有技术中不存在相关或类似的技术方案，要求保护的技术方案效果的确认就成为发明能够成立的基础。对于这类发明，如果说明书中未公开相关实验的实验结果。但是，并非所有的专利申请都必须在说明书中给出实验数据才能满足《专利法》第二十六条第三款的规定。在大部分情况下，所属领域技术人员根据技术方案本身足以确定技术方案能够产生的技术效果，申请人无须再通过实验证据进行证明，其中，引申案例 10-1 和引申案例 10-2 就属于该情形，其技术方案并不属于必须依赖实验结果加以证实才能成立的情形。

案例十一

“一种白芨营养面贴膜用乳液、面贴膜及其制备方法”复审请求案

——实验数据真实性存疑引起的创造性问题

案情介绍

一、案件基本信息

涉案专利申请号：CN 201310113848.0
案件类型：发明专利复审请求案
发明名称：一种白芨营养面贴膜用乳液、面贴膜及其制备方法
复审请求人：上海珍馨化工科技有限公司
复审决定编号：133119

二、案件技术方案情况

涉案专利请求保护一种白芨营养面贴膜用乳液、面贴膜及其制备方法，与此同时，涉案专利申请的申请人上海珍馨化工科技有限公司还提交了另外8件名称为“一种……面贴膜用乳液，面贴膜及其制备方法”的发明专利申请，与上述专利申请不同的只是其中的中药成分由“白芨”替换成“茯苓”“人参”等。然而，这些专利申请文件中的实验数据在活性成分不同、辅料及用量不完全相同的情况下，实验结果完全相同。此外，该公司于同年5—6月还提交了27件名称为“剥离型……面膜及其制备方法”的发明专利申请，同样，这27件专利申请文件中的实验数据在活性成分不同、辅料及用量不完全

相同的情况下，实验结果仍然完全相同。在活性成分、辅料及用量均不相同的情况下，得出相同的实验结果的现象不符合实验科学的一般性规律，致使说明书所提供的实验数据真实可信性降低，所证明的技术效果不能被采信。

经过实质审查，涉案专利于2017年1月11日以全部权利要求不具备创造性被驳回，涉案专利申请被驳回时的主要权利要求包括：

> 1. 一种白芨营养面贴膜用乳液，其特征在于，由包括下述质量份的原料按常规方法制备而成：白芨提取物0.5~1份、1,2-丁二醇8~10份、甘油6~10份、三辛酸甘油酯1~3份、甘油硬脂酸酯0.5~1份、聚氧乙烯醚100硬脂酸酯0.5~1.5份、丙烯酸羟乙酯/丙烯酰二甲基牛磺酸钠共聚物0.1~0.5份、异硬脂酸异丙酯0.2~0.5份、2,2,4,4,6,8,8-七甲基壬烷0.1~0.3份、果胶0.2~0.4份、聚山梨醇酯-60为0.1~0.3份、乙二胺四乙酸四钠盐0.05~0.1份、乳酸链球菌素0.05~0.15份、碘丙炔醇丁基氨甲酸酯0.01~0.03份、去离子水100份。
>
> 3. 一种白芨营养面贴膜，包括纤维贴膜和乳液，其特征在于：所述乳液为权利要求1所述的白芨营养面贴膜用乳液。
>
> 4. 一种权利要求3所述的白芨营养面贴膜的制备方法，其特征在于：
>
> 包括如下步骤：将15~20g权利要求1所述的乳液灌入装有纤维贴膜的包装袋中，使纤维贴膜充分浸泡，封口，灭菌，包装。

复审请求人没有修改申请文件。

三、主要复审理由和证据

复审请求人对驳回决定不服，认为：（1）相对乳酸链球菌素，碘丙炔醇丁基甲酸酯具有更广的抗菌谱，二者的组合没有拓宽抗菌谱，现有技术中也没有给出二者复配所产生的效果，其组合的效果无法预期；（2）防腐剂的抗菌效果不仅与自身性质有关，还须达到一定浓度。本申请通过组合，大大降低了碘丙炔醇丁基甲酸酯的用量，但仍具有很好的防腐效果；（3）现有技术中没有证据表明不同抗微生物机理的防腐剂的组合一定能取得更好的效果，其需要付出大量的试验研究；选取本申请所涉及的乳酸链球菌素和碘丙炔醇丁基甲酸酯复配需要付出创造性劳动；（4）本申请通过实施例1-7证明了二者的组合物取得了协同增效作用。

四、主要审查结论

对于复审请求人的主张，合议组认为：评价一项发明是否具备创造性时，应将其与最接近的现有技术比较以确定区别技术特征和实际解决的技术问题，然后考察现有技术整体上是否给出了将上述区别技术特征应用到该最接近的现有技术以解决其存在的技术问题的启示。如果现有技术中存在这种启示，并且所获得的发明的技术效果是可以预料的，则该发明不具备创造性。

对于涉案专利申请，权利要求1请求保护一种白芨营养面膜用乳液。对比文件1公开了一种中药多功能面膜（面贴膜），其面膜乳液所用制法及原料为：（1）将紫草、红花、白芷、黄檗、陈皮、芦荟、大黄、当归、白附子、薄荷、薏仁、甘草、蜂胶、食盐、冰片混合磨粉处理，得中药全粉；（2）将白芨、白蔹、皂角加水，文武火煎煮40~60min，得胶状的中药水剂，将用乙醇溶解后的冰片加入以上胶状中药水剂中混合，得中药胶液；（3）将步骤（1）的中药全粉和步骤（2）的中药胶水提取液搅拌磨匀，其比例为1.0：（1.0~1.5），再加入保湿增塑剂甘油、蜂蜜、吸收增强剂冰片、乳化剂吐温-80、乙醇，经过胶体磨充分研磨混匀，即得成品。由此可见，对比文件1实质上公开了一种通过上述方法制备的面膜乳液，乳液中包含白芨提取物、保湿剂甘油和乳化剂吐温-80等。

由此可见，权利要求1请求保护的技术方案与对比文件1公开的内容相比，区别特征为：（1）权利要求1的面贴膜乳液原料中还含有1,2-丁二醇、三辛酸甘油酯、甘油硬脂酸酯、聚氧乙烯醚100硬脂酸酯、聚山梨醇酯-60，而对比文件1的面膜乳液原料中发挥保湿和乳化作用的组分为甘油和吐温-80；（2）权利要求1的面贴膜乳液原料中还含有2,2,3,3,6,8,8-七甲基壬烷、异硬脂酸异丙酯、丙烯酸羟乙酯/丙烯酰二甲基牛磺酸钠共聚物、果胶、乙二胺四乙酸四钠盐、去离子水；（3）权利要求1中防腐剂为乳酸链球菌素和碘丙炔醇丁基氨甲酸酯复合使用；（4）权利要求 1 中还限定了面贴膜乳液各原料的用量。基于上述区别特征所能达到的技术效果，权利要求 1 所请求保护的技术方案实际解决的技术问题是：提供一种新的面贴膜乳液，增加润肤功效并提高存贮稳定性。

对于区别特征（1）：1,2-丁二醇是化妆品领域常用的保湿剂，三辛酸甘油酯、甘油硬脂酸酯、聚氧乙烯醚 100 硬脂酸酯和聚山梨醇酯-60 是化妆品领域常用的乳化剂。在对比文件 1 公开了甘油和吐温-80（聚山梨醇酯-80）在含有白芨的面膜乳液中分别起保湿和乳化作用的基础上，向其中加入化妆品领域中常见的保湿剂和乳化剂，属于本领域的常规选择。

针对区别特征（2）：对比文件 2 公开了一种可用于皮肤的涂覆组合物，具体公开了其包含异十六烷（2,2,4,4,6,8,8-七甲基壬烷）2.0%、异硬脂酸异丙酯 1.0%、水、香料和防腐剂等。其中，异十六烷和异硬脂酸异丙酯在该护肤的涂覆组合物中起润肤剂的作用，与异十六烷和异硬脂酸异丙酯在权利要求 1 的面贴膜用乳液中所起作用相同，即对比文件 2 给出了可在护肤组合物中加入异十六烷和异硬脂酸异丙酯起润肤作用的技术启示。因此，在面对如何增加面贴膜乳液的润肤功效的技术问题时，本领域技术人员有动机加入异十六烷和异硬脂酸异丙酯。

此外，在权利要求 1 的面膜贴用乳液中，去离子水起分散剂作用，乙二胺四乙酸四钠盐起螯合剂作用，丙烯酸羟乙酯/丙烯酰二甲基牛磺酸钠共聚物和果胶起乳化稳定剂和增稠剂作用。其中，分散剂、螯合剂、乳化稳定剂、增稠剂、防腐剂均为面膜乳液中的常规助剂，并且，去离子水、丙烯酸羟乙酯/丙烯酰二甲基牛磺酸钠共聚物、果胶、乙二胺四乙酸四钠盐均为用作上述助剂的常规物质。为了分散面膜中各原料、防止面膜乳液中杂质离子产生沉淀、增加乳液的分散稳定性，本领域技术人员容易想到向其中加入化妆品中常规的分散剂、螯合剂、乳化稳定剂、增稠剂并具体选择上述的常规物质。

针对区别特征（3）：本领域已知，乳酸链球菌素是一种高效、无毒的天然防腐剂，也是目前唯一可作防腐剂用于食品的细菌素，可抑制食品中的致病菌和腐败菌，减少或避免食品化学防腐剂的使用，抑菌谱普遍较窄，一般只对革兰氏阳性细菌有抑制作用，对革兰氏阴性细菌、霉菌和酵母菌没有作用，可将乳酸链球菌素与山梨酸、螯合剂等配合使用，山梨酸主要抑制霉菌、酵母菌和需氧细菌，可克服其抗菌谱窄的缺点。由于乳液中含有食品来源的白芨提取物，且一般食品用防腐剂的安全性要高于化妆品用防腐剂，因此所属领域技术人员容易想到相应添加用于食品的防腐剂，如高效无毒的乳酸链球菌素。并且，3-碘代-2-丙炔基-丁基甲氨酸酯（IPBC）具有广谱抗菌活性，尤其是对霉菌、酵母菌及藻类有很强的抑杀作用，是一种较为新型的化妆品用防腐剂，在防霉、杀真菌方面比其他化妆品用防腐剂效果好，常与其他防腐剂复配使用；最大允许量为0.05%（质量分数），其中3-碘代-2-丙炔基-丁基甲氨酸酯（IPBC）即碘丙炔醇丁基氨甲酸酯。也就是说，碘丙炔醇丁基氨甲酸酯对于本领域技术人员而言属于化妆品领域防腐效果更好的换代产品。由于乳酸链球菌素的抗菌谱窄，与其他的抗菌剂如山梨酸配合使用属于常规选择；而碘丙炔醇丁基氨甲酸酯与山梨酸均对霉菌、酵母菌具有强抑制作用，具有类似的抗菌谱，作为新型高效杀菌剂并常与其他防腐剂复配使用，因此，对于本领域技术人员而言有动机将其替代山梨酸与乳酸链球菌素配合使用。

对于区别特征（4）：权利要求1的面贴膜用乳液中各原料用量属于本领域的常规范围，依据面贴膜的实际使用效果，本领域技术人员通过有限的试验能够确定面贴膜用乳液中各原料的合理用量。

由此可见，在对比文件1的基础上结合对比文件2和本领域的常规技术手段得到权利要求1所请求保护的技术方案，对本领域的技术人员来说是显而易见的。因此，权利要求1不具有突出的实质性特点和显著的进步，不具备《专利法》第二十二条第三款规定的创造性。

结论：维持国家知识产权局于2017年1月11日对该申请作出的驳回决定。

案件看点

涉案专利申请及其相关系列申请涉及含有白芨等中药成分的面贴膜乳液，上述申请文件所记载的实验数据中，在不同的活性成分、辅料及用量不完全相同的情况下，实验结果却完全相同。复审决定维持其驳回决定，为中药领域创造性的判断提供了思路，对实验数据可信度的认定具有借鉴意义。

真实可信的实验数据对于医药产品的效果确认具有重要意义，是提交专利申请最基本的要求之一，否则即使提交的专利申请侥幸获得授权，也会留下隐患，使该专利权处于不稳定状态。

涉案专利申请由于不符合实验科学的一般性规律，由此导致说明书所提供的实验数据真实性降低，合议组在审查时并未认可复审请求人提出的其证明了乳酸链球菌素和碘丙炔醇丁基甲酸酯复配取得了协同作用这一预料不到的技术效果。仅基于现有技术认为不同防腐剂复配使用是本领域的常规技术手段，其抗菌效果提升的效果是可以预期的，维持了驳回。

申请文件中实验数据是否真实可信影响其技术效果的确认，从而影响专利能否授权及授权后权利的稳定性。在如今全面提升专利申请质量、严格审查的背景下，撰写申请文件时要重视实验数据，对于系列申请要避免实验数据错误、雷同等问题，涉案专利申请出现实验数据雷同问题，违背常识，导致专利申请被驳回，需要引以为戒。

案例引申

引申案例 11-1

“杂环胆固醇酯转运蛋白抑制剂”复审请求案

一、案件基本信息

涉案专利申请号：CN 200680050758. X

案件类型：发明专利复审请求案

发明名称：杂环胆固醇酯转运蛋白抑制剂

复审请求人：布里斯托尔-迈尔斯斯奎布公司

复审决定编号：53577

二、案件技术方案

涉案专利申请请求保护一种式（Ⅰa）或（Ⅰb）化合物及其药物组合物，其目的是提供对胆固醇酯转运蛋白（CETP）有抑制作用的化合物，能够提高包括高密度脂蛋白（HDL）-胆固醇在内的某些血浆脂质水平以及降低包括低密度脂蛋白（LDL）-胆固醇和甘油三酯的某些血浆水平，从而在包括人在内的某些哺乳动物（在其血浆中具有 CETP 的哺乳动物）中治疗由 HDL 胆固醇的低水平和/或 LDL-胆固醇和甘油三酯的高水平所影响的疾病。但是，说明书效果实验中仅笼统地说明使用“本发明化合物”，在说明书中没有记载它们所代表的具体化合物。

经过实质审查，涉案专利于 2011 年 7 月 20 日以说明书公开不充分为由被驳回，涉案专利申请被驳回时的主要权利要求包括：

1. 式（Ⅰa）或（Ⅰb）化合物

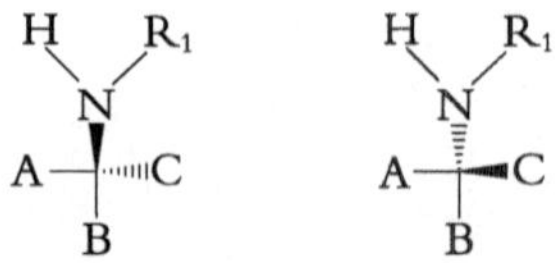

（Ⅰa）　或　（Ⅰb）

或者其立体异构体或可药用盐形式，其中：

A 是杂芳基，其被一个或多个下列取代基取代：1) 卤素，2) (C1-C6) 烷基，其可以任选被一个或多个 R_{20} 取代，3) —OR_6，4) (C1-C6) 烷硫基，5) 氰基，6) 硝基，7) —NR_9R_{10}，8) 芳基，其可以任选被一个或多个 R_{20} 取代，9) 芳基烷基，其可以任选被一个或多个 R_{20} 取代，10) 杂芳基，其可以任选被一个或多个 R_{20} 取代，11) 杂芳基烷基，其可以任选被一个或多个 R_{20} 取代，12) 杂环基，其可以任选被一个或多个 R_{20} 取代，13) 杂环基烷基，其可以任选被一个或多个 R_{20} 取代，14) 卤代 (C1-C6) 烷基，15) —COR_6，16) =O，

17）—$S(O)_pR_6$，18）—SO_2NHR_6，19）—$COOR_6$，20）—NHC（CN）NHR_6，21）—$CONR_6$；和 22）环烷基，其可以任选被一个或多个 R_{20} 取代；

B 是：

（a）苯基，其被两个或多个下列取代基取代：1）卤素，2）（C1-C6）烷基，其可以任选被一个或多个 R_{20} 取代，3）—OR_6，4）（C1-C6）烷硫基，5）氰基，6）硝基，7）芳基，其可以任选被一个或多个 R_{20} 取代，8）芳基烷基，其可以任选被一个或多个 R_{20} 取代，9）杂芳基，其可以任选被一个或多个 R_{20} 取代，10）杂芳基烷基，其可以任选被一个或多个 R_{20} 取代，11）杂环基，其可以任选被一个或多个 R_{20} 取代，12）杂环基烷基，其可以任选被一个或多个 R_{20} 取代，13）卤代（C1－C6）烷基，14）—COR_6，15）—$S(O)_pR_6$，16）—SO_2NHR_6，17）—$COOR_6$，18）—NHC（CN）NHR_6，19）—$CONR_6$；和 20）环烷基，其可以任选被一个或多个 R_{20} 取代；或者

（b）含氮或硫的杂芳基，其可以任选被一个或多个下列取代基取代：1）卤素，2）（C1-C6）烷基，其可以任选被一个或多个 R_{20} 取代，3）—OR_6，4）（C1-C6）烷硫基，5）氰基，6）硝基，7）—NR_9R_{10}，8）芳基，其可以任选被一个或多个 R_{20} 取代，9）芳基烷基，其可以任选被一个或多个 R_{20} 取代，10）杂芳基，其可以任选被一个或多个 R_{20} 取代，11）杂芳基烷基，其可以任选被一个或多个 R_{20} 取代，12）杂环基，其可以任选被一个或多个 R_{20} 取代，13）杂环基烷基，其可以任选被一个或多个 R_{20} 取代，14）卤代（C1－C6）烷基，15）—COR_6，16）—$S(O)_pR_6$，17）—SO_2NHR_6，18）—$COOR_6$，19）—NHC（CN）NHR_6，20）—$CONR_6R_6$；和 21）环烷基，其可以任选被一个或多个 R_{20} 取代；

C 是：

（a）烷基，被下列取代基取代：芳基，其可以任选被一个或多个 R_{20} 取代；

R1 是—$C(O)R_3$；

R3 是：

(a)芳基,其可以任选被一个或多个下列取代基取代：1)卤素,2)(C1-C6)烷基,其可以任选被一个或多个 R_{20} 取代，3)—OR_6，4)(C1-C6)烷硫基,5)氰基,6)硝基,7)—NR_9R_{10}，8)芳基,其可以任选被一个或多个 R_{20} 取代，9)芳基烷基,其可以任选被一个或多个 R_{20} 取代，10)杂芳基,其可以任选被一个或多个 R_{20} 取代，11)杂芳基烷基,其可以任选被一个或多个 R_{20} 取代，12)杂环基,其可以任选被一个或多个 R_{20} 取代，13)杂环基烷基,其可以任选被一个或多个 R_{20} 取代，14)卤代(C1-C6)烷基,15)—$CONR_6R_6$，16)(C2-C6)链烯基,17)═O,18)(C2-C6)炔基,19)—COR_6，20)—$S(O)_pR_6$，21)—SO_2NHR_6，22)—$COOR_6$，23)—NHC(CN)NHR_6；和24)环烷基,其可以任选被一个或多个 R_{20} 取代；或

(b)烯基,其可以任选被一个或多个下列取代基取代：1)卤素,2)(C1-C6)烷基,其可以任选被一个或多个 R_{20} 取代，3)—OR_6，4)(C1-C6)烷硫基,5)氰基,6)硝基,7)—NR_9R_{10}，8)芳基,其可以任选被一个或多个 R_{20} 取代，9)芳基烷基,其可以任选被一个或多个 R_{20} 取代，10)杂芳基,其可以任选被一个或多个 R_{20} 取代，11)杂芳基烷基,其可以任选被一个或多个 R_{20} 取代，12)杂环基,其可以任选被一个或多个 R_{20} 取代，13)杂环基烷基,其可以任选被一个或多个 R_{20} 取代，14)卤代(C1-C6)烷基,15)—$CONR_6R_6$，16)(C2-C6)链烯基，17)(C2-C6)炔基，18)—COR_6，19)—$S(O)_pR_6$，20)—SO_2NHR_6，21)—$COOR_6$，22)—NHC(CN)NHR_6；和23)环烷基,其可以任选被一个或多个 R_{20} 取代；R_6，在每一出现的情况下，独立地是：

(a)烷基,其可以任选被一个或多个下列取代基取代：1)卤素,2)—OH,3)(C1-C6)烷基,其可以任选被一个或多个 R_{20} 取代,4)—OR_{36}，5)(C1-C6)烷硫基,6)氰基,7)硝基,8)—NR_9R_{10}，9)芳基,其可以任选被一个或多个 R_{20} 取代，10)杂芳基,其可以任选被一个或多个 R_{20} 取代，11)杂环基,其可以任选被一个或多个 R_{20} 取代，12)卤代(C1-C6)烷基,13)(C2-C6)链烯基,14)—COOH,15)—$CONR_{36}R_{36}$，16)═O，17)(C2-C6)炔基，18)—COR_{36}，

19)—$S(O)_pR_{36}$，20)—SO_2NHR_{36}，21)—$COOR_{36}$，22)—NHC(CN)NHR_{36}；和23)环烷基,其可以任选被一个或多个R_{20}取代；

(b)芳基,其可以任选被一个或多个下列取代基取代：1)卤素，2)—OH,3)(C1-C6)烷基,其可以任选被一个或多个R_{20}取代，4)—OR_{36}，5)(C1-C6)烷硫基,6)氰基,7)硝基,8)—NR_9R_{10}，9)芳基,其可以任选被一个或多个R_{20}取代，10)芳基烷基,其可以任选被一个或多个R_{20}取代，11)杂芳基,其可以任选被一个或多个R_{20}取代，12)杂芳基烷基,其可以任选被一个或多个R_{20}取代，13)杂环基,其可以任选被一个或多个R_{20}取代，14)杂环基烷基,其可以任选被一个或多个R_{20}取代，15)卤代(C1-C6)烷基,16)—COOH，17)—$CONR_{36}R_{36}$，18)═O，19)(C2-C6)炔基，20)—COR_{36}，21)—$S(O)_pR_{36}$，22)—SO_2NHR_{36}，23)—$COOR_{36}$，24)—NHC(CN)NHR_{36}；和25)环烷基,其可以任选被一个或多个R_{20}取代；

(c)环烷基,其可以任选被一个或多个下列取代基取代：1)卤素，2)—OH,3)(C1-C6)烷基,其可以任选被一个或多个R_{20}取代，4)—OR_{36}，5)(C1-C6)烷硫基,6)氰基,7)硝基,8)—NR_9R_{10}，9)芳基,其可以任选被一个或多个R_{20}取代，10)芳基烷基,其可以任选被一个或多个R_{20}取代，11)杂芳基,其可以任选被一个或多个R_{20}取代，12)杂芳基烷基,其可以任选被一个或多个R_{20}取代，13)杂环基,其可以任选被一个或多个R_{20}取代，14)杂环基烷基,其可以任选被一个或多个R_{20}取代，15)卤代(C1-C6)烷基,16)(C2-C6)链烯基,17)—COOH，18)—$CONR_{36}R_{36}$，19)═O,20)(C2-C6)炔基，21)—COR_{36}，22)—$S(O)_pR_{36}$，23)—SO_2NHR_{36}，24)—$COOR_{36}$，25)—NHC(CN)NHR_{36}；和26)环烷基,其可以任选被一个或多个R_{20}取代；

(d)杂芳基,其可以任选被一个或多个下列取代基取代：1)卤素，2)—OH,3)(C1-C6)烷基,其可以任选被一个或多个R_{20}取代，4)—OR_{36}，5)(C1-C6)烷硫基,6)氰基,7)硝基,8)—NR_9R_{10}，9)芳基,其可以任选被一个或多个R_{20}取代，10)芳基烷基,其可以任选被一个或多个R_{20}取代，11)杂芳基,其可以任选被一个或多个R_{20}取代，12)杂芳基烷基，其可以任选被一个或多个 R_{20} 取代，13)杂环基，其可以任选被一个或多个 R_{20} 取代，14)杂环基烷基，其可以任选被一个或多个 R_{20} 取代，15)卤代(C1-C6)烷基，16)(C2-C6)链烯基，17)—COOH，18)—$CONR_{36}R_{36}$，19)═O，20)(C2-C6)炔基，21)—COR_{36}，22)—$S(O)_pR_{36}$，23)—SO_2NHR_{36}，24)—$COOR_{36}$，25)—NHC(CN)NHR_{36}；和26)环烷基，其可以任选被一个或多个 R_{20} 取代；

(e)除杂芳基外的杂环基，其可以任选被一个或多个下列取代基取代：1)卤素，2)—OH，3)(C1-C6)烷基，其可以任选被一个或多个 R_{20} 取代，4)—OR_{36}，5)(C1-C6)烷硫基，6)氰基，7)硝基，8)—NR_9R_{10}，9)芳基，其可以任选被一个或多个 R_{20} 取代，10)芳基烷基，其可以任选被一个或多个 R_{20} 取代，11)杂芳基，其可以任选被一个或多个 R_{20} 取代，12)杂芳基烷基，其可以任选被一个或多个 R_{20} 取代，13)杂环基，其可以任选被一个或多个 R_{20} 取代，14)杂环基烷基，其可以任选被一个或多个 R_{20} 取代，15)卤代(C1-C6)烷基，16)(C2-C6)链烯基，17)—COOH，18)—$CONR_{36}R_{36}$，19)═O，20)(C2-C6)炔基，21)—COR_{36}，22)—$S(O)_pR_{36}$，23)—SO_2NHR_{36}，24)—$COOR_{36}$，25)—NHC(CN)NHR_{36}；和26)环烷基，其可以任选被一个或多个 R_{20} 取代；或者

(f)氢；

或者两个 R_6 一起形成3~9元环，所述环可以任选含有1~4个选自N、O和S的杂原子，并且可以任选被一个或多个 R_{20} 取代；

R_9 和 R_{10} 独立地是：(a)氢；(b)—$[(C═O)O_r]_s$ 芳基，其中芳基可以任选被一个或多个 R_{20} 取代；(c)—$[(C═O)O_r]_s$(C2-C8)链烯基，其中链烯基可以任选被一个或多个 R_{20} 取代；(d)—$[(C═O)O_r]_s$(C1-C8)烷基，其中烷基可以任选被一个或多个 R_{20} 取代；(e)杂环基，其任选被一个或多个 R_{20} 取代；(f)—$CONR_{26}R_{26}$；(g)—(C2-C6)炔基；(h)—COR_{26}；(i)—$S(O)_pR_{26}$；(j)—SO_2NHR_{26}；(k)—$COOR_{26}$；(i)—NHC(CN)NHR_{26}；或者m)—$[(C═O)O_r]_s$ 环烷基，其中环烷基可以任选被一个或多个 R_{20} 取代；

或 R_9 和 R_{10} 与其连接的氮一起形成3~8元环，所述环可以任选含有1~4个选自N、O和S的杂原子，并且任选被一个或多个 R_{20} 取代；

R_{20} 是：(a)卤素；(b)(C1-C6)烷基，其可以任选被一个或多个 R_{21} 取代；(c)—OR_{26}；(d)(C1-C6)烷硫基；(e)氰基；(f)硝基；(g)—$NR_{29}R_{30}$；(h)芳基，其可以任选被一个或多个 R_{21} 取代；(i)芳基烷基，其可以任选被一个或多个 R_{21} 取代；(j)杂芳基，其可以任选被一个或多个 R_{21} 取代；(k)杂芳基烷基，其可以任选被一个或多个 R_{21} 取代；(l)杂环基，其可以任选被一个或多个 R_{21} 取代；(m)杂环基烷基，其可以任选被一个或多个 R_{21} 取代；(n)卤代(C1-C6)烷基；(o)(C2-C6)链烯基；(p)═O；(q)—(C2-C6)炔基；(r)—COR_{26}；(s)—$S(O)_pR_{26}$；(t)—SO_2NHR_{26}；(u)—$COOR_{26}$；(v)—NHC(CN)NHR_{26}；(w)环烷基，其可以任选被一个或多个 R_{21} 取代；(x)环烷基烷基，其可以任选被一个或多个 R_{21} 取代；或者(y)—$CONR_{26}R_{26}$；

R_{21} 是：(a)卤素；(b)(C1-C6)烷基；(c)—OR_{26}；(d)(C1-C6)烷硫基；(e)氰基；(f)硝基；(g)—$NR_{29}R_{30}$；(h)芳基；(i)芳基烷基；(j)杂芳基；(k)杂芳基烷基；(l)杂环基；(m)杂环基烷基；(n)卤代(C1-C6)烷基；(o)—$CONR_{26}R_{26}$；(p)(C2-C6)链烯基；(q)═O；(r)(C2-C6)炔基；(s)环烷基；(t)环烷基烷基；(u)—COR_{26}；(v)—$S(O)_pR_{26}$；(w)—SO_2NHR_{26}；(x)—$COOR_{26}$；或者(y)—NHC(CN)NHR_{26}；

R_{26}，在每一出现的情况下，独立地是：

(a)烷基，其可以任选被一个或多个下列取代基取代：1)卤素，2)—OH，3)(C1-C6)烷基，其可以任选被一个或多个 R_{40} 取代，4)—OR_{36}，5)(C1-C6)烷硫基，6)氰基，7)硝基，8)—$NR_{29}R_{30}$，9)芳基，其可以任选被一个或多个 R_{40} 取代，10)杂芳基，其可以任选被一个或多个 R_{40} 取代，11)杂环基，其可以任选被一个或多个 R_{40} 所取代，12)卤代(C1-C6)烷基，13)(C2-C6)链烯基，14)—COOH，15)—$CONR_{36}R_{36}$，16)═O，17)(C2-C6)炔基，18)—COR_{36}，

19)—S(O)$_p$R$_{36}$，20)—SO$_2$NHR$_{36}$，21)—COOR$_{36}$，22)—NHC(CN)NHR$_{36}$；和23)环烷基，其可以任选被一个或多个R$_{40}$取代；

(b)芳基，其可以任选被一个或多个下列取代基取代：1)卤素，2)—OH，3)(C1-C6)烷基，其可以任选被一个或多个R$_{40}$取代，4)—OR$_{36}$，5)(C1-C6)烷硫基，6)氰基，7)硝基，8)—NR$_{29}$R$_{30}$，9)芳基，其可以任选被一个或多个R$_{40}$取代，10)芳基烷基，其可以任选被一个或多个R$_{40}$取代，11)杂芳基，其可以任选被一个或多个R$_{40}$取代，12)杂芳基烷基，其可以任选被一个或多个R$_{40}$取代，13)杂环基，其可以任选被一个或多个R$_{40}$取代，14)杂环基烷基，其可以任选被一个或多个R$_{40}$所取代，15)卤代(C1-C6)烷基，16)—COOH，17)—CONR$_{36}$R$_{36}$，18)=O，19)(C2-C6)炔基，20)—COR$_{36}$，21)—S(O)$_p$R$_{36}$，22)—SO$_2$NHR$_{36}$，23)—COOR$_{36}$，24)—NHC(CN)NHR$_{36}$；和25)环烷基，其可以任选被一个或多个R$_{40}$取代；

(c)环烷基，其可以任选被一个或多个下列取代基取代：1)卤素，2)—OH，3)(C1-C6)烷基，其可以任选被一个或多个R$_{40}$取代，4)—OR$_{36}$，5)(C1-C6)烷硫基，6)氰基，7)硝基，8)—NR$_{29}$R$_{30}$，9)芳基，其可以任选被一个或多个R$_{40}$取代，10)芳基烷基，其可以任选被一个或多个R$_{40}$取代，11)杂芳基，其可以任选被一个或多个R$_{40}$取代，12)杂芳基烷基，其可以任选被一个或多个R$_{40}$取代，13)杂环基，其可以任选被一个或多个R$_{40}$取代，14)杂环基烷基，其可以任选被一个或多个R$_{40}$取代，15)卤代(C1-C6)烷基，16)(C2-C6)链烯基，17)—COOH，18)—CONR$_{36}$R$_{36}$，19)=O，20)(C2-C6)炔基，21)—COR$_{36}$，22)—S(O)$_p$R$_{36}$，23)—SO$_2$NHR$_{36}$，24)—COOR$_{36}$，25)—NHC(CN)NHR$_{36}$；和26)环烷基，其可以任选被一个或多个R$_{40}$取代；

(d)杂芳基，其可以任选被一个或多个下列取代基取代：1)卤素，2)—OH，3)(C1-C6)烷基，其可以任选被一个或多个R$_{40}$取代，4)—OR$_{36}$，5)(C1-C6)烷硫基，6)氰基，7)硝基，8)—NR$_{29}$R$_{30}$，9)芳基，其可以任选被一个或多个R$_{40}$取代，10)芳基烷基，其可以任选被一个

或多个 R_{40} 取代，11)杂芳基，其可以任选被一个或多个 R_{40} 取代，12)杂芳基烷基，其可以任选被一个或多个 R_{40} 取代，13)杂环基，其可以任选被一个或多个 R_{40} 取代，14)杂环基烷基，其可以任选被一个或多个 R_{40} 取代，15)卤代(C1-C6)烷基，16)(C2-C6)链烯基，17)—COOH，18)—$CONR_{36}R_{36}$，19)=O，20)(C2-C6)炔基，21)—COR_{36}，22)—$S(O)_pR_{36}$，23)—SO_2NHR_{36}，24)—$COOR_{36}$，25)—NHC(CN)NHR_{36}；和26)环烷基，其可以任选被一个或多个 R_{40} 取代；

(e)除杂芳基外的杂环基，其可以任选被一个或多个下列取代基取代：1)卤素，2)—OH，3)(C1-C6)烷基，其可以任选被一个或多个 R_{40} 取代，4)—OR_{36}，5)(C1-C6)烷硫基，6)氰基，7)硝基，8)—$NR_{29}R_{30}$，9)芳基，其可以任选被一个或多个 R_{40} 取代，10)芳基烷基，其可以任选被一个或多个 R_{40} 取代，11)杂芳基，其可以任选被一个或多个 R_{40} 取代，12)杂芳基烷基，其可以任选被一个或多个 R_{40} 取代，13)杂环基，其可以任选被一个或多个 R_{40} 取代，14)杂环基烷基，其可以任选被一个或多个 R_{40} 取代，15)卤代(C1-C6)烷基，16)(C2-C6)链烯基，17)—COOH，18)—$CONR_{36}R_{36}$，19)=O，20)(C2-C6)炔基，21)—COR_{36}，22)—$S(O)_pR_{36}$，23)—SO_2NHR_{36}，24)—$COOR_{36}$，25)—NHC(CN)NHR_{36}；和26)环烷基，其可以任选被一个或多个 R_{40} 取代；或者

(f)氢；

或者两个 R_{26} 一起形成3~9元环，所述环可以任选含有1~4个选自N、O和S的杂原子，并且任选被一个或多个 R_{40} 取代；

R_{29} 和 R_{30} 独立地是氢，—[(C=O)O_r]$_s$芳基，—[(C=O)O_r]$_s$链烯基，—[(C=O)O_r]$_s$烷基，杂环基，—$CONR_{46}R_{46}$，炔基，—COR_{36}，—$S(O)_pR_{36}$，—SO_2NHR_{36}，—$COOR_{36}$，—C(CN)NHR_{36}，或环烷基，其中芳基，烷基，链烯基，环烷基或杂环基可以任选被一个或多个 R_{40} 取代；

或者 R_{29} 和 R_{30} 与其连接的氮一起形成3~8元环，所述环可以任

选含有1~4个选自N、O和S的杂原子，并且任选被一个或多个R_{40}取代；

R_{36}，在每一出现的情况下，独立地是烷基，芳基，环烷基，杂芳基或除杂芳基外的杂环基，其中烷基，芳基，环烷基，杂芳基或杂环基可以任选被一个或多个R_{40}取代；

R_{40}是卤素，—OH，烷基，烷氧基，烷硫基，氰基，$—NR_{49}R_{50}$，硝基，芳基，芳基烷基，杂芳基，杂芳基烷基，杂环基，杂环基烷基，卤代烷基，卤代烷氧基，$—CONR_{49}R_{50}$，链烯基，芳基烷氧基，═O，炔基，环烷基，环烷基烷基，$—COR_{49}$，$—S(O)_pR_{49}$，$—SO_2NHR_{49}$，$—COOR_{49}$或$—NHC(CN)NHR_{49}$；

R_{49}和R_{50}，在每一出现的情况下，独立地是氢、烷基、芳基、环烷基、杂芳基或除杂芳基外的杂环基；

r是0~5；s是0~4；并且p是1或2；

除非另外指明，术语“烷基”是指具有1~12个碳原子的直链或支链烃基；

除非另外指明，术语“取代的烷基”是指被一个或多个以下基团取代的烷基：芳基、取代的芳基、杂环、取代的杂环、碳环、取代的碳环、卤素、羟基、烷氧基(任选取代的)、芳氧基(任选取代的)、烷基酯(任选取代的)、芳基酯(任选取代的)、烷酰基(任选取代的)、芳酰基(任选取代的)、氰基、硝基、氨基、取代的氨基、酰胺基、内酰胺、脲、尿烷和磺酰基或者前述的任何子集；

除非另外指明，术语“链烯基”是指具有2~12个碳原子和至少一个碳═碳键(顺式或反式)的直链或支链烃基；

除非另外指明，术语“取代的链烯基”是指被一个或多个基团(例如被上面在R_{10}的定义中描述的基团)，例如选自下列基团取代的链烯基：芳基、取代的芳基、杂环、取代的杂环、碳环、取代的碳环、卤素、羟基、烷氧基(任选取代的)、芳氧基(任选取代的)、烷基酯(任选取代的)、芳基酯(任选取代的)、烷酰基(任选取代的)、芳酰基(任选取代的)、氰基、硝基、胺基、取代的氨基、酰胺基、内酰胺、脲、尿烷和磺酰基，或者前述任何子集；

除非另外指明，术语“炔基”是指具有2~12个碳原子和至少一个碳≡碳三键的烃基；

除非另外指明，术语“取代的炔基”是指被一个或多个下列基团取代的炔基：芳基、取代的芳基、杂环、取代的杂环、碳环、取代的碳环、卤素、羟基、烷氧基（任选取代的）、芳氧基（任选取代的）、烷基酯（任选取代的）、芳基酯（任选取代的）、烷酰基（任选取代的）、芳酰基（任选取代的）、氰基、硝基、氨基、取代的氨基、酰胺基、内酰胺、脲、尿烷和磺酰基，或者前述的任何子集；

除非另外指明，术语“芳基”是指含有芳族同素环单环、二环或三环的基团，所述基团具有例如6~12个环单元；

除非另外指明，术语“取代的芳基”是指被一个或多个下列基团取代的芳基：烷基、取代的烷基、链烯基（任选取代的）、芳基（任选取代的）、杂环（任选取代的）、卤素、羟基、烷氧基（任选取代的）、芳氧基（任选取代的）、烷酰基（任选取代的）、芳酰基、（任选取代的）、烷基酯（任选取代的）、芳基酯（任选取代的）、氰基、硝基、氨基、取代的氨基、酰胺基、内酰胺、脲、尿烷和磺酰基，或者前述的任何子集，其中一对或多对取代基与其连接的原子一起形成3~7元环；

术语“环烷基”是指3~15个碳原子的各自完全饱和和部分不饱和的单、双或三同素环基团；

除非另外指明，术语“取代的环烷基”是指被一个或多个选自下列基团取代的环烷基：芳基、取代的芳基、杂环、取代的杂环、碳环、取代的碳环、卤素、羟基、烷氧基（任选取代的）、芳氧基（任选取代的）、烷基酯（任选取代的）、芳基酯（任选取代的）、烷酰基（任选取代的）、芳酰基（任选取代的）、氰基、硝基、氨基、取代的氨基、酰胺基、内酰胺、脲、尿烷和磺酰基，或者前述的任何子集；

除非另外指明，术语“杂环”“杂环的”“杂环基团”或“杂环基”是指完全饱和或者部分或完全不饱和的、稠合的、桥连的和/或螺合的 3~13 个环原子的单环、7~17 个环原子的双环或 10~20 个环原子的三环系统，其在至少一个含碳环中具有 1 个、2 个、3 个或 4 个选自氮原子、氧原子和/或硫原子的杂原子；

除非另外指明，术语“取代的杂环”“取代的杂环的”“取代的杂环基团”和“取代的杂环基”是指被一个或多个下列基团取代的杂环、杂环的和杂环基团：烷基、取代的烷基、链烯基、氧代基、芳基、取代的芳基、杂环、取代的杂环、碳环(任选取代的)、卤素、羟基、烷氧基(任选取代的)、芳氧基(任选取代的)、烷酰基(任选取代的)、芳酰基(任选取代的)、烷基酯(任选取代的)、芳基酯(任选取代的)、氰基、硝基、酰胺基、氨基、取代的氨基、内酰胺、脲、尿烷、磺酰基或前述的任何子集，其中任选一对或多对取代基与其连接的原子一起形成 3~7 元环；

排除具有下式的化合物：

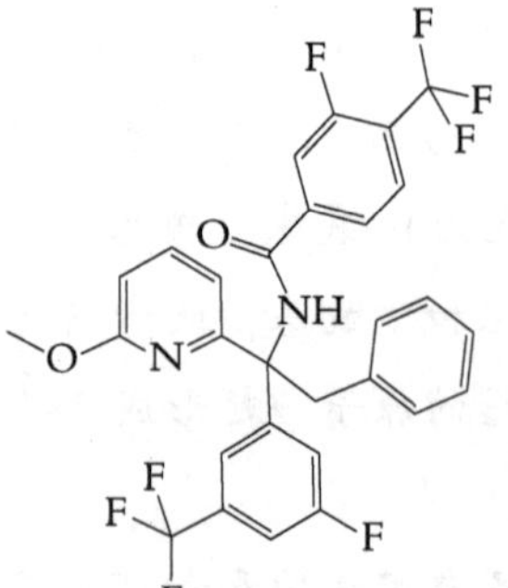
；

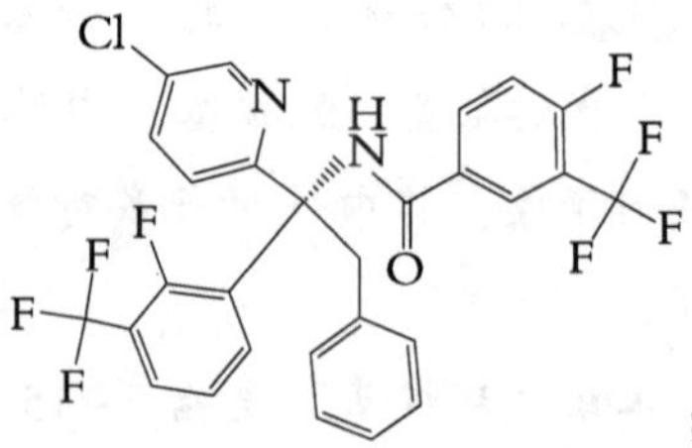
；

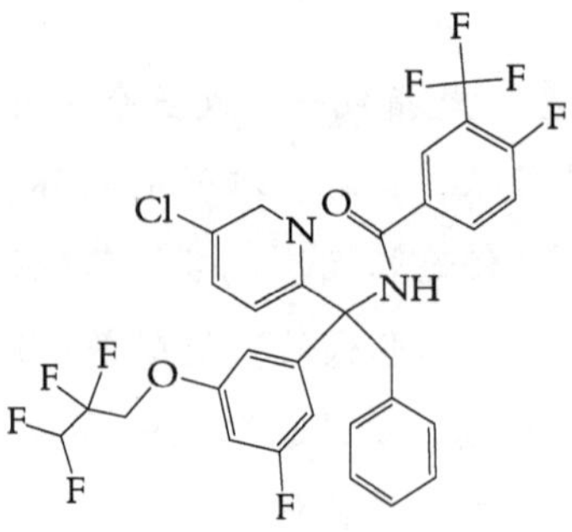
；

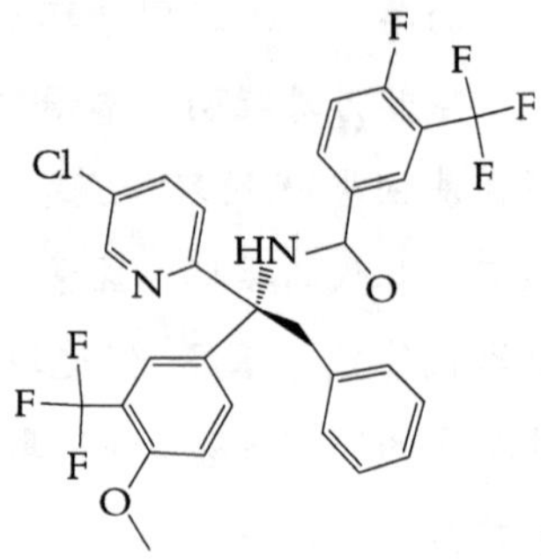
；

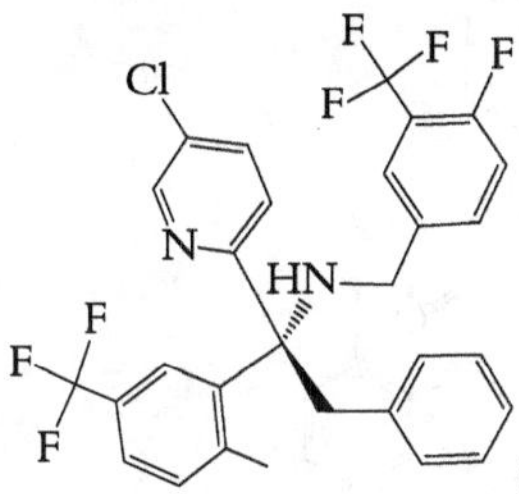

;

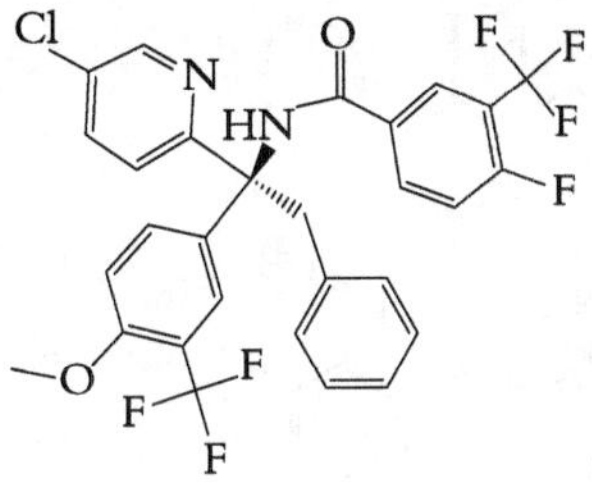

;

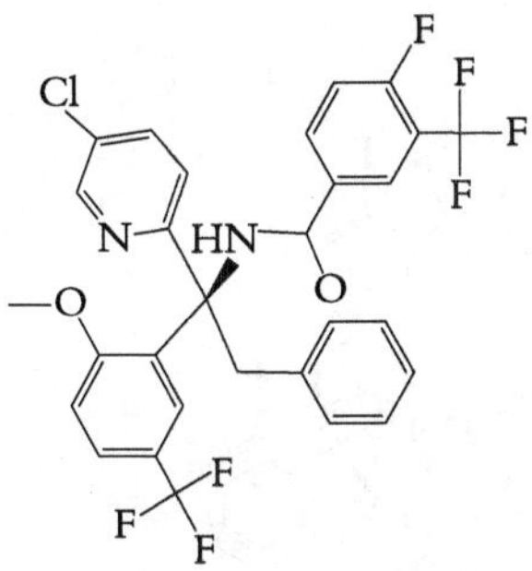

;

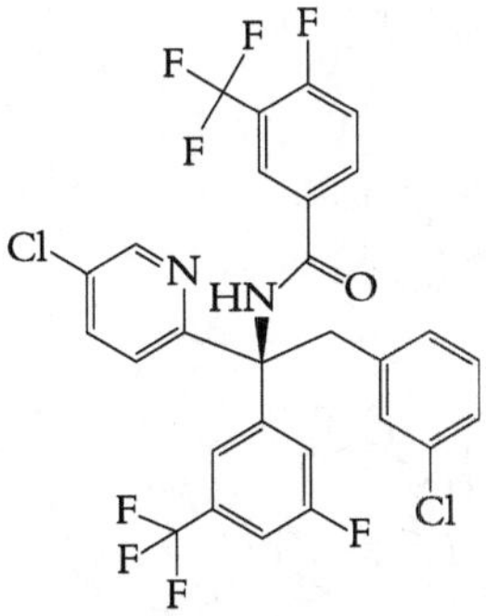

;

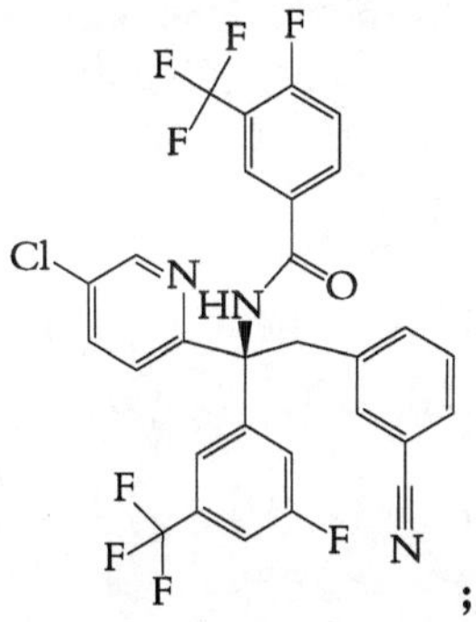

;

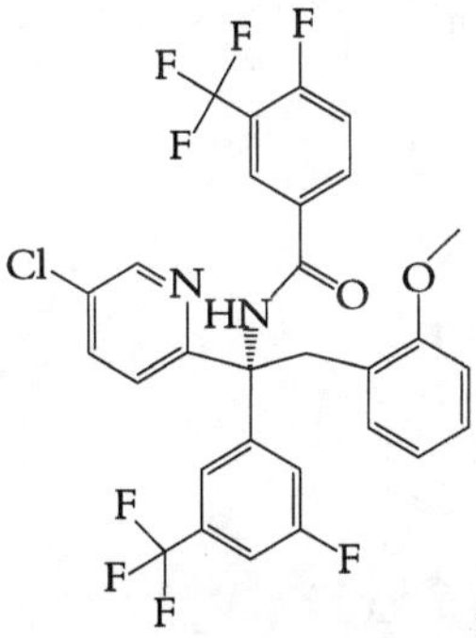

;

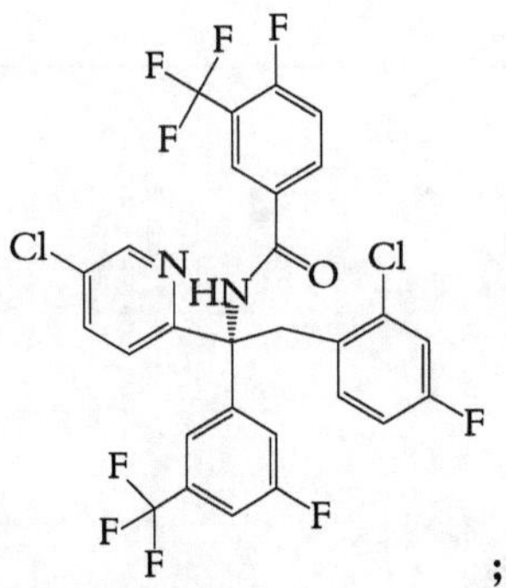

;

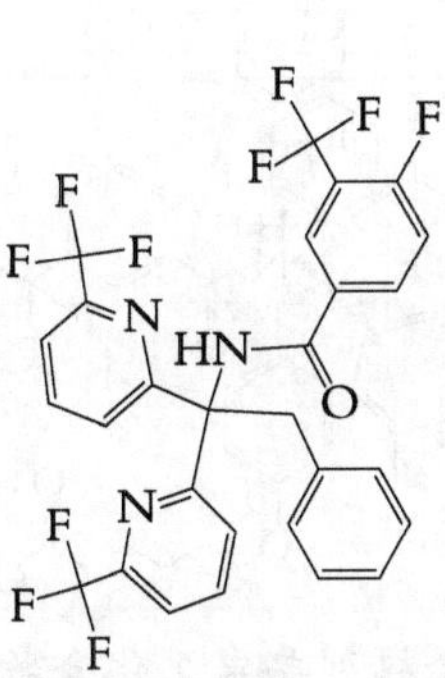

;

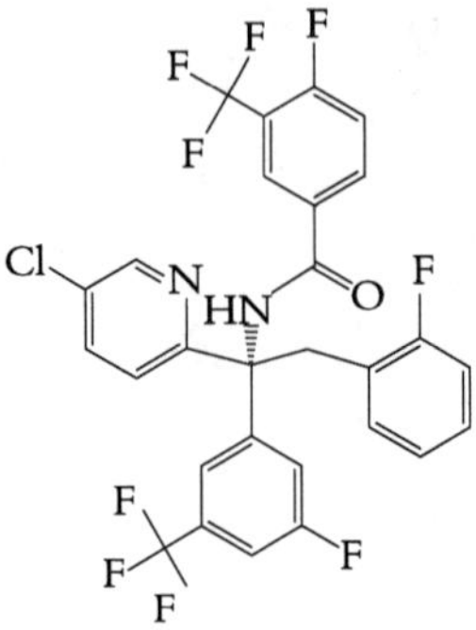

;

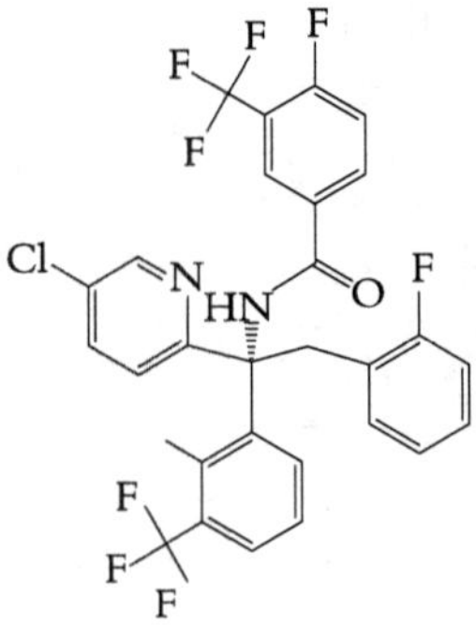

;

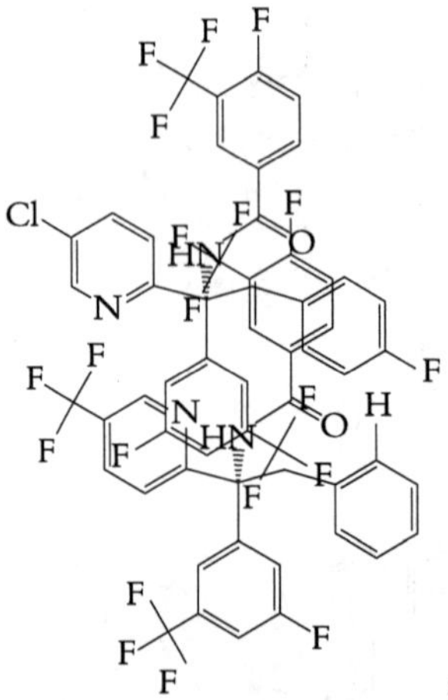

;

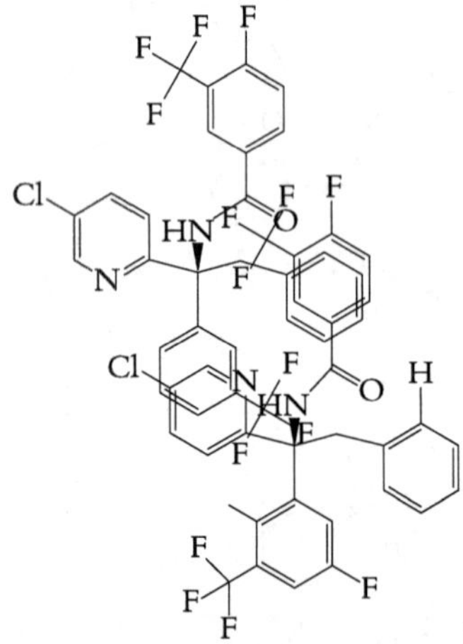

;

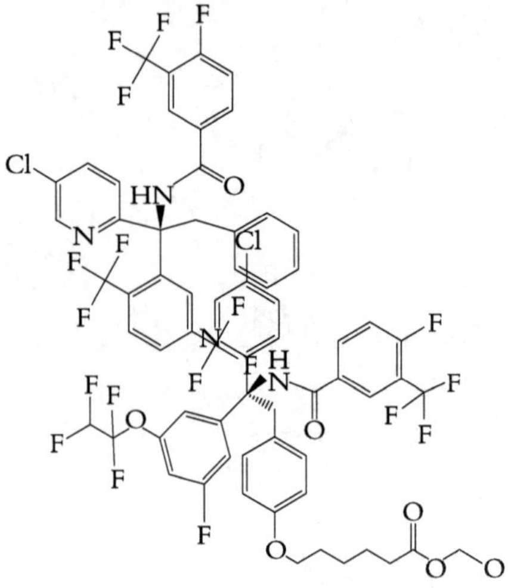

;

14. 包含权利要求1化合物的药物组合物。

三、主要复审请求理由和证据

复审请求人认为：本发明提供了定性和定量数据，这些数据足以使本领域技术人员很好地实施本发明。在136页第8行明确记载："在另一实施方案中，本发明化合物选自实施例中例示的化合物。"并且，在关于效果的实验中的"本发明化合物"必定是已经制备的化合物。因此本领域技术人员根据说明书记载的表述"本发明化合物"当涉及生物学活性时必定是指"本发明制备实施例的化合物"。

四、主要审查结论和解析

1. 主要审查结论

合议组认为：涉案专利申请的技术方案的技术效果必须要通过实验证据予以证实，在此情形下，该技术方案是否"能够实现"的判断取决于实验证据是否能够证实该技术方案能够实现其所预期的技术效果并解决其技术问题。

在此情况下，如果申请人没有进行达到其所主张的技术效果的实验，或者进行实验但实验结果与其主张不符，以及进行的实验虽可能取得预期效果但并未将有说服力的实验证据依法提交专利行政部门，则均不能认为该技术方案是成立的，也就是属于《专利审查指南2010》所谓的所属技术领域的技术人员"无法实现"该发明的情形。这进一步意味着，如果说明书记载的实验证据不清楚完整，致使所属领域的技术人员不足以据此得出该申请欲解决的技术问题能够通过其技术方案得以解决的结论，则该申请不满足充分公开的要求。

该申请权利要求1要求保护一种如式（Ⅰa）或（Ⅰb）的化合物。根据说明书的记载，该申请要解决的技术问题是提供对胆固醇酯转运蛋白（CETP）有抑制作用的化合物。该申请说明书公开了上述通式化合物、化合物的通用合成方法、1272个制备实施例。对于所述化合物的用途，说明书第157~159页记载了分析该申请化合物药理学特性的标准试验方法，包括CETP闪烁亲近测定、血浆胆固醇酯转运试验、体内胆固醇酯转运活性、HDL胆固醇测定方案和抗肥胖测定方案，用于检测所述化合物对CETP的抑制活性。但是对于上述方法的测试结果，说明书仅在第 154 页记载了“在小于 100μmol/L 的两个不同浓度下，本发明化合物将胆固醇酯转运蛋白（CETP）抑制了 30% 以上，其效力优选小于 5μmol/L，更优选具有小于 500nmol/L 的效力”。可见，说明书效果实验中仅笼统地说明使用“本发明化合物”，而在说明书中没有记载它们所代表的具体化合物，所属领域技术人员无法获知实验结果由何种样品获得，而说明书所述通式（Ⅰa）或式（Ⅰb）包含了大量的化合物，即使针对具体实施例也包含了一千多种化合物，所属领域的技术人员无法确认请求保护的哪个或者哪些化合物的药效值在上述范围内。

基于以上说明书记载的内容可知，所属技术领域的技术人员无法据此确信本申请请求保护的化合物具有申请人声称的用途和/或效果。而身处典型的实验科学领域的所属技术领域的技术人员应知，由于上述本申请要解决的技术问题无法依据公知原理、定律和结构就可以推断得出，且本申请也从未提及存在现有技术证据致使所属技术领域的技术人员能够推知其在申请日时能够成功通过该权利要求的技术方案得以解决，因此，本申请属于《专利审查指南 2010》规定的上述第五种情形，故该技术方案因缺乏技术手段而被认为“无法实现”。也就是说，由于式（Ⅰa）或式（Ⅰb）的杂环化合物的所述“CEPT 抑制”功能是所属技术领域的技术人员无法根据现有技术预知的，因此，在没有实验数据能够证实该化合物具有所述用途、药理作用的前提下，应认为本申请说明书没有对请求保护的内容作出清楚完整的说明，致使所属技术领域的技术人员不能够实现本申请，不符合《专利法》第二十六条第三款的规定。

结论：维持国家知识产权局于 2011 年 7 月 20 日对该申请作出的驳回决定。

2. 解析

与案例十一类似，该涉案专利的实验数据由于公开得不清楚完整，导致本领域技术人员无法确信请求保护的化合物具有申请人声称的用途和/或效果。该涉案专利的原始申请文件的制备例化合物多达上千种，却略去了全部进行实验的化合物名称及其结构，而代之以使用“本发明化合物”代表这些化合物，由此所带来的问题是，所属领域的技术人员不能得知所代表的具体实验物质，从而无法获知实验结果由何种样品获得，更不能知道实验证据中出现的活性数据具体对应具体何种化学结构，也就无法判断出效果与化学结构之间的具体关系。

因而，当化合物发明以通式形式来表征其请求保护的一类化合物时，为满足《专利法》第二十六条第三款规定的要求，在既不能依据公知原理、定律和其化学结构推知，也没有其他证据足以证实其效果的前提下，说明书中应当公开该通式定义中的具体化合物及其实施例和/或效果例，具体包括：（1）具体化合物确认的有关内容，至少应包括具体化合物的化学名称、结构式和/或分子式及物理化学参数；（2）具体化合物的制备实施例，其中应具体说明原料、工艺步骤和条件等使所属领域的技术人员能够实施；（3）与化合物的用途和/或使用效果有关的证据，用以证明申请人主张的技术问题得以解决。

清楚和支持篇

绿色文明丛书

《专利法》第二十六条第四款规定，权利要求书应当以说明书为依据，清楚、简要地限定要求专利保护的范围。权利要求书应当以说明书为依据，是指权利要求应当得到说明书的支持。权利要求书中的每一项权利要求所要求保护的技术方案应当是所属领域的技术人员能够从说明书充分公开的内容中得到或概括得出的技术方案，并且不得超出说明书公开的范围。说明书是对发明或者实用新型内容的详细介绍，权利要求是在说明书记载内容的基础上，用构成发明或者实用新型技术方案的技术特征来限定专利申请或者专利权的保护范围。因此，权利要求的内容与说明书的内容不能相互脱节，两者之间应当有一种密切的关联。专利法将这种关系表述为“权利要求书应当以说明书为依据”。

权利要求的清楚包含两个层次，一是权利要求的类型应当清楚；二是权利要求所要求保护的范围应当清楚。权利要求的类型清楚，首先，要求权利要求的主题名称应当清晰地表明该权利要求的类型是产品权利要求还是方法权利要求；其次，还要求权利要求的主题名称与权利要求的技术内容相适应，即对于产品权利要求应尽量用产品本身的结构等特征进行限定，对于方法权利要求应尽量用工艺过程、操作条件、步骤、流程、所用原料等与方法密切相关的特征进行限定。但采用方法特征限定产品权利要求或采用结构特征限定方法权利要求并不一定导致权利要求的保护主题与限定特征不相适应，进而导致权利要求的类型不清楚。判断权利要求的保护范围是否清楚，应当站位所属领域的技术人员，不仅需要关注特征本身，还需要考虑特征之间的关系，将权利要求作为一个整体考察其请求保护的范围是否清楚。

判断权利要求能够得到说明书的支持，是将权利要求请求保护的技术方案与说明书公开的技术内容进行比较，判断权利要求的概括是否超出说明书公开的范围。在判断权利要求能够得到说明书支持时，需要考虑申请文件记载的信息、发明的改进之处、现有技术的整体状况、所属领域技术人员的知识和能力、对技术效果的可预测性等多种因素。说明书公开的范围是所属领域技术人员给予说明书记载的技术内容及其所提供的教导，结合所属领域的整体技术水平能够合理概括得到的解决发明技术问题的内容，不能解决发明技术问题的技术方案不属于发明人对社会作出的贡献，不应得到保护。权利要求技术方案与说明书存在一致性表述，并不意味着权利要求实质上必然能够得到说明书的支持。如果所属领域技术人员基于说明书公开的内容无法获得权利要求的技术方案或者无法确认权利要求的技术方案能够解决发明的技术问题，则即使权利要求技术方案与说明书表述完全一致，权利要求请求保护的技术方案也得不到说明书的支持；相反，如果所述领域技术人员依据说明书公开的内容能够获得实现权利要求的技术方案并解决相应技术问题的完整教导，则即使权利要求的技术方案与说明书的文字记载不完全一致，权利要求也能得到说明书的支持。

在《专利审查指南 2010》第二部分第二章第 3.2.1 节，规定了对于含有功能性限定的权利要求，应当审查该功能性限定是否得到说明书的支持。如果权利要求中限定的功能是以说明书实施例中记载的特定方式完成的，并且所属领域技术人员不能明了此功能还可以采用说明书中未提到的其他替代方式来完成，或者所属领域技术人员有理由怀疑该功能性限定所包含的一种或几种方式不能解决发明专利或者实用新型专利所要解决的问题，并达到相同的技术效果，则权利要求中不得采用覆盖了上述其他替代方式或者不能解决发明技术问题的方式的功能性限定。同时，《专利审查指南 2010》规定“对于权利要求中所包含的功能性限定的技术特征，应当理解为覆盖了所有能够实现所述功能的实施方式”，因而，含有功能性限定的权利要求可能导致所记载的功能性限定内涵和/或外延的不清楚。在医药领域，常涉及“以机理表征的制药用途权利要求”相关的申请，机理性表达的内涵清楚是指其包含的对象应具有这种特定的机理属性，而其外延是指具有这种特征的具体对象的集合体。只有当内涵和外延均满足使公众能够足以确定其专利保护程度的要求，权利要求才是清楚的。例如，对于机理限定的化合物而言，其内涵是清楚的，因为其包含的对象均具有这种特定的机理属性。但其外延的边界则是模糊的，这是由于化学是一门实验类的科学，而机理性表述大多表达的是对象的内在属性。当面对某一具体的化合物，我们很难直接判断其是否具有该属性，也就难以得知其是否包含在机理性表述所涵盖的范围内，这会造成权利要求保护范围的不确定并为药物研发带来侵权的可能性。

在专利无效决定的法律依据中，涉及权利要求未以说明书为依据而不符合《专利法》第二十六条第四款规定的占有一定比例。下文将结合复审和无效的典型案例对药物领域专利申请中权利要求应当清楚和支持进行说明，以期为申请人在药物相关专利的开发布局中，对专利申请应当如何撰写权利要求提供参考和借鉴。

案例十二

“β-阻断剂在制备用于治疗血管瘤药物中的用途”无效宣告案

——疾病种类的详细限定

案情介绍

一、案件基本信息

涉案专利申请号：ZL 200880111892.5

案件类型：发明专利无效宣告案

发明名称：β-阻断剂在制备用于治疗血管瘤药物中的用途

专利权人：波尔多大学

无效请求人：亚宝药业集团股份有限公司

无效决定编号：46004

二、案件技术方案情况

涉案专利涉及β-阻断剂用于治疗血管瘤的新的用途。2008年，发明人在治疗患儿的其他疾病时意外发现萘心安可用于治疗婴幼儿血管瘤，该新用途的发现被业界公认为开启了婴幼儿血管瘤治疗的全新篇章。婴儿毛细血管瘤（IH）是最常见的婴儿软组织肿瘤，并发生于4%~10%的1岁以下儿童，但对其生长和退化的调节物的了解仍然很少，在涉案专利申请日之前尚缺乏有效的治疗方法，主要通过外科手术、激素进行治疗，效果欠佳。涉案专利对三名患有IH的婴儿使用β-阻断剂萘心安，发现其可有效地控制IH的生长甚至治疗 IH，并对其治疗机制进行了探究，可能机制为萘心安通过抑制肾上腺素受体和 HIF1-α 达到治疗效果。

经过实质审查，涉案专利于 2013 年 1 月 16 日被授予专利权，本专利授权公告时的主要权利要求包括：

1. 一种β-阻断剂在制备用于治疗血管瘤药物中的用途，所述β-阻断剂为萘心安或其药物盐。

专利权人根据授权公告的权利要求 3，将权利要求 1 的制药用途中的血管瘤进一步限定为“毛细血管婴儿血管瘤”，修改后的权利要求 1 如下：

1. 一种β-阻断剂在制备用于治疗毛细血管婴儿血管瘤药物中的用途，所述β-阻断剂为萘心安或其药物盐。

三、主要无效理由和证据

无效请求人请求宣告涉案专利权利要求 1~11 全部无效，在无效审查过程中，无效请求人先后提交了 2 组证据（证据 1~23），无效的理由为：说明书未充分公开权利要求 1~11 的技术方案；权利要求 1~11 得不到说明书的支持；权利要求 1~11 不清楚或不简要，不符合《专利法实施细则》第二十条第一款的规定；权利要求 1~11 不具备新颖性；权利要求 1~11 不具备创造性。

（1）关于说明书未充分公开权利要求 1~11 的技术方案，请求人认为：①涉案专利所要解决的问题至少是提供能够治疗婴儿毛细管血管瘤的更有效和更低毒性的化合物，说明书中并没有提供任何毒性相关实验，无法预测其毒性或者副作用，导致说明书公开不充分。②对于治疗效果，说明书第 101 段提及的所述病例仅仅提供了笼统的描述；说明书仅提供三个治疗病例，并不具有统计学上的意义；实施例 1~2 并未单独使用萘心安，实施例 3 虽单独使用萘心安，但仅根据一个单独病例并不能确定治疗效果；根据说明书描述，无法确定实施例中所提供的治疗效果是由萘心安或其药物盐引起的；进一步，证据 18 公开了血管瘤的治疗效果差异较大，莓状毛细血管瘤（strawberry mark；capilliary hemangioma）会自行消退，因而，难以预测单独使用萘心安的治疗效果。因此，涉案专利说明书记载的数据不足以证明萘心安或其药物盐能够治疗婴儿毛细管血管瘤，公开不充分，不符合《专利法》第二十六条第三款的规定。

（2）关于权利要求1～11得不到说明书的支持，请求人认为：①基于说明书公开不充分的理由，权利要求1～11也得不到说明书的支持；②实施例1～3仅涉及少量婴儿毛细血管瘤病例，且有治疗效果上的差异，无法预期该药物能治疗所有类型的婴儿毛细血管瘤。

（3）关于权利要求1～11不清楚或不简要，结合证据9、证据10、证据11，主要原因为：权利要求1中采用术语“毛细血管婴儿血管瘤”在本领域中并无公知含义，而说明书中并未对“毛细血管婴儿血管瘤”进行定义或解释，因此导致权利要求1不清楚。

（4）关于权利要求1～11不具备新颖性，请求人认为与证据7、证据8或证据15单独对比都不具备新颖性，其主要原因如下：①证据7公开了一种药物组合物，该药物组合物包含至少一种内皮素转化酶（ECE）抑制剂和/或中性内肽酶（NEP）抑制剂作为活性剂，以及至少一种另外的活性剂，所述另外的活性剂选自包括以下的组：降压药，例如β-肾上腺素能阻断剂等或其混合物；所述β-阻滞剂包括但不限于普萘洛尔（涉案专利的萘心安）等；所述ECE和或NEP抑制剂和抗高血压剂的组合用于预防，治疗和/或改善心血管疾病和其他相关疾病，所述疾病选自但不限于动静脉畸形、毛细血管扩张等，其中动静脉畸形和毛细管扩张等落入毛细血管瘤的范畴，因而不具备新颖性；②证据8公开了化合物（式Ⅰ化合物、式Ⅱ化合物或式Ⅲ化合物）用于治疗或预防与异常或失调的激酶活性相关的疾病或障碍；所述疾病可选自慢性粒细胞白血病（CML）、婴儿血管瘤等。以及，所述化合物与其他物质可出现协同作用，所述其他物质可以为β-肾上腺素受体阻断剂，如普萘洛尔等。可见，证据8公开了萘心安用于制备治疗婴儿血管瘤药物的用途，其优先权日早于涉案专利最早的优先权日，构成涉案专利权利要求1的抵触申请，因此不具备新颖性。

（5）关于权利要求1～11不具备创造性，请求人提供多篇证据，分别进行结合陈述理由，合议组分别考察了这些证据，由于篇幅限制，在此主要列举代表性证据10、证据11和公知常识的结合的相关意见：证据10公开了血管瘤是一种内皮细胞肿瘤，通过分析来自16个血管瘤样本冷冻切片中的凋亡和细胞增生程度，发现婴儿肿瘤的消退与增加的凋亡有关，人类血管瘤的自然消退与增加的凋亡同时发生。因此，在内皮细胞中引起凋亡的抗血管生成剂可以减弱有威胁的血管瘤的增生期并加快其退化过程。涉案专利权利要求1与证据10的区别在于：证据10没有公开萘心安用于制备治疗毛细血管婴儿血管瘤的药物这一技术方案，仅由血管瘤标本中观察到凋亡增加与自然消退同时发生，而从理论上推测抗血管生成剂可能减弱血管瘤增生加快退化，基于该区别技术特征确定涉案专利实际所解决的技术问题是提供符合最接近现有技术机理的治疗毛细血管婴儿血管瘤的药物。

但是，证据11公开了广谱β拮抗剂和β2特异性拮抗剂都会促进培养的毛细血管内皮细胞凋亡；广谱阻断剂萘心安，比β2特异性阻断剂Ⅱ118551对于损伤这些细胞更有效。因此，证据11给出了萘心安能够促进毛细血管内皮细胞凋亡，并且优于其他β阻断剂的启示，根据证据10、证据11及公知常识证据可知，萘心安能够促进毛细血管内皮细胞凋亡，从而能够用于减弱毛细血管瘤的增生并加快其退化，从而治疗毛细血管婴儿血管瘤。因此，权利要求1不具备创造性。

四、主要审查结论

对于无效请求人的主张，合议组认为：

（1）关于涉案专利权利要求1中“毛细血管婴儿血管瘤”的定义及保护范围的界定，由于本领域存在术语不清、分类模糊的问题，因此，“毛细血管婴儿血管瘤”的定义及保护范围的界定成为该案的焦点。请求人提交的关于“血管瘤”和“毛细血管瘤”分类的证据18~21表明，本领域的通识为毛细血管瘤大体包括草莓状毛细血管瘤和葡萄酒色斑。涉案专利说明书中记载了“儿童血管瘤中婴儿毛细血管瘤（Infantile Capillary Hemangiomas，IH）由复杂细胞类型的混合物组成，在其生长期，组织学研究显示内皮细胞和间质细胞均处于增殖状态”。反证16记载了“婴儿血管瘤（infantile hemangiomas）又称草莓状血管瘤，是儿童期最常见的良性肿瘤”。专利权人在口头审理时也确认婴儿毛细血管瘤又称为草莓状血管瘤。进一步，结合申请日之后的证据反证 18 和反证 19，确认在婴儿毛细血管瘤即草莓状血管瘤这一点上，在申请日前已存在清晰的共识。涉案专利说明书记载 IH 具有增殖特性，病例既往治疗中曾适用糖皮质激素等，与反证 16、反证 19 协调一致，故合议组确认毛细血管婴儿血管瘤即草莓状血管瘤，该术语含义及保护范围清楚，请求人争议的理由不能成立。

（2）关于说明书未充分公开权利要求 1~11 的技术方案，①涉案专利属于已知药物的新用途发明，而已知药物已经过长期临床应用，药理、毒理学研究较为透彻，安全性相对较高。现有技术也表明萘心安是用于幼儿心脏适应证的传统药物，是良好耐受的非选择性 β-阻断剂，其安全性、毒副作用在长期临床应用中已经得到充分研究和验证。本领域技术人员在申请日前能够确定萘心安的安全性和毒副作用，因此，即使说明书中未提供实验数据进行验证，也不会导致说明书公开不充分。②涉案专利说明书中提供了实施例 1-3，实施例 1 记载了患有 IH 的男婴，采用激素治疗过程中发现心脏问题，因而降低激素用量，引入 3mg/(kg · 天) 萘心安治疗心脏问题，意外地发现对 IH 迅速产生疗效，14 周时 IH 完全扁平；实施例 2 记载了针对患有 IH 的男婴，采用激素治疗，IH 持续扩大，因而 2 月龄时降低激素用量，引入 2mg/(kg · 天) 萘心安，发现对 IH 迅速产生疗效；实施例 3 记载了患有 IH 的女婴，直接引入 2mg/(kg · 天) 萘心安，对 IH 迅速产生疗效，随后是渐进性的改善，7 月龄 IH 消退，8 个月时停药无反弹。以上实施例反映出发明人从意外发现到重复验证再到扩大适用的实践历程，论证严谨，结论可靠。虽然实施例 1-2 在采用萘心安治疗的同时还给予了激素，但根据说明书的记载能够确认萘心安的引入产生了显著疗效，不会将其视为激素的疗效。因此，基于说明书的上述记载，本领域技术人员已经能够明确萘心安能够用于治疗 IH 及其使用方法。进一步地，证据 18 显示，莓状毛细血管瘤（Strawberry Mark Capilliary Hemangioma）一般在 2~3 岁消退，5~6 岁消失，同时结合其他证据可知，IH 即使能够自愈（自行消退），通常也不会发生在实施例所针对的低月龄的患儿。因而，涉案专利中记载的症状好转并非自愈或激素治疗的效果，而是由于萘心安的引入带来的。因此，说明书中所记载的实验数据足以令本领域技术人员确信萘心安治疗 IH 的疗效。

同样，权利要求 1~11 能够得到说明书的支持。

（3）关于权利要求 1~11 不具备新颖性。①动静脉畸形、毛细血管扩张等属于脉管畸形的症状或机制范畴，和 IH 属于完全不同的发病机制和疾病，治疗手段也完全不同，因此证据 7 并未公开药物在制备治疗 IH 的药物中的应用。②证据 8 中具有 IH 治疗功效的是式Ⅰ、式Ⅱ、式Ⅲ化合物。虽然，证据 8 也公开了其可以和其他药物联用，但此处加入联用活性剂的目的并非针对性地治疗包括 IH 在内的疾病，证据 8 中明确载明加入额外的联用活性剂的目的或是在特定情况下减少副作用，或在一定情况下起到同时治疗两种症状或疾病作用，在一定情况下实现协同的治疗功效。因此，本领域技术人员仅能获得证据 8 中萘心安的引入是为了实现其已知的治疗心绞痛、防治心肌梗死、治疗梗阻性肥厚型心肌病、降压等功效。并且，证据 8 公开了一系列激酶及各种相差甚远的疾病，也提及了一系列可以引入的联用活性成分，除非存在明确的关联，否则本领域技术人员不会认为其中公开的任意联用活性成分可适用于所提及的任意疾病的治疗。因此，证据 8 并未公开萘心安在制备治疗 IH 的药物中的应用。

（4）关于权利要求 1~11 不具备创造性。①证据 10 仅是通过观察血管瘤样本切片中的细胞凋亡和细胞增生，发现婴儿血管瘤的消退似乎涉及细胞凋亡的增加，由此提出对于婴儿血管瘤生长和退化的调控的机制，推测内皮细胞中引起凋亡的抗血管生成剂可以减弱婴儿血管瘤的增生期并加快其退化过程。然而证据 10 这一推论是否成立尚缺少实证分析，没有公开何种抗血管生成剂对婴儿血管瘤有效。②证据 11 公开了单独的毛细血管内皮细胞 β 阻断诱导这些细胞凋亡，但是同时阻滞血管内皮细胞及成纤维细胞时，则可保护内皮细胞免于凋亡，由此不难推及，在更为复杂的体内环境下，例如，证据 10 所述的在含有内皮细胞、外膜细胞、肥大细胞、成纤维细胞和巨噬细胞的婴儿血管瘤中，即使个别引起细胞凋亡的抗血管生成剂有助于减弱增生的内皮细胞凋亡，也无法确定其整体作用。更重要的是，证据 11 研究的主题是肺损伤，β 阻滞剂普萘洛尔是作为引起肺损伤的有害剂研究的，即使普萘洛尔诱导细胞凋亡，该文章也承认凋亡途径是复杂的，是对真实情况的过简化，启动β激动剂和拮抗剂均可以抑制或诱导凋亡，取决于受影响的细胞所处环境中的其他因素。因而，证据10和证据11研究的领域不同，在证据10的基础上，其要解决的技术问题是研究治疗婴儿血管瘤的药物，而证据11的研究主题是肺损伤，两者的研究领域存在差异，很难给出启示，此外，在复杂的环境中，萘心安是抑制还是诱导凋亡的结果是不确定的，在证据10仅给出初步猜想的基础上，其是否能够治疗婴儿血管瘤的效果是不能预期的，本领域技术人员没有动机将萘心安用于治疗婴儿血管瘤。

结论：在专利权人于2020年7月24日提交的权利要求第1~11项的基础上维持ZL 200880111892.5发明专利权有效。

案件看点

涉案专利属于医药用途发明专利，是已知药品的第二医药用途，是一类重要且特殊的发明专利。我国目前医药行业自主创新的原创性研究非常少，以生产仿制药为主。我国医药行业申请的专利保护的研究成果通常是已知药品的改进产品，包括改进剂型、制备方法和第二药用。同时，与研发全新的药品和开发新的适应证相比，开发新的治疗方法和给药方案投入少、见效快，比较容易形成我国医药行业的后发优势。但由于体内生理环境的复杂性、致病机理的多样性和不确定性等因素，是否能从已知药理学和病理学等机理推理得到新的适应证和基于说明书中有限的记载合理上位概括适应证的范围是第二医药用途相关案件中常见的争议焦点。

该案综合考虑专利说明书的记载和现有技术公开的内容，从相关证据中梳理技术发展脉络，从而确定提出申请时特定技术术语在该技术领域中的含义，并据此廓清权利要求的保护范围，为类似案件的处理提供参考借鉴。该案还阐释了对于“老药新用”类发明，在创造性评判时需要全面考虑疾病与机理之间错综复杂的关系等因素，避免出现沿着已知药理学、病理学的蛛丝马迹而反推本专利技术方案的“事后之明”。

医药用途发明专利自产生以来便存在诸多分歧和争论，它涉及医药用途的本质、新颖性技术特征、现有技术公开程度及保护范围理解等多个方面，如何站位本领域技术人员，界定权利要求的保护范围，判断新用途是否公开充分，是否被原已知用途的作用机理、药理作用所直接揭示是该类专利审查和保护的核心内容。

1. 权利要求保护范围的界定

医药领域中某些疾病（适应证）的术语混乱、分类模糊，或者用机理表征适应证，然而，由于机体内部的联系错综复杂，一种疾病或者生理效果往往伴随着多项生理指征的改变，容易造成权利要求的保护范围不清楚、后续侵权时难以判定的局面。涉案专利中关于“毛细血管婴儿血管瘤”的定义及保护范围的界定就成了争论的焦点。合议组综合考虑了说明书的记载、现有技术和申请日后的记载，分析梳理技术发展脉络，从而确定在申请日时该术语在本领域中的含义。

2. 能否解决技术问题

合议组认为对于已知药物新用途的发明，往往该药物已经在临床上长期应用，其药理、毒理学已得到充分的研究，本领域技术人员根据现有技术能够确认该药物的安全性时，即使说明书中没有提供相关数据对此予以验证，不会导致说明书公开不充分。说明书中记载的数据足以证实已知药品具有治疗新疾病（适应证）时，说明书公开充分。而说明书中实施例数目多寡不是评价说明书是否公开充分的合理理由。专利法及其实施细则关于说明书中实施例的数目并无明文规定，其一般的原则是，应当能满足理解发明如何实施，判断在权利要求所限定的范围内都可以实施并取得所述效果的要求。

3. 能否直接揭示已知药物的新用途

对于已知药物的新用途，即老药新用的情况，要避免“事后之明”，根据已知的机理重构一条符合线性逻辑关系的路径反推得到该技术方案。因为医药领域的特殊性，机理和疾病之间往往存在错综复杂的关系，具有不确定性，难以预期。涉案专利中毛细血管婴儿血管瘤属于血管瘤的一种，但是与其他相近疾病，例如，葡萄酒色斑、海绵状血管瘤等从临床表现到致病机理和治疗手段都是存在巨大差异的，现有技术中对其致病机制也仅提供了多种猜想，并没有给出明确的启示使本领域技术人员有动机使用萘心安用于治疗婴儿血管瘤，并预期其治疗效果。并且，涉案专利发明人基于偶然发现而提出治疗方案在世界范围内具有极大反响，萘心安成为复杂婴儿血管瘤的首选疗法，与现有技术相比，具备显著的进步。

案例十三

“滴眼液”无效宣告案

——以功能限定组合物中的成分

案情介绍

一、案件基本信息

涉案专利申请号：ZL 01815617.7

案件类型：发明专利无效宣告案

发明名称：滴眼液

专利权人：参天制药株式会社，旭硝子株式会社

无效请求人：江苏恒瑞医药股份有限公司

无效决定编号：31135

二、案件技术方案情况

涉案专利与专利权人开发并上市的商品名为“泰普罗斯”的滴眼液产品密切相关，“泰普罗斯”目前已在60余个国家和地区上市，2015年年底登陆中国市场，为参天制药眼科用药中治疗青光眼的主要产品，具有广阔的市场前景。涉案专利保护的是一种抑制滴眼液中活性成分他氟前列腺素含有率降低的方法，其中抑制活性成分含量降低的效果是通过加入非离子表面活性剂聚山梨醇酯-80抑制活性成分在容器上吸附和乙二胺四乙酸或其盐抑制活性成分分解实现。说明书实施例共记载了四个稳定性试验和一个溶解实验：稳定性试验1表明加入非离子表面活性剂聚山梨醇酯-80或HC060的制剂1或制剂

2 中他氟前列腺素的存余率高于没有加入非离子性表面活性剂的对照 1 中的存余率；稳定性试验 2 表明加入 EDTA 盐的制剂 3 较未加入 EDTA 盐的对照 2 在玻璃容器中的存余率更高；稳定性试验 3 中表明联合使用两种抗氧化剂 EDTA 和二丁基甲酚的他氟前列腺素制剂 4 较未加入抗氧化剂的对照 3 在玻璃容器中的存余率更高；稳定性试验 4 中验证他氟前列腺素 0.005%、聚山梨醇酯-80 0.05% 和 EDTA 盐 0.05% 的滴眼液中，化合物存余率较高，为 95.6%；溶解性实验旨在对非离子表面活性剂聚山梨醇酯-80 的浓度范围进行确定，结论是化合物溶解度随聚山梨醇酯-80 量的增加而提高。

经过实质审查，涉案专利于 2006 年 3 月 1 日被授予专利权，本专利授权公告时的主要权利要求包括：

1. 一种抑制滴眼液中 16-苯氧基-15-脱氧-15,15-二氟-17,18,19,20-四去甲前列腺素 F2α 异丙酯含有率降低的方法，在含有 16-苯氧基-15-脱氧-15,15-二氟-17,18,19,20-四去甲前列腺素 F2α 异丙酯作为活性成分的滴眼液中，通过加入非离子性表面活性剂抑制了 16-苯氧基-15-脱氧-15,15-二氟-17,18,19,20-四去甲前列腺素 F2α 异丙酯在树脂类容器上的吸附，且通过配合抗氧化剂，抑制了 16-苯氧基-15-脱氧-15,15-二氟-17,18,19,20-四去甲前列腺素 F2α 异丙酯的分解，从而抑制该滴眼液中 16-苯氧基-15-脱氧-15,15-二氟-17,18,19,20-四去甲前列腺素 F2α 异丙酯含有率的下降。

专利权人对权利要求进行了修改，新的权利要求 1 如下：

1. 一种抑制滴眼液中 16-苯氧基-15-脱氧-15,15-二氟-17,18,19,20-四去甲前列腺素 F2α 异丙酯含有率降低的方法，在含有 16-苯氧基-15-脱氧-15,15-二氟-17,18,19,20-四去甲前列腺素 F2α 异丙酯作为活性成分的滴眼液中，通过加入非离子性表面活性剂抑制了 16-苯氧基-15-脱氧-15,15-二氟-17,18,19,20-四去甲前列腺素 F2α 异丙酯在树脂类容器上的吸附，且通过配合抗氧化剂，抑制了 16-苯氧基-15-脱氧-15,15-二氟-17,18,19,20-四去甲前列腺素 F2α 异丙酯的分解，从而抑制该滴眼液中 16-苯氧基-15-脱氧-15,15-二氟-17,18,19,20-四去甲前列腺素 F2α

异丙酯含有率的下降，其中，16-苯氧基-15-脱氧-15,15-二氟-17,18,19,20-四去甲前列腺素F2α异丙酯的浓度为0.00005%~0.05%，非离子性表面活性剂是浓度为16-苯氧基-15-脱氧-15,15-二氟-17,18,19,20-四去甲前列腺素F2α异丙酯浓度的至少5倍的聚山梨醇酯-80，抗氧化剂是浓度为0.01%~0.1%的乙二胺四乙酸或乙二胺四乙酸盐，树脂类容器是聚丙烯。

三、主要无效理由和证据

无效请求人提起无效请求的主要理由为全部权利要求不具备创造性。

在无效审查过程中，无效请求人提交了证据1~4。其中最接近的现有技术为证据1：其公开了一种眼用溶液，100mL眼用溶液中化合物D（16-苯氧基-15-去氧-15,15-二氟-17,18,19,20-四去甲前列腺素F2α异丙酯，简称为他氟前列腺素）为10mg（质量分数为0.01%）、浓甘油为2500mg、吐温-80（聚山梨醇酯-80）为2000mg、磷酸二氢钠二水合物为200mg、灭菌纯水适量、1N盐酸或1N氢氧化钠适量、pH为6.0。

涉案专利的说明书仅记载了他氟前列腺素滴眼液中加入非离子表面活性剂和/或抗氧剂后的稳定性实验，即将产品存储一段时间后，测定容器中化合物的存余率，即抑制含有率降低体现为存储稳定性提高。“非离子表面活性剂聚山梨醇酯-80抑制活性成分在容器上吸附”和“乙二胺四乙酸或其盐抑制活性成分分解”并未得到直接验证，仅是对产生上述效果的原因的阐释。因此，证据1公开了他氟前列腺素滴眼液中含有非离子表面活性剂聚山梨醇酯-80，基于所加入物质本身的特性，其同样会产生涉案专利权利要求所述滴眼液中聚山梨醇酯-80的效果，即不论证据1是否测定了活性成分的存余率，或者揭示其原因或机理与否，在客观上都已经公开了这种抑制他氟前列腺素含有率降低的技术手段，并带来相应的技术效果。因此，权利要求1与证据1相比，区别在于：①权利要求1中加入了抗氧化剂乙二胺四乙酸或乙二胺四乙酸盐，而证据1的滴眼液中没有加入抗氧化剂；②权利要求1的树脂类容器为聚丙烯，而证据1未公开容器。基于上述区别技术特征所能实现的效果确定该专利实际解决的技术问题是提供一种适宜存储的他氟前列腺素滴眼液的配制方法。

而证据1还公开了他氟前列腺素衍生物滴眼液配制的通用方法，其中包括，加入乙二胺四乙酸钠等稳定剂。证据2公开了用聚丙烯容器包装的含水性前列腺素组合物的局部眼用药品，且用聚丙烯包装的水性前列腺素组合物较用聚乙烯包装的水性前列腺组合物更稳定，并公开可用于该发明的前列腺素包括所有药用前列腺素，它们的衍生物及类似物，以及它们的药用酯和盐。同时，证据2明确记载了前列腺素具有水溶性低、通常不稳定的特性，为了适应眼部局部给药制剂中前列腺素的稳定及在组合物中的分散，水性组合物中还包含表面活性剂，表面活性剂还能抑制或阻止容器壁对前列腺素的吸附，此外，水性组合物还任选包含其他配方成分，如多剂量眼部局部给药配方中抗菌防腐剂可以是乙二胺四乙酸二钠，含量为0.001%~1.000%，也包括等渗调节剂、缓冲剂等。以上内容一方面印证本领域技术人员既能意识到前列腺素制备滴眼液时存在稳定性问题，也知晓解决该问题的思路和手段，如采取表面活性剂、抗菌防腐剂等；另一方面也说明，证据1与证据2尽管具体组方有所不同，但是滴眼液的主要成分、种类大致是相同的，由此，为了获得适宜存储需要的滴眼液产品，本领域技术人员根据证据1和证据2的教导，有动机在证据1公开的滴眼液中再添加乙二胺四乙酸等，浓度宜选择其在滴眼液中的常规使用浓度，进一步将其灌装于聚丙烯容器中。

四、主要审查结论

双方争议的焦点是涉案专利权利要求中对聚山梨醇酯-80和乙二胺四乙酸或其盐这两种物质的用途限定，能否为权利要求带来创造性。合议组支持了无效请求人的意见，认为：涉案专利为了提供一种适宜存储的他氟前列腺素滴眼液的配制方法，将聚山梨醇酯-80和乙二胺四乙酸或其盐组合用于制备滴眼液，以抑制活性成分含有率降低，改善产品的稳定性。而证据1中同样是将聚山梨醇酯-80和乙二胺四乙酸等用于他氟前列腺素滴眼液的制备，以改善产品的稳定性，就二者的性能而言并无差别，其不属于利用产品的新性能而作出的用途发明。进一步地，权利要求1的主题是抑制滴眼液中他氟前列腺素含有率降低的方法，该方法的本质是抑制储存过程中有效成分含量的降低，从而获得一种较为稳定的产品，而抑制活性成分被容器吸附、抑制活性成分分解是对各组分如何实现预期效果的机理阐释。证据 1 具体处方中含有聚山梨醇酯-80，也教导可以包含本领域常用的乙二胺四乙酸实现进一步的稳定，聚山梨醇酯-80 和乙二胺四乙酸在证据 1 滴眼液中所实现的效果与其在该专利滴眼液中所实现的效果是一样的，权利要求 1 并不会因为“含有率降低”这样效果的描述，以及“抑制……被容器吸附”“抑制……分解”这样对效果实现方式的阐述而具备创造性。

结论：宣告 ZL 01815617.7 发明专利权全部无效。

案件看点

涉案专利对在医药领域中如何解读方法权利要求的功能、用途特征方面颇具典型性。涉案专利被宣告全部无效后，历经两次行政诉讼，最终，北京市高级人民法院维持了原专利复审委员会的无效宣告审查决定。决定通过对案情本身的抽丝剥茧，诠释了方法权利要求中如何考量效果、功能特征的限定作用及其与权利要求主题之间的关系，对统一此类案件的审理标准具有指导意义。同时，启发创新主体对权利要求保护范围界定的思考和对专利申请文件撰写的重视。

如何解读方法权利要求中的用途特征是医药领域案件中典型疑难问题。涉案案件的权利要求请求保护“一种抑制滴眼液中他氟前列腺素含有率降低的方法”，并在特征部分限定了在滴眼液中加入聚山梨醇酯-80 能够“抑制活性成分他氟前列腺素在树脂容器上吸附”，加入乙二胺四乙酸或其盐能够“抑制活性成分他氟前列腺素的分解”。其中，抑制滴眼液中他氟前列腺素含有率降低、抑制其在容器上吸附、抑制其分解均属于对功能、用途进行描述的功能、用途特征。在无效审查及司法审判阶段，案件的争议焦点始终围绕在表示功能、用途的技术特征对权利要求保护范围是否具有限定作用，其能否为权利要求带来创造性的问题上。一般而言，在确定权利要求的保护范围时，该特征的限定作用应最终体现在权利要求所要求保护的主题上，即基于主题是产品还是方法，而区别判断。

1. 产品权利要求中的功能、用途限定

如果专利权利要求的主题为产品权利要求，在判断专利权利要求的保护范围时需要考虑功能、用途的特征对产品的结构和/或组成有何实质性影响，从而进一步考量其是否会为权利要求带来新颖性和创造性。例如，在《专利审查指南2010》第二部分第三章关于新颖性判断中指出，如果用途隐含了产品具有特定的结构和/或组成，则该用途作为产品的结构和/或组成的限定特征必须予以考虑，例如，在医药化学领域，如果是一种用于注射的药物组合物和一种用于口服的药物组合物，其中“用于注射”和“用于口服”这样的不同用途限定同样可以隐含二者药物组合物组成的不同，从而对产品加以区分。但如果是基于发现同一化合物的新性质或效果而进行功能、用途特征限定的化合物权利要求，这样的限定通常并不会使化合物的结构发生变化，从而不能使化合物这一产品本身具备新颖性、创造性。

2. 方法权利要求中的功能、用途限定

首先，功能、用途特征限定的方法权利要求并不一定为用途权利要求。

如果权利要求的主题为方法权利要求，并在其中出现功能、用途特征，在确定权利要求的保护范围时，仍需要判断其中功能、用途特征是否对方法产生了实质性影响，具体产生了何种实质性影响，但由于方法权利要求本身存在多种类型，基于方法权利要求的类型不同，这些特征对最终权利要求主题的限定作用也不相同。但须明确的是，功能、用途特征限定的方法权利要求并非直接对应用途权利要求。

通常方法专利所涉方法大致可分为三种类型，第一种是制造加工方法，它作用于一定的物品上，其目的在于使之在结构、形状或者物理化学特性上产生变化。第二种是作业方法，这种方法不以改变所涉及物品本身的结构、特性或功能为目的，而是寻求产生某种技术上的效果，如测量、检验、分析等。第三种是使用方法，即用途发明，它是对某种已知物品的一种新的应用方式，其目的是产生某种技术效果或者社会效果，而不是改变被使用的产品本身。而《专利审查指南2010》规定：“用途发明是一种方法发明，其权利要求属于方法类型。”由此不难看出，用途权利要求仅为众多方法权利要求中的一种，仅仅将权利要求的主题限定为“方法”，即使在权利要求中出现功能、用途的特征，该权利要求也并不直接等同于用途权利要求。

涉案专利权利要求的前序部分为“一种抑制滴眼液中他氟前列腺素含有率降低的方法”，并在特征部分限定了在滴眼液中加入聚山梨醇酯-80能够“抑制吸附”，加入乙二胺四乙酸或其盐能够“抑制分解”。而最接近的现有技术分别在两部分内容中公开在他氟前列腺素眼用溶液中可以加入聚山梨醇酯-80，并根据制剂需要加入稳定剂乙二胺四乙酸钠（乙二胺四乙酸盐的一种），但并未公开这两种物质具有“抑制吸附”和“抑制分解”的作用。专利权人始终强调，本专利的实质改进在于发现了这两种物质在特定前列腺素滴眼液制造中的新用途，而一审法院也认为该专利属于“方法权利要求中基于新性质而提出的新手段、新用途”，但该专利所述方法权利要求是否确实属于用途权利要求？

涉案专利权利要求的前序部分并未出现“用于……”或类似用途权利要求的常见表达方式，同时该专利说明书记载“因为一些前列腺素衍生物溶于水时易于分解，所以将这些前列腺素衍生物配制在滴眼液中还需要解决稳定性的问题。因为药物在滴眼器上的吸附和药物在滴眼液中的分解导致滴眼液中药物浓度的降低，所以解决这些问题是制备滴眼液的一个重要课题”，纵观说明书记载内容，该专利始终致力于解决制备滴眼液过程中遇到的产品稳定性问题，其所采用的技术手段是在制备滴眼液过程中加入吐温-80和乙二胺四乙酸或其盐，从而得到一种稳定的他氟前列腺素滴眼液产品。因此从该专利的发明目的、所要解决的技术问题及技术手段判断，权利要求所述方法是作用于一定物品（滴眼液）上，目的在于使其物理化学特性（稳定性）产生变化，属于方法权利要求中“制造加工方法”类型，其并不属于用途发明，显然不是基于新性质而提出的新手段和新用途。

即使在用途权利要求中出现了新的功能、效果特征的限定，但这样的限定并不必然会为权利要求带来新颖性和创造性。

在医药化学领域中较为常见的，如采用效果限定的制药用途，如果其中效果的限定并未导致最终用途或者应用领域等实质不同时，则这样的限定仍难以为权利要求带来新颖性、创造性。

举例而言，如果涉案权利要求的主题修改为用途权利要求，即保护“一种用于抑制滴眼液中他氟前列腺素含有率降低的用途”，并在特征部分仍然限定吐温-80和乙二胺四乙酸或其盐分别具有“抑制吸附”“抑制分解”的作用，其创造性该如何判断？由于抑制滴眼液中活性成分含有率降低的本质是解决产品的稳定性问题，其中“抑制吸附”和“抑制分解”仅仅是为了实现产品稳定效果的机理或原因的阐释，而无论最接近的现有技术是否解释在滴眼液中加入各物质的原因或机理，客观上都已经公开了权利要求所述抑制他氟前列腺素含有率降低的技术手段，并带来了相应的技术效果。权利要求所述用途与现有技术相比，在应用领域、应用方式、应用效果或发明目的等方面非常类似，未产生任何实质性差异，因此该权利要求仍将不具备创造性。

综上所述，在进行新颖性、创造性判断时，方法权利要求中的功能、用途特征均应予以考虑，而每个特征的实际限定作用应最终体现在权利要求保护的整体技术方案上，并且应当区分该特征属于基于发现产品新的性能而作出的特定用途发明的技术特征，还是仅为已知产品或组分某种固有性质或使用效果的描述。如果方法权利要求中的功能、用途特征仅是机理的分析阐释或者技术效果的描述，则无法使发明具备创造性。

案例引申

引申案例 13-1

“利用 IL-17 拮抗剂治疗牛皮癣的方法”复审请求案

一、案件基本信息

涉案专利申请号：CN 201180048732.2

案件类型：发明专利复审请求案

发明名称：利用IL-17拮抗剂治疗牛皮癣的方法

复审请求人：诺华有限公司

复审决定编号：118708

二、案件技术方案情况

涉案专利申请涉及治疗牛皮癣的新疗法，其采用治疗有效量的IL-17拮抗剂，如IL-17抗体，AIN457抗体［也称为“苏金单抗（secukinumab）”］。牛皮癣为一种特征在于临床特征多变的慢性复发性皮肤病。在长期生物治疗牛皮癣期间已出现不同程度的不良事件，同时，长期连续生物治疗的经济负担是巨大的。涉案专利申请所述的治疗牛皮癣的新方案，其克服在连续全身性疗法及间歇生物疗法期间所遭遇的障碍。使用限定的是多剂量分叉方案（第0周、1周、2周、3周和4周每周一剂，此后每月一剂）皮下施用IL-17抗体，可以改善牛皮癣症状。

经过实质审查，涉案专利申请于2015年9月2日以不具备创造性为由被驳回，驳回决定所针对的主要权利要求包括：

1. a. 包含IL-17抗体、缓冲剂、稳定剂和增溶剂的液体药物组合物以及b. 用于向慢性斑块型牛皮癣的患者皮下施用该IL-17抗体的工具在制备用于治疗慢性斑块型牛皮癣的药物中的用途，其特征在于该IL-17抗体：

ⅰ）以五剂约150mg至约300mg的剂量向该患者皮下施用，每周递送该五剂中的一剂；及

ⅱ）此后以约150mg至约300mg的每月剂量向患者皮下施用；

其中所述IL-17抗体选自：

a）含有包含SEQ ID NO：8所示的氨基酸序列的免疫球蛋白VH域及包含SEQ ID NO：10所示的氨基酸序列的免疫球蛋白VL域的IL-17抗体；

b）含有包含SEQ ID NO：1、SEQ ID NO：2及SEQ ID NO：3所示的高变区的免疫球蛋白VH域及包含SEQ ID NO：4、SEQ ID NO：5及SEQ ID NO：6所示的高变区的免疫球蛋白VL域的IL-17抗体；

c）含有包含 SEQ ID NO：11、SEQ ID NO：12 及 SEQ ID NO：13 所示的高变区的免疫球蛋白 VH 域及包含 SEQ ID NO：4、SEQ ID NO：5 及 SEQ ID NO：6 所示的高变区的免疫球蛋白 VL 域的 IL-17 抗体；及

d）苏金单抗。

9. IL-17 抗体在制备用于治疗慢性斑块型牛皮癣的皮下施用且具有 150mg 单位剂量的 IL-17 抗体的药物中的用途，其特征在于该 IL-17 抗体：

ⅰ）以五剂约 150mg 至约 300mg 向患者皮下施用，该五剂中的每一剂每周递送；及

ⅱ）此后以约 150mg 至约 300mg 的月剂量向患者皮下施用，

其中该 IL-17 抗体包含：

a）包含 SEQ ID NO：8 所示的氨基酸序列的免疫球蛋白 VH 域及包含 SEQ ID NO：10 所示的氨基酸序列的免疫球蛋白 VL 域；

b）包含 SEQ ID NO：1、SEQ ID NO：2 及 SEQ ID NO：3 所示的高变区的免疫球蛋白 VH 域及包含 SEQ ID NO：4、SEQ ID NO：5 及 SEQ ID NO：6 所示的高变区的免疫球蛋白 VL 域；

c）包含 SEQ ID NO：11、SEQ ID NO：12 及 SEQ ID NO：13 所示的高变区的免疫球蛋白 VH 域及包含 SEQ ID NO：4、SEQ ID NO：5 及 SEQ ID NO：6 所示的高变区的免疫球蛋白 VL 域；或

d）苏金单抗。

18. 包含苏金单抗、缓冲剂、稳定剂和增溶剂的液体药物组合物以及用于向慢性斑块型牛皮癣患者皮下施用苏金单抗的工具的液体药物组合物在制备用于治疗慢性斑块型牛皮癣的药物中的用途，其特征在于，在第 0 周、1 周、2 周和 3 周通过皮下注射以约 150mg 或约 300mg 的剂量向所述患者施用苏金单抗，以及此后自第 4 周起每月通过皮下注射以约 150mg 或约 300mg 的剂量向所述患者施用苏金单抗。

19. 苏金单抗在制备用于治疗慢性斑块型牛皮癣患者的皮下施用

且具有150mg单位剂量的苏金单抗的药物中的用途，其特征在于在第0周、1周、2周和3周通过皮下注射以约150mg或约300mg的剂量向所述患者施用苏金单抗，以及此后自第4周起每月通过皮下注射以约150mg或约300mg的剂量向所述患者施用苏金单抗。

复审请求人没有修改申请文件。

三、主要复审请求理由和证据

复审请求人提出复审请求时，提交了24项证据，认为：

（1）对比文件1的牛皮癣研究中，患者接受单次3mg/kg苏金单抗基于体重的静脉(Ⅳ)滴注,采用的是单次、基于体重的给药水平，本申请权利要求中限定的是多剂量分叉方案（第0周、1周、2周、3周和4周每周一剂，此后每月一剂)、剂量独立于体重。患者平均体重为90kg，由于皮下（SC）递送苏金单抗的生物利用度仅73%，与对比文件1中基于体重的Ⅳ剂量相对应的苏金单抗SC剂量为370mg，大大超出了权利要求中所涉及的剂量范围（150~300mg)。考虑到对比文件1采用基于体重的给药剂量获得了某种成功，本领域技术人员没有动机切换为本申请权利要求所限定的固定剂量方案。

（2）就给药途径而言，对比文件2虽然提及SC给药是一种可能的递送途径，但其他还有Ⅳ或肌肉内给药，并没有对任何给药途径给出明确的倾向。本领域仍对通过皮下途径递送生物药物所面临的障碍存在显著的本领域共识。附件2提供了Sander博士的专家证言，认为，改变递送途径将会改变所给予的生物制品的药代动力学（PK）曲线，进而导致药效学（PD）和响应曲线的改变。难以预期将特定生物制品从Ⅳ切换成SC给予对疾病的成功治疗。请求人的一个针对葡萄膜炎的Ⅲ期临床就没能将苏金单抗给药从10mg/kg基于体重的Ⅳ剂量切换成150mg/300mg的固定SC剂量。基于上述事实，本领域技术人员无法预期Ⅳ切换成SC后的治疗效果。

（3）请求人提供多份证据（证据3、证据5、证据9~15）及Lebwohl博士证言（证据4)，认为皮肤光洁（PASI 100）或大致光洁（PASI 90）是患者和医师所长期渴望的。Lebwohl博士的证人证言及Papavassilis博士的专家证言（证据6)，都表明对比文件1所提供的牛皮癣患者按体重接受3mg/kg Ⅳ

苏金单抗治疗后未见有意义的 PASI 90 响应且无 PASI 100 响应。本申请请求保护的方案以较高两位数的百分比在牛皮癣患者中实现了皮肤光洁或大致光洁，这个结果是前所未有的。在Ⅲ期临床试验 ERASURE 和 FIXTURE 中，采用权利要求所请求保护的方案实现了超过 50%～70% 的患者得到了光洁或大致光洁的皮肤，取得了预料不到的技术效果。同时，Lebwohl 博士还认为，权利要求所请求保护的客体在取得高 PASI 评分的同时保持出色的安全性；请求人用皮下给药方式实现了与静脉给药同等的 PASI 75 结果。皮下方案能在实现相似 PASI75 响应的同时还提供潜在的安全性优势，与 10mg/kg 基于体重的Ⅳ剂量相比，300mg 皮下方案实现相似治疗效果，但使用更少药物，避免了静脉方案所造成的暴露尖峰。就治疗的持续性、强度和起效速度而言，也优于证据 7 所使用依那西普和证据 8 所用优特克单抗治疗牛皮癣的效果，是技术人员基于现有技术无法预期的。欧盟委员会已批准苏金单抗用作牛皮癣一线全身治疗剂，FDA 也已批准苏金单抗以本申请所涉及的方案来应用，其产品插页中首次明确提及 PASI 90 结果。同时提供的证据 16～19 证实本申请请求保护的客体满足了患者和医师们长久以来对能够安全有效实现皮肤光洁或大致光洁的牛皮癣疗法的需求。本申请的技术方案解决了人们一直渴望解决但始终未能成功的技术难题，产生了预料不到的效果。同时，请求人提供证据 4、证据 18～23 以证明本申请的技术方案所显示的效果得到了业界同行的普遍赞誉。

四、主要审查结论和解析

当化学药品的医药用途发明中包含给药途径、给药方案等特征时，应当考虑这些特征是否对制药用途产生影响。对比文件 1 公开了利用 IL-17A 的抗体 AIN457（本申请中所述的“苏金单抗”）治疗慢性斑块型牛皮癣的用途，并公开了具体的给药方法，0～12 周内单次静脉注射给药 3mg/kg。合议组认为，涉案专利申请的权利要求 1 中 i）和 ii）所限定的具体给药剂量、给药时间、频次等通常与医生对治疗方案的选择密切相关，其实质上属于在实施制药方法并获得药物后，将药物施用于人体的具体用药方法与制药方法没有直接、必然的关联性。这种仅体现于用药行为中的特征并不构成制药用途的技术特征。因而，权利要求 1 与对比文件 1 的区别在于：药物组合物的给药方式为皮下施用，即所制备的药物组合物中包括相应用于皮下施用的缓冲剂、稳定剂和增溶剂，对比文件 1 采用静脉注射方式。另外权利要求 1 所制备的药物中还包括施用工具。

而对比文件 2 公开了 IL-17 抗体 AIN457（涉案专利申请所述的“苏金单抗”）的结构特征，还公开了“本发明的抗体特别适用于治疗、预防或改善自身免疫疾病和炎性疾病”，并列举了牛皮癣。“本发明的抗体可方便地肠胃外施用、静脉内施用，例如肘前或其他外周静脉、肌内施用或皮下施用”，可见，对比文件 2 公开了涉案专利申请的 IL-17 抗体可以通过皮下施用给药。此外，本领域技术人员知晓，慢性斑块型牛皮癣属于一种慢性皮肤炎性疾病，在已知应用抗体类药物治疗牛皮癣通常采用的也是皮下施用方式。本领域技术人员为了达到局部快速的治疗效果，容易想到选择皮下施用方式。静脉内施用的药物通常对于载体组分的安全性具有更高的要求，本领域技术人员将用于静脉内施用的药物转用至皮下施用通常具有较低的难度，并能够通过常规技术手段调整药物中所含有的缓冲剂、稳定剂和增溶剂，使所制备的药物适于皮下施用。在制备药物过程中附加施用工具也是本领域的常规技术手段。

并且，合议组对复审请求人提供的证据进行了客观评价，对于请求人提供的证明其取得了预料不到的技术效果的证据，合议组认为，在对“预料不到的技术效果”进行判断时，需要首先确认发明确实能够产生请求人所声称的“预料不到的技术效果”。要确认发明产生了请求人所声称的效果，需要对原始申请文件所记载的内容和现有技术进行整体的考量。首先，本申请的说明书中没有记载有关苏金单抗在治疗牛皮癣中所获得的 PASI 90 和 PASI 100 效果的实验数据，而且就该申请最接近的现有技术对比文件 1 所提供的牛皮癣患者按体重接受 3mg/kg 静脉注射苏金单抗治疗后未见有意义的 PASI 90 响应且无 PASI 100 响应而言，本领域技术人员无法合理预期本申请的技术方案是否确实能够产生其所声称的效果。合议组对该申请实现了超过 50%～70% 的患者得到了光洁或大致光洁的皮肤的效果是否在申请日前发现具有不确定性，因此认为，对于请求人所声称的预料不到的技术效果，应该在原始申请文件中有明确记载时才能予以认可。

因此，合议组认为涉案申请的权利要求中给药途径（皮下注射）对制药用途具有限定作用，不同于现有技术，但是结合涉案申请的药物活性成分、所治疗的疾病及现有技术给药途径状况综合考量，认为给药途径的改变及其带来的药物结构和/或组成的改变是本领域技术人员容易想到的，因此不具备创造性。

结论：维持国家知识产权局于2015年9月2日对该申请作出的驳回决定。

引申案例 13-2

"脑膜炎球菌偶联疫苗"复审请求案

一、案件基本信息

涉案专利申请号：CN 200680005096.4

案件类型：发明专利复审请求案

发明名称：脑膜炎球菌偶联疫苗

复审请求人：诺华疫苗和诊断有限公司

复审决定编号：87170

二、案件技术方案情况

涉案专利申请涉及基于偶联的（conjugated）多种脑膜炎球菌血清群的荚膜糖的疫苗。提供了一种免疫患者以抵抗脑膜炎奈瑟球菌造成的疾病的方法，该方法包括给予所述患者一种含有（a）、（b）、（c）和（d）中至少两种物质的组合物的步骤：（a）（i）血清群A脑膜炎奈瑟球菌的荚膜糖和（ii）破伤风类毒素的偶联物；（b）（i）血清群C脑膜炎奈瑟球菌的荚膜糖和（ii）破伤风类毒素的偶联物；（c）（i）血清群W135脑膜炎奈瑟球菌的荚膜糖和（ii）破伤风类毒素的偶联物；以及（d）（i）血清群Y脑膜炎奈瑟球菌的荚膜糖和（ii）破伤风类毒素的偶联物，其中，所述患者已经用（a）和/或（b）预先免疫过：

(a) 破伤风类毒素；(b) (i) 除脑膜炎奈瑟球菌外的生物的荚膜糖和 (ii) 破伤风类毒素的偶联物。所述方法可以解决脑膜炎球菌偶联疫苗的载体抑制问题，用于保护抵抗造成脑膜炎的脑膜炎球菌感染。

经过实质审查，涉案专利申请于 2013 年 2 月 1 日以全部权利要求得不到说明书为由被驳回，驳回决定所针对的主要权利要求包括：

1. 一种用于免疫人类患者以抵抗脑膜炎奈瑟球菌引起的疾病的试剂盒，其中所述患者已经用下述 (a) 和/或 (b) 预先免疫过：(a) 破伤风类毒素；(b)(i) 除脑膜炎奈瑟球菌外的生物的荚膜糖和 (ii) 破伤风类毒素的偶联物，其中，所述试剂盒包含两个药瓶，其中一个药瓶装有含有选自以下的偶联物中至少两种的组合物：(a)(i) 血清群 A 脑膜炎奈瑟球菌的荚膜糖和 (ii) 破伤风类毒素的偶联物，其中，所述偶联物含有不超过 60μg 的破伤风类毒素；(b)(i) 血清群 C 脑膜炎奈瑟球菌的荚膜糖和 (ii) 破伤风类毒素的偶联物，其中，所述偶联物含有不超过 60μg 的破伤风类毒素；(c)(i) 血清群 W135 脑膜炎奈瑟球菌的荚膜糖和 (ii) 破伤风类毒素的偶联物，其中，所述偶联物含有不超过 60μg 的破伤风类毒素；以及 (d)(i) 血清群 Y 脑膜炎奈瑟球菌的荚膜糖和 (ii) 破伤风类毒素的偶联物，其中，所述偶联物含有不超过 60μg 的破伤风类毒素。

18. (a)、(b)、(c) 和 (d) 中至少两种物质在制造用于预防脑膜炎奈瑟球菌引起的疾病的药物中的应用：(a)(i) 血清群 A 脑膜炎奈瑟球菌的荚膜糖和 (ii) 破伤风类毒素的偶联物；(b)(i) 血清群 C 脑膜炎奈瑟球菌的荚膜糖和 (ii) 破伤风类毒素的偶联物；(c)(i) 血清群 W135 脑膜炎奈瑟球菌的荚膜糖和 (ii) 破伤风类毒素的偶联物；以及 (d)(i) 血清群 Y 脑膜炎奈瑟球菌的荚膜糖和 (ii) 破伤风类毒素的偶联物，其中，所述患者已经用下述 (a) 和/或 (b) 预先免疫过：(a) 破伤风类毒素；(b)(i) 除脑膜炎奈瑟球菌外的生物的荚膜糖和 (ii) 破伤风类毒素的偶联物。

复审请求人答复复审通知书时，提交了修改的权利要求包括：

1. 一种用于免疫人类患者以抵抗脑膜炎奈瑟球菌引起的疾病的试剂盒，其中所述患者已经用下述（1）和/或（2）预先免疫过：（1）破伤风类毒素；（2）（i）除脑膜炎奈瑟球菌外的生物的荚膜糖和（ii）破伤风类毒素的偶联物，

其中，所述试剂盒包含两个药瓶，其中一个药瓶装有含有选自以下的偶联物中至少两种的组合物：

（a）（i）血清群A脑膜炎奈瑟球菌的荚膜糖和（ii）破伤风类毒素的偶联物，其中，所述偶联物含有不超过60μg的破伤风类毒素；

（b）（i）血清群C脑膜炎奈瑟球菌的荚膜糖和（ii）破伤风类毒素的偶联物，其中，所述偶联物含有不超过60μg的破伤风类毒素；

（c）（i）血清群W135脑膜炎奈瑟球菌的荚膜糖和（ii）破伤风类毒素的偶联物，其中，所述偶联物含有不超过60μg的破伤风类毒素；以及

（d）（i）血清群Y脑膜炎奈瑟球菌的荚膜糖和（ii）破伤风类毒素的偶联物，其中，所述偶联物含有不超过60μg的破伤风类毒素。

18. （a）、（b）、（c）和（d）中至少两种物质在制造用于预防脑膜炎奈瑟球菌引起的疾病的药物中的应用：

（a）（i）血清群A脑膜炎奈瑟球菌的荚膜糖和（ii）破伤风类毒素的偶联物，其中，所述偶联物含有不超过60μg的破伤风类毒素；

（b）（i）血清群C脑膜炎奈瑟球菌的荚膜糖和（ii）破伤风类毒素的偶联物，其中，所述偶联物含有不超过60μg的破伤风类毒素；

（c）（i）血清群W135脑膜炎奈瑟球菌的荚膜糖和（ii）破伤风类毒素的偶联物，其中，所述偶联物含有不超过60μg的破伤风类毒素；以及

（d）（i）血清群Y脑膜炎奈瑟球菌的荚膜糖和（ii）破伤风类毒素的偶联物，其中，所述偶联物含有不超过60μg的破伤风类毒素；

其中，所述患者已经用下述（1）和/或（2）预先免疫过：（1）破伤风类毒素；（2）（i）除脑膜炎奈瑟球菌外的生物的荚膜糖和（ii）破伤风类毒素的偶联物。

三、主要复审请求理由和证据

复审请求人提出复审请求时，提交了 1 项证据，认为：（1）说明书记载了先用 CRM197 预免、然后再用以 CRM197 作为载体蛋白接种脑膜炎奈瑟球菌偶联物时没有产生载体抑制，基于这一结果可以显而易见地推知：对于脑膜炎奈瑟球菌偶联物疫苗而言，预免疫与之后再次免疫时所用的载体蛋白相同并不会产生载体抑制。此外，复审请求人认为证据 1，即 GB0526412.2 的试验数据证明，当给予已预先用破伤风类毒素免疫的对象时，脑膜炎奈瑟球菌糖-破伤风类毒素偶联物是有效的。因此权利要求 1~35 得到说明书的支持。

（2）根据《最高人民法院关于审理侵犯专利权纠纷案件应用法律若干问题的解释》第七条第一款和《专利审查指南 2010》第二部分第二章第 3.1.1 节的规定，产品权利要求中的用途特征应当被考虑。北京市高级人民法院发布的《专利侵权判定指南》第二十二条规定，“写入权利要求的使用环境特征属于必要技术特征，对专利权保护范围具有限定作用。使用环境特征是指权利要求中用来描述发明所使用的背景或者条件的技术特征”，具体在该案中权利要求 1 中涉及患者选择的特征具有限定作用；基于本领域的现有技术，当本领域技术人员在使用对比文件 1 公开的黏膜疫苗时，必然会意识到：如将该疫苗给予先前已接受过相同载体蛋白初免的对象，会产生载体抑制。本领域技术人员没有动机将对比文件 1 公开的疫苗给予先前已接受过相同载体蛋白初免的对象。

四、主要审查结论

在含有给药对象、给药方式、给药途径、药物用量及给药时间间隔等给药特征的限定的产品权利要求中，所述给药特征的实际限定作用取决于其对产品本身的影响；如果所述给药特征既不改变产品的结构，也不会为产品带来功能或性质上的改变，则对权利要求的保护范围不具有限定作用。

权利要求 1 要求保护一种用于免疫人类患者以抵抗脑膜炎奈瑟球菌引起的疾病的试剂盒。对比文件 1 公开了一种通过免疫预防脑膜炎奈瑟球菌感染引起的疾病的组合物，包含至少 2 种来自脑膜炎奈瑟球菌血清群 A、C、W135

和 Y 的荚膜糖与作为载体的破伤风类毒素的偶联物，并且对比文件 1 还指出可将该组合物制备成试剂盒，该试剂盒中可以包含 2 个药瓶，或一个注射器和一个药瓶，在注射前用注射器内容物与药瓶内容物混合（隐含公开了其中一个药瓶可含有上述偶联物中至少两种组合物）。由此可见，权利要求 1 和对比文件 1 的区别在于：①限定了"所述偶联物含有不超过 60μg 的破伤风类毒素"；②限定了试剂盒的施用对象，即接受过破伤风类毒素和/或除脑膜炎奈瑟球菌外的生物的荚膜糖和破伤风类毒素的偶联物免疫的患者。

关于区别（1）：对比文件 1 公开了优选的荚膜糖和载体蛋白的比例在 1：1.25 和 1：2.5 之间，在每一剂量中，单种荚膜糖抗原的量通常为 1~50μg，优选为每种 10μg。根据对比文件 1 公开的优选荚膜糖抗原量及优选的糖抗原与载体蛋白的比例，可以计算出优选的载体蛋白量为 12.5~25μg，显然不超过 60μg。因此，区别（1）仅是本领域技术人员根据对比文件 1 公开的内容通过简单计算和推理就能够得到的，其技术效果也是可以合理预期的。

关于区别（2）：是对给药对象的限定，这种限定没有对试剂盒的组成、结构或含量产生影响，也没有为试剂盒带来任何功能和性质上的改变。因此，本领域技术人员在对比文件 1 的基础上，通过合乎逻辑的分析、推理或者有限的试验可以得到的权利要求 1 的技术方案。权利要求 1 不具备《专利法》第二十二条第三款规定的创造性。

结论：维持国家知识产权局于 2013 年 2 月 1 日对该申请作出的驳回决定。

相对于给药特征限定的产品权利要求，给药特征限定的医药用途权利要求存在更多的争议和问题。新医药用途发明由于研发难度相对较低，短期内将成为重要的关注点。在这之中，给药特征限定的医药用途发明的可拓展空间相对较大。给药特征限定的医药用途发明是指研究人员或医疗行业从业人员对可应用于治疗某种疾病的药物以给药特征（即给药对象、给药途径、给药剂量、给药频次等）限定其用途从而达到意想不到的治疗效果。

专利复审和无效审理部判定给药特征限定的医药用途发明无新颖性和创造性的原因集中为：给药特征对制药过程无限定作用，因此不具备新颖性/创造性；现有技术对给药特征具有教导和启示作用，使所申请专利不具备非显而易见性，无创造性。司法在该方面的态度也相当严格。

（1）新颖性。首先，针对“给药途径”类给药特征，大多认可其新颖性，因为此类特征的变化将会影响到药品的制备过程，从而必会对制药过程起到限定作用。其次，针对“给药对象”类给药特征，不同的案例结论不同，判断标准均是针对不同的对象，是否会影响药品制备过程辅料和相关成分的选用。再次，针对“给药剂量”类给药特征，不同的案例结论也不同。其争议的焦点还是对制药过程有无限定作用，给药剂量的变动不一定使制药过程发生变化。最后，针对“给药频次”类给药特征，大多不认可其新颖性，认为其属于药物的使用方法，反映在用药过程而非药品制备过程当中，是一种医疗实验行为。该类方法技术特征与药品本身的生产制备过程并无直接关系，没有改变药品的生产制备方法，是药品本身发生变化。

（2）创造性。专利复审委员会和法院几乎不认可所有给药特征的创造性。给药特征限定的医药用途发明是基于已有的医药相关发明专利所作出的，其区别仅在于给药特征有所不同，现有技术中往往给出了启示。此外，给药特征类医药用途发明的给药特征与医生用药行为、公众健康息息相关，行政和司法在该方面态度均较严格。但只要现有技术对该类发明不具有任何教导和启示，区别特征又带来预料不到的效果时，给药特征限定的医药用途发明在我国是可以具备创造性的。

案例十四

“用于治疗组织炎症和癌变的鸟苷酸环化酶受体激动剂”复审请求案

——机理表征的制药用途

案情介绍

一、案件基本信息

涉案专利申请号：ZL 201210052476.0

案件类型：发明专利复审请求案

发明名称：用于治疗组织炎症和癌变的鸟苷酸环化酶受体激动剂

复审请求人：药物协和公司

复审决定编号：138640

二、案件技术方案情况

涉案专利涉及序列为 SEQ ID NO：20 的肽（SP304）能显著提高结肠肿瘤 T84 细胞内 cGMP 的水平，具有很好的热稳定性。该激动剂可以单独使用或者与 cGMP-特异的磷酸二酯酶的抑制剂联合使用，但仅泛泛记载了其用途，用以预防或治疗癌变的、癌变前的及转移性的肿瘤生长，尤其是在胃肠道及肺部。除此以外，该激动剂还可以用于治疗炎症，如溃疡性结肠炎和哮喘。没有记载任何与其治疗疾病相关的实验数据。

经过实质审查，涉案专利申请于 2016 年 9 月 14 日以权利要求 1~4 得不到说明书的支持为由被驳回，涉案专利申请被驳回时的主要权利要求包括：

1. 由 SEQ ID NO：20 的序列组成的鸟苷酸环化酶受体激动剂在制备增强结肠肿瘤细胞中的 cGMP 的细胞内产生的组合物中的用途，其中所述激动剂是（4，12；7，15）双环肽。

4. 下列物质在制备增强结肠肿瘤细胞中的 cGMP 的细胞内产生的组合物中的用途：

治疗有效量的由 SEQ ID NO：20 的序列组成的鸟苷酸环化酶受体激动剂肽，其中所述肽是（4，12；7，15）双环肽，和

选自下列至少一种化合物：

依赖 cGMP 的磷酸二酯酶抑制剂，和

抗炎药剂。

复审请求人没有修改说明书和权利要求书。

三、主要复审请求理由和证据

复审请求人提交了 2 项证据，认为：（1）本申请说明书实施例证实了由 SEQ ID NO：20 的序列组成的鸟苷酸环化酶受体激动剂单独施用时，或与 cGMP 依赖性磷酸二酯酶抑制剂组合施用时，能够增强结肠肿瘤细胞中的 cGMP 的细胞内产生。（2）证据 1 公开了在增加的 cGMP 水平和肺动脉高压的治疗之间存在相关性；以及证据 2 公开了 cGMP 水平增加是诱导癌细胞凋亡的新机制，具有增加 cGMP 水平的分子可用于治疗癌症。（3）首先，本领域技术人员可以知晓，可以通过增加 cGMP 的细胞内产生来治疗的任何疾病是其中细胞内 cGMP 水平发挥作用的那些疾病，并且可以容易地确定这些疾病；其次，本申请公开或教导了细胞内 cGMP 水平的增加与炎症（如胃肠道炎症）的下调有关。本领域技术人员可以合理预期请求保护的肽可以在体内实现相同的技术效果。（4）提供的补充实验数据显示，本发明的 SEQ ID NO：20 的肽可用于治疗疾病，其在鼠结肠炎模型中改善肠道炎症。

四、主要审查结论

合议组认为：尽管（1）涉案申请的说明书（参见实施例和表4）仅记载了序列为SEQ ID NO：20的肽（SP304）单独使用或者与苯氮嘌呤酮或sulindac砜联合使用能显著提高结肠肿瘤T84细胞内cGMP的水平。本领域技术人员仅根据上述cGMP升高相关的实验数据无法预期SP304能治疗何种疾病，说明书中没有记载足以证明“提高胞内的cGMP水平可以产生抗炎症反应”和“由SEQ ID NO：20的序列组成的鸟苷酸环化酶受体激动剂能够通过提高细胞内cGMP水平诱导目标细胞的凋亡进而用以治疗疾病”成立的实验数据，因而，本领域技术人员仅根据说明书的记载无法确定“增强结肠肿瘤细胞中的cGMP的细胞内产生”这一机理与可治疗的具体疾病的对应关系；也没有现有技术表明“提高胞内的cGMP水平可以产生抗炎症反应”是成立的，因而也无法预期SEQ ID NO：20用于预防或治疗患者的炎症（如胃肠道炎症）的用途。（2）补交实验数据没有记载在申请日提交的原始申请文件中，其所证明的plecanatide能够改善结肠炎得分和严重性得分，降低肠道细胞因子和趋化因子水平的技术效果也不是所属技术领域的技术人员能够从专利申请公开的内容中得到的。尽管，涉案申请说明书第7页第2段存在“提高胞内的cGMP水平可以产生抗炎症反应”的文字描述，但说明书中并未记载能够证明上述文字描述成立的效果实验数据，因而，本领域技术人员无法依据本申请公开的内容得出“升高细胞内cGMP水平能够产生抗炎症反应”的结论，从而导致补充的实验数据使“升高细胞内cGMP水平能够产生抗炎症反应”这一结论得以证实的技术事实是本领域的技术人员无法从专利申请公开的内容中得到的。因此，补交实验数据不能用以证明本领域技术人员在本申请的申请日（或优先权日）能够预先确定SEQ ID NO：20的肽可用于治疗疾病，如在鼠结肠炎模型中改善肠道炎症。（3）尽管复审请求人在答复复审通知书时提交的证据1公开了：一氧化氮（NO）是调节血管运动和肺动脉高压的主要因素，其被认为从内皮扩散到相邻的肌肉，通过激活鸟苷酸环化酶和增加环化鸟嘌呤核苷单磷酸（cGMP）来产生松弛。但是，权利要求1~4均仅涉及

“增强结肠肿瘤细胞中的 cGMP 的细胞内产生”，而增加的 cGMP 水平能够促进肌肉松弛和肺动脉高压的治疗之间存在关系，无法证明位于结肠而非肌肉和血管的结肠肿瘤细胞中 cGMP 提高后能够用于治疗何种疾病。

但是，复审请求人在答复复审通知书时提交的证据 2 公开并证实了：exisulind 通过抑制 cGMP PDE5/2，导致细胞内 cGMP 持续增加，从而激活 PKD，使 β-连环蛋白蛋白酶水解，进而诱导结肠癌肿瘤细胞凋亡，而不依赖环氧化酶的抑制，不依赖 p53、Bcl-2、细胞周期阻滞机制，且 cAMP 的浓度不变。因此，证据 2 作为现有技术证据证明了“增强结肠肿瘤细胞中的 cGMP 的细胞内产生”与诱导结肠癌肿瘤的凋亡和治疗结肠癌之间存在已知的对应关系。

由此可知，本领域技术人员根据说明书记载的实验数据能够知晓由 SEQ ID NO：20 组成的肽具有增强结肠肿瘤细胞中的 cGMP 的细胞内产生的技术效果，在此基础上，再结合作为现有技术证据 2 公开并证实的增强结肠肿瘤细胞中的 cGMP 的细胞内产生能够诱导结肠癌肿瘤的凋亡，从而治疗结肠癌的技术效果，本领域技术人员能够预期由 SEQ ID NO：20 组成的肽具有增强结肠肿瘤细胞中的 cGMP 的细胞内产生，从而诱导结肠癌肿瘤的凋亡，进而治疗结肠癌的技术效果。因此，使用“增强结肠肿瘤细胞中的 cGMP 的细胞内产生”这一机理限定的制药用途权利要求 1 能够得到说明书的支持。

结论：撤销国家知识产权局于 2016 年 9 月 14 日对该申请作出的驳回决定。

案件看点

随着医药行业的不断发展，对于疾病发展过程中的机理或机制研究更加深入，靶向治疗和精准医疗的提出进一步促使通过致病机理或治病机理的药物设计成为常见的药物研发思路，蛋白、细胞因子、酶、通路、基因等机理成为研究的热点。由于药品及其制备方法可依法授予专利权，物质的医药用途发明可以撰写成如“化合物 X 作为制备治疗 Y 病药物的应用”或类似的形式。由此，医药领域的专利申请中出现了以机理表征适应证、以机理表征活性成分或者纯机理表征的制药用途权利要求。然而，由于机体内部的联系错综复杂，一种疾病或者生理效果往往伴随着多项生理指征的改变。因此，当制药用途权利要求采用机理表征时，容易造成权利要求的保护范围难以准确界定，机理限定的疾病能否与现有技术区分开，能否得到说明书的支持往往存在很大的争议。

制药用途权利要求实质上为拓展药物的应用领域作出贡献，是保护药物在治疗疾病中的应用。机理限定的物质和疾病所涵盖的范围，通常难以形成明确和统一的认定。在《专利审查指南 2010》中，对于机理性限定的制药用途权利要求没有给出明确的定义，也没有相关的具体规定。仅在《专利审查指南 2010》第二部分第十章 5.4 部分提及："对于涉及化学产品的医药用途发明，其新颖性审查应考虑以下方面：新用途是否被原已知用途的作用机理、药理作用所直接揭示。与原作用机理或者药理作用直接等同的用途不具有新颖性。"

对于机理表征的制药用途权利要求的清楚和支持问题往往存在争议。决定中对申请文件的记载、现有技术公开情况进行了核实和认定，认为虽然涉案申请说明书仅证明了所述肽能够增强结肠肿瘤细胞中的 cGMP 的细胞内产生的技术效果，没有记载所述肽能够治疗何种疾病的数据，但是，现有技术公开并证实了增强结肠肿瘤细胞中的 cGMP 的细胞内产生能够诱导结肠癌肿瘤的凋亡，从而治疗结肠癌，基于该机理与疾病的对应关系，本领域技术人员可以预期所述肽具有治疗疾病的效果。对说明书仅记载了化合物机理，请求保护其制药用途的发明的支持的判断具有指导意义。

优先权篇

我国《专利法》第二十九条规定：“申请人自发明或实用新型在外国第一次提出专利申请之日起十二个月内，或者自外观设计在外国第一次提出专利申请之日起六个月内，又在中国就相同主题提出专利申请的，依照该外国同中国签订的协议或者共同参加的国际条约，或者依照相互承认优先权的原则，可以享有优先权。”“申请人自发明或实用新型在中国第一次提出专利申请之日起十二个月内，又向国务院专利行政部门就相同主题提出专利申请的，可以享有优先权。”由该法条可以看出，专利意义上的优先权包含了国外优先权和国内优先权两种类型，国内优先权的要求比国外优先权更苛刻。例如，外观设计不能享有国内优先权，申请人要求本国优先权的，其在先申请自在后申请之日提出之日起视为撤回，视为撤回的在线申请不得请求恢复；要求本国优先权的在先申请不能是分案申请；要求本国优先权的在先申请不能是授权专利。这是由两种优先权设立的初衷不同所导致的，国外优先权源自 1883 年签订的《保护工业产权巴黎公约》，目的是便于缔约国国民在其本国提出专利申请后向其他缔约国提出申请，也是便于申请人向更广泛地域的不同国家进行专利申请而设置；而国内优先权是为了鼓励更早申请、保障权益。

在新颖性、创造性判断中，通常采用申请日之前的现有技术与涉案专利或专利申请进行对比，然而，当涉案专利或专利申请享有优先权时，现有技术的时间界限要前移到优先权日。在审查实践中，当涉案专利或专利申请要求优先权，且存在优先权日与申请日之间公开的相关技术文献时，核实优先权是否成立就成为非常重要的一个环节。根据《专利法》第二十九条的规定，判断优先权是否成立需要重点考量三个要件：一是在后申请与在先申请针对的是否为相同主题的发明或实用新型；二是在先申请是否为申请人针对相同主题的发明或实用新型提出的“首次申请”；三是提出在后申请的时间是否在在先首次申请之后的12个月内。

《专利法》第二十九条所述“相同主题的发明或实用新型”，是指技术领域、所解决的技术问题、技术方案和预期的技术效果相同的发明或实用新型，其与新颖性条款中“同样的发明或实用新型”的判断具有相似之处，可以尝试将在先申请看作对比文件，考察在后申请的各项权利要求是否具备新颖性，如果在后申请的某项权利要求不具备新颖性，则其能够享有优先权，反之不能。但是基于优先权制度的本质要求，优先权是否成立与新颖性判断又存在细微差异，例如，某一技术特征在在先申请中为下位概念，在后申请将其扩展为上位概念，虽然在先申请能够破坏该在后申请的新颖性，但是在后申请由于增加了不能从在先申请中直接地、毫无疑义地确定的新内容，所以不能享有在先申请的优先权。

判断优先权是否成立，还需要判断在先申请是否为记载所述相同主题的发明或实用新型的首次申请。判断在先申请是否为首次申请时，往往需要核实是否存在同一申请人早于在先申请提出的、记载了相同主题的发明或实用新型的专利申请。如果优先权成立，则评价涉案专利权利要求是否具备新颖性或创造性的现有技术的时间节点应当前移到所述优先权日；反之，应当以申请日作为界定现有技术的时间节点。

随着近年来复审无效案件数量的增长，越来越多的复审无效案件中出现了优先权核实的问题，随之而来的一些争议问题浮出水面，下文笔者结合复审和无效的典型案例对其中涉及优先权核实和举证责任等问题进行探讨。

案例十五

“用于治疗糖尿病的二肽基肽酶抑制剂”无效宣告案

——不同实验验证的效果

案情介绍

一、案件基本信息

涉案专利申请号：ZL 200680042417.8

案件类型：发明专利无效宣告案

发明名称：用于治疗糖尿病的二肽基肽酶抑制剂

专利权人：武田药品工业株式会社

无效请求人：亚宝药业集团股份有限公司

无效决定编号：38950

二、案件技术方案情况

涉案专利涉及用于治疗糖尿病的一种药物化合物——二肽基肽酶抑制剂（DPP-4 抑制剂）。DPP-4 抑制剂通过阻断胰高血糖素样肽-1（GLP-1）的失活，刺激葡萄糖依赖的胰岛素分泌并抑制胰高血糖素分泌，是新一代降糖药物，具有良好的安全性和耐受性。目前已上市的 DPP-4 抑制剂包括西格列汀、维格列汀、沙格列汀、利格列汀、阿格列汀等。苯甲酸阿格列汀片主要用于治疗 2 型糖尿病，最早由日本武田药品工业株式会社（以下简称专利权人）研发，于2010 年在日本上市，2013 年在中国获批上市，商品名为“尼欣那”。武田制药致力于阿格列汀的开发，围绕阿格列汀在世界范围内申请大量专利，并在中国做了周密的专利布局，目前在中国获得阿格列汀化合物及其可药用盐、阿格列汀的药物组合物、治疗型糖尿病的制药用途等主题的专利。

经过实质审查，涉案专利于2012年10月10日被授予专利权，该专利授权公告时的主要权利要求包括：

1. 配制成单剂量形式的药物组合物，其中该单剂量形式含有5毫克和250毫克之间的化合物Ⅰ，化合物Ⅰ具有下式结构

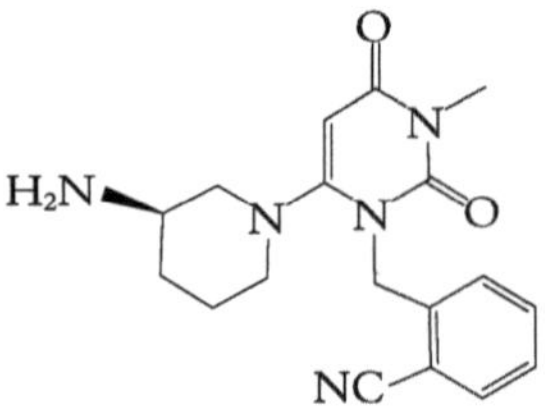

其中化合物Ⅰ以药学上可接受的盐或以游离碱形式存在。

12. 配制成单剂量形式的药物组合物，其中该单剂量形式含有5毫克和250毫克之间的化合物Ⅰ和除化合物Ⅰ以外的一种或多种抗糖尿病化合物，化合物Ⅰ具有下式结构

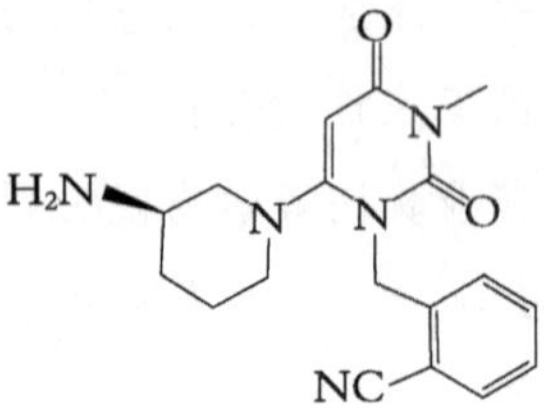

其中化合物Ⅰ以药学上可接受的盐或以游离碱形式存在。

43. 一种药剂盒，它包含：

多个剂量的根据权利要求1~40中任一项的药物组合物；以及

包括一种或多种形式信息的说明书，该信息选自显示给予该药物组合物所针对的疾病状态、药物组合物的贮存信息、给药信息和关于如何给予该药物组合物的用法说明。

44. 一种制造品，它包含：

多个剂量的根据权利要求 1~40 中任一项的药物组合物；以及包装材料。

三、主要无效理由和证据

无效请求人请求宣告涉案专利权利要求全部无效，无效审查过程中，无效请求人先后提交了 2 组证据（证据 1~17），无效的理由为：说明书公开不充分；全部权利要求 1~46 得不到说明书的支持；权利要求 1~12、权利要求 31~46 优先权不成立，不具备新颖性，全部权利要求不具备创造性。

（1）权利要求 1~12、权利要求 31~46 优先权不成立，不具备新颖性。请求人认为，证据 4 为涉案专利的专利权人在涉案专利优先权日之前申请的发明专利申请的公开文本，其申请日早于本专利所要求的最早优先权日。证据 5 是证据 4 的同族专利申请的公开文本，其申请日早于涉案专利所要求的最早优先权日。证据 4、证据 5 分别公开了涉案专利相同主题的发明，因此涉案专利的要求享有优先权的在先申请并非首次申请，因此涉案专利主张的优先权日不能成立，从而导致权利要求不具备新颖性。

（2）全部权利要求不具备创造性。请求人认为：①涉案专利主张的优先权日不能成立，因而，证据 4 和证据 5 是现有技术，所以不具备创造性。②请求人还提供了多篇证据证明现有技术中公开了一系列结构与涉案专利所述化合物类似的化合物，本领域技术人员容易想到对化合物结构进行调整从而得到涉案专利保护的化合物，合议组分别考察了这些证据，由于篇幅限制，在此主要列举代表性证据及相关意见：证据 7 公开了一种具有 DPP-4 抑制活性的化合物，并具体公开了化合物的结构，所述化合物或作为活性成分的药物组合物，以及作为实例的口服制剂。涉案专利化合物Ⅰ与证据 7 上述化合物相比区别仅在于结构不同，证据 7 进一步公开了式（Ⅰ）所述 DPP-4抑制剂，其中，Q 可以为 CO，Z 可以为取代或无取代的杂环烷基，R2 可以为 C1-C10 烷基，R3 可以为氢或羟基，L 可以为 0 个原子的连接基（化学键），X 可以为芳基（C1-C10）烷基。其中，当 R 为羟基时，其可以同所连接的环上双键形成烯醇-酮式互变异构体。为了开发新的 DPP-4 抑制剂，本领域技术人员容易想到将母环上的取代基进行常规调整，从而得到化合物Ⅰ。

（3）说明书公开不充分，权利要求得不到说明书的支持。请求人认为：①涉案专利说明书在第0183～0188段记载了化合物Ⅳ的投料量和摩尔数，而根据化合物Ⅳ分子式计算得到的分子量与根据其投料量和摩尔数计算得到的分子量不相符，且差距较大；若按照投料量来计算，则最终反应收率为50%，远低于说明书中生成的70%～76%；因此本领域技术人员无法确认其最终产物；②结合证据2来证明由于Ⅳ式化合物的卤代烃反应时反应位点不唯一，且按照SN2反应受到空间位阻的影响，最终将得到结构不同的位置异构体；而说明书中无法确认通过粗产品获得的游离碱是哪种异构体；说明书中也没有对所得粗产品的来源进行说明，对游离碱也未进行结构确认；③化合物Ⅰ的TFA盐、苯甲磺酸盐和盐酸盐的核磁氢谱和质谱数据完全相同，违反一般科学常识：如苯甲磺酸盐，其核磁氢谱和质谱数据与化合物Ⅰ的苯甲磺酸盐的实际数据相差较大；④说明书中仅记载了化合物Ⅰ苯甲磺酸盐的片剂，而未记载该盐的药理实验数据；在给药化合物Ⅰ对血浆DPP-4活性的实验中，没有公开化合物Ⅰ的具体形式；因此无法预期化合物Ⅰ的效果；⑤对于联用的技术方案，本专利要解决的技术问题是提供一种治疗糖尿病方面具有改善作用的组合物，然而说明书实施例7和实施例8仅验证了化合物Ⅰ与吡格列酮或伏格列波糖联合给药的技术效果，对于其他联用方案没有验证；并结合证据3来证明药物联用的效果不可预期；即使实施例7和实施例8也未证明联用能够取得协同的技术效果。综上所述，涉案专利说明书未公开充分。

权利要求1是开放式权利要求，其中涵盖了化合物Ⅰ和除化合物Ⅰ之外的其他抗糖尿病药物联用的技术方案，理由同公开不充分，所属领域技术人员难以预料任意联用的技术方案均能解决上述技术问题。

四、主要审查结论

对于无效请求人的主张，合议组认为：

（1）关于权利要求1～12、权利要求31～46优先权不成立，不具备新颖性：《专利法》第二十九条第一款规定，申请人自发明或者实用新型在外国第一次提出专利申请之日起十二个月内，又在中国就相同主题提出专利申请的，依照该外国同中国签订的协议或者共同参加的国际条约，或者依照相互承认优先权的原则，可以享有优先权。

相同主题的发明是指技术领域、所解决的技术问题、技术方案和预期效果相同的发明。比较时，对于在先申请，所谓“主题”是指整个申请文件所公开的技术内容，不要求在后申请中某技术方案必须完整地记载在在先申请的某项权利要求中，只要在先申请作为一个整体披露了本专利技术方案的各个技术特征和整体技术方案即可。若在先申请对某一技术特征未做记载或仅做了笼统的描述，在后申请权利要求中增加了对这一技术特征的详细限定，如果所述领域技术人员基于其所知晓的技术知识不能从在先申请中直接地、毫无疑义地得到这一技术特征，则在后申请实质上补充了新内容，在后申请与在先申请不具有相同主题。

合议组认为：根据专利法的上述规定，作为优先权基础的在先申请必须是针对相同主题的首次申请。如果申请人在提出申请之前，已经就相同主题向其他国家提出了多份申请，则只能要求以首次提出的申请为基础要求享受优先权，而不能以较晚的在先申请作为优先权基础。证据4、证据5作为同一申请人早于本专利优先权日申请的在先申请，其是否影响到本专利享有上述两个优先权，关键在于证据4、证据5是否披露与本专利相同主题的发明。

涉案专利权利要求1请求保护配制成单剂量形式的药物组合物，其中含有5~250mg之间的药学上可接受的盐或以游离碱形式化合物Ⅰ。本领域技术人员可以理解权利要求1中“配制成单剂量形式的药物组合物”是指适合一次给予患者的药物产品。

证据4披露一类具有抑制DPP-4的活性的化合物，说明书第85页记载的第一个实施例制备的目标化合物4即涉案专利的化合物Ⅰ。第105页记载了该发明化合物抑制DPP-4的活性数据。第64页披露所述化合物“药学上可接受的盐”包括无机酸如盐酸、氢溴酸有机酸如苯甲酸等多种酸的加成盐。

证据4说明书第52页披露包含所述化合物作为活性成分的药物组合物，第78~79页“制剂实施例”部分公开了下列制剂例：

口服制剂		静脉内制剂	
本发明化合物	10~100mg	本发明化合物	0.1~10.0mg

续表

口服制剂		静脉内制剂	
柠檬酸一水合物	105mg	葡萄糖一水合物	适量至等渗
氢氧化钠	18mg	柠檬酸一水合物	1.05mg
矫味剂		氢氧化钠	0.18mg
水	适量至 100mL	注射用水	适量至 1.0mL

证据 4 说明书第 7 页公开披露本发明的化合物和组合物给药治疗的疾病的实例包括但不限于由 DPP-4 介导的病症，具体为糖尿病，更具体为 2 型糖尿病等。

综合考虑证据 4 公开的上述技术信息，其披露出与涉案专利权利要求 1 最接近的技术主题是，作为示例的化合物 4（涉案专利的化合物 I），可以其盐或者游离碱形式作为活性成分制备药物组合物，该组合物可用于治疗 DPP-4 介导的病症，包括 2 型糖尿病。虽然证据 4 中还披露了具体的制剂例——口服制剂，该口服制剂中活性成分的含量与该制剂的剂型、其他组分及其含量相关，无法将该具体制剂中活性成分的含量看作对前述技术主题中某一技术特征的具体阐释，从而获得含有该特定含量化合物 I 的药物组合物。并且制剂例为口服制剂，但涉案专利权利要求 1 中未对制剂形式作出限定，理论上涵盖了药学上所有可能的剂型；权利要求 1 中还要求所述药物组合物为单剂量形式，即可用于单次给药的产品形式，而证据 4 所述口服制剂中也不是用于单次给药的产品形式。因此证据 4 没有披露与涉案专利权利要求 1 相同的技术方案。况且证据 4 也没有披露药物组合物中化合物 4 的含量范围为 5～250mg。因此，证据 4 没有披露与本专利权利要求 1 相同的主题，不能影响权利要求 1 享有的优先权。基于前述理由，证据 4 也没有记载与权利要求 2～12、权利要求 31～46 相同的主题，不能破坏权利要求 2～12 和权利要求 31～46 享有的优先权。

证据 5 是证据 4 的同族专利，其涉及一种具有抑制 DPP-4 活性的化合物，可用于治疗糖尿病，尤其是 2 型糖尿病，并具体公开了具体化合物和制剂例。证据 5 公开的药物组合物、具体制剂例的信息和证据 4 相同。基于前述与证据 4 相同的理由，对于权利要求 1～12 和权利要求 31～46 的技术方案来说，证据 5 并不是针对相同主题的首次申请，因此证据 5 不能破坏其享有的优先权。

证据 4 和证据 5 公开在涉案专利优先权日之后不能作为现有技术来评价本专利权利要求 1~12 和权利要求 31~46 的新颖性。继而不具备新颖性的理由不能成立。

（2）关于全部权利要求不具备创造性，合议组认为：证据 7 公开的具体化合物 2-[4-(3-氨基-哌啶-1-基)-6-氧代-1,6-二氢嘧啶-5-基甲基]-苄腈和涉案专利权利要求1中的化合物 I 结构均由三部分组成，均包含氨基哌啶基团和亚甲基-苯腈基团，二者的区别技术特征包括：①中间的基团结构不同；②各基团的空间连接位置明显不同；③涉案专利权利要求 1 中化合物 I 构型为（R)-3-氨基哌啶基团，而证据 7 中该具体化合物未显示构型。

涉案专利说明书中记载了所述化合物 I 对血浆葡萄糖、果糖胺、糖基化血红蛋白和血浆 DPP-Ⅳ的作用，还记载了化合物 I 分别与吡格列酮、伏格列波糖对糖基化血红蛋白和血糖的作用。基于上述区别技术特征，结合涉案专利说明书中证实的技术效果，涉案专利权利要求 1 实际解决的技术问题是提供一种包含结构不同的 DPP-4 抑制剂的药物组合物。判断涉案专利权利要求 1 是否具备创造性的关键在于，现有技术整体上是否给出了为了抑制 DPP4、治疗糖尿病，可对证据 7 所述具体化合物进行结构改造，来得到涉案专利的化合物 I 的技术启示。

考察证据 7 其他部分内容可知，虽然证据 7 对化合物结构的调整给出了相应的教导，仍然无法直接得到涉案专利的化合物 I，理由如下：

首先，从中间基团的结构来看，证据 7 说明书第 0106 段记载的该通式中间的基团结构和涉案专利化合物 I 中部的基团仍然不同，在证据 7 说明书第 0106 段的通式化合物中，中部基团并非涉案专利化合物 I 的嘧啶二酮基团，即使按照请求人的观点对所述取代基进行特定的选择后，得到的化合物的中部基团仍然并非涉案专利的嘧啶二酮结构。

其次，从通式结构的取代位点尤其是苄腈取代基的取代位点来看，证据 7 说明书第 0106 段该通式化合物上的取代主要发生在该结构 1 位 N 原子和 2 位 C 原子上，以及 4 位和 5 位 C 原子上，对于该结构 3 位 N 原子，从该通式化合物的结构来看，其上并未连接任何取代基团，即并不能发生取代。而从证据 7 公开的其他具体化合物（如第 0239 段 0373 段列举的具体化合物）的结构来看，该结构 3 位氮原子在该通式中并不能发生取代，因此本领域技术人员根据证据 7 的整体内容没有动机在该位置上进行取代基的修饰，也没有启示在该位置连接取代基甲基-苯腈基团进行结构修饰，而且本领域技术人员无法预期在该位置用此取代基取代后其药理活性是否变化及变化的趋势。

综上所述，本领域技术人员基于证据 7 的教导，不会显而易见地想到将第 0239 段的化合物中间的基团进行改造，并将结构 1 位 N 原子上的取代基移动到 3 位 N 原子上，也无法预期如此改造后得到的化合物是否仍然具有二肽基肽酶 4（DPP-4）抑制活性。因此，涉案专利权利要求具备创造性。

（3）说明书公开不充分，权利要求得不到说明书的支持，合议组认为：对于化学产品发明，说明书中应当记载至少一种制备方法，说明实施所述方法所用的原料物质、工艺步骤和条件、专用设备等，使本领域技术人员能够实施。该专利说明书实施例 1 中记载了化合物 I 的反应路线，其中记载了从化合物Ⅱ开始经历化合物Ⅲ、化合物Ⅳ到最终产物的整个流程图，包括每一步的主要反应物、溶剂和反应条件；相应地，说明书第 0177～0185 段详细记载了每一步反应的具体步骤和详细参数，还记载了中间产物化合物Ⅲ、化合物Ⅳ的核磁数据和质谱数据。所述反应路线中主要涉及胺与卤代烃之间发生的烃基化反应，该类反应是在化学合成领域已知的常规反应类型，本领域技术人员根据上述记载的内容能够预期通过上述反应过程能够获得化合物 I。请求人也并未提出证据证明通过该反应路线存在不可实现之处。关于联合用药的效果：将具有相似活性的药物联合使用是常用的技术手段，而且本领域已将不同机理的抗糖尿病药物联合给药以增强疗效。涉案专利的发明目的在于对化合物 I 的研究发现，而并非在于选择哪一种药物联合方式能够取得预料不到的技术效果。在没有相反证据证明的前提下，本领域技术人员能够预期化合物 I 与一些常用的抗糖尿病相关的药物联合使用也能够发挥降低血糖的作用。综上所述，该专利说明书对化合物 I 的制备过程、中间产物、化合物确认和效果验证均作出了清楚完整的说明，本领域技术人员能够根据说明书记载的内容获得化合物 I 并预期其药理活性。同样，权利要求也能得到说明书的支持。

结论：维持 ZL 200680042417.8 专利权有效。

案件看点

该案对医药生物领域的优先权认定具有示范作用，诠释了在优先权判断中，对用药特征限定及技术效果在相同主题判断中的考量，对于技术效果的认定给出了具体判断标准，尤其是不同实验模型的验证结果能否被视为相同。同时，对于给药特征差异是否会导致发明产生不同主题，从而能否享有优先权给出了明确认定。

2019 年，中国预估有 1.16 亿名成年人患有糖尿病，位居全球第一。因此，治疗糖尿病药物的研发一直是大众关注的焦点。二肽基肽酶-4 抑制剂（DPP-4 抑制剂）作为治疗糖尿病的口服药物，其市场规模已经占到糖尿病整体药物市场规模的四分之一。涉案专利的专利权人武田药品工业株式会社拥有专利权的阿格列汀亦属 DPP-4 抑制剂类抗糖药。我国药企在积极申报仿制药的同时，也对原研药的相关专利发起挑战。

审理重点之一就落到了对优先权核实中相同主题的判断上。根据《专利法》第二十九条规定，优先权的判断，除时间因素外，主要有两个方面：一个是判断本专利和优先权文件中的技术方案是否相同，这在实践中较为常见；另一个判断是作为要求优先权基础的在先申请是否是该发明的首次申请，而这在实践中缺少相关案例对此标准予以明确或清楚的阐述，一直以来也是困扰业界的难题。该案的决定给出了如下指导：在考察早于优先权日的在先申请是否已经记载了要求优先权的涉案专利的权利要求相同主题的发明时，应整体考察二者所属技术领域、所解决的技术问题、为此所采用技术方案和预期能够达到的技术效果是否均相同。在判断二者技术方案是否相同时，不应拘泥于记载内容形式是否完全一致，而要考虑二者技术方案的实质内容；如果二者技术方案相比，具有实质限定作用的技术特征之间分别属于上下位概念、惯用手段的直接置换或重叠或交叉的数值范围，则应认为二者技术方案具备实质差异，不属于相同主题的发明；但是，不应将涉案专利权利要求中不具有限定作用的内容纳入技术方案的对比范畴，此类限定不能使二者主题产生实质变化。

案例十六

“烟酰胺类衍生物的甲磺酸盐 A 晶型及其制备方法和应用”无效宣告案

——晶体的优先权认定

案情介绍

一、案件基本信息

涉案专利申请号：ZL 201510398190.1
案件类型：发明专利无效宣告案
发明名称：烟酰胺类衍生物的甲磺酸盐 A 晶型及其制备方法和应用
专利权人：上海宣创生物科技有限公司
无效请求人：江苏恒瑞医药股份有限公司
无效决定编号：33126

二、案件技术方案情况

涉案专利涉及烟酰胺类衍生物的甲磺酸盐 A 晶型及其制备方法和应用。烟酰胺类衍生物（aptinib），分子式 $C_{24}H_{23}N_5O$，化学名称为 *N*-[4-(1-氰基环戊基)苯基]-2-(4-吡啶甲基)氨基-3-吡啶甲酰胺，是一种分子靶向抗肿瘤药物，是一种典型的小分子血管内皮生长因子酪氨酸激酶抑制剂，可用于治疗晚期非小细胞肺癌、胃癌、肝癌以及乳腺癌等。涉案专利研发的烟酰胺类衍生物的新晶型改善了现有烟酰胺类衍生物甲磺酸盐的形状和吸湿性。涉案专利的一水合烟酰胺类衍生物的甲磺酸盐 A 晶型，具有良好的高温稳定性、高湿稳定性和光照稳定性，有利于药物加工和药物组合物中使用，可以在治疗晚期非小细胞肺癌、胃癌、肝癌或乳腺癌的药物中应用，并且具有较好的生物利用度。

经过实质审查，涉案专利于 2016 年 4 月 27 日被授予专利权，本专利授权公告时的主要权利要求包括：

1. *N*-[4-(1-氰基环戊基)苯基]-2-(4-吡啶甲基)氨基-3-吡啶甲酰胺甲磺酸盐 A 晶型，其特征在于，其 XRPD 图谱在 2θ = 5.340°、10.341°、14.438°、15.841°、17.320°、18.301°、18.680°、19.005°、19.577°、20.260°、21.161°、21.859°、22.379°、23.040°、23.500°、24.177°、24.959°、25.881°、26.641°、27.180°、28.300°、28.999°、29.501°、31.960°、32.258°、33.999°、36.798°、37.380°、41.297° 处具有衍射峰，其中 2θ 值的误差范围为±0.2°，含水量为 2.5%~4.5%。

4. 制备如权利要求 1、权利要求 2 或权利要求 3 所述的 *N*-[4-(1-氰基环戊基)苯基]-2-(4-吡啶甲基)氨基-3-吡啶甲酰胺甲磺酸盐 A 晶型的方法，其特征在于，包括以下步骤：将 *N*-[4-(1-氰基环戊基)苯基]-2-(4-吡啶甲基)氨基-3-吡啶甲酰胺的甲磺酸盐投入有机溶剂中，所述 *N*-[4-(1-氰基环戊基)苯基]-2-(4-吡啶甲基)氨基-3-吡啶甲酰胺的甲磺酸盐与所述有机溶剂的配比为 1：(150~250)g/mL，在室温下摇床震荡，然后过滤、真空干燥，所得白色粉末即为烟酰胺类衍生物的甲磺酸盐 A 晶型；

所述有机溶剂为醇类、醚类、酯类、酮类、脂肪烃类、芳香烃类有机溶剂的任一种，或者上述任意两种或两种以上以任意比例的混合；

所述醇类有机溶剂为甲醇、乙醇、异丙醇、正丙醇、异丁醇、正丁醇或；

所述醚类有机溶剂为异丙醚或甲基叔丁基醚；

所述酯类有机溶剂为乙酸乙酯或乙酸丁酯；

所述酮类有机溶剂为丁酮或 4-甲基-2-戊酮；

所述脂肪烃类有机溶剂为正庚烷；

所述芳香烃类有机溶剂为甲苯。

8. 制备如权利要求1、权利要求2或权利要求3所述的*N*-[4-(1-氰基环戊基)苯基]-2-(4-吡啶甲基)氨基-3-吡啶甲酰胺甲磺酸盐A晶型的方法，其特征在于，包括以下步骤：将*N*-[4-(1-氰基环戊基)苯基]-2-(4-吡啶甲基)氨基-3-吡啶甲酰胺的甲磺酸盐溶解于二甲基甲酰胺中，所述*N*-[4-(1-氰基环戊基)苯基]-2-(4-吡啶甲基)氨基-3-吡啶甲酰胺的甲磺酸盐与所述二甲基甲酰胺的配比为1：(35~50)g/mL，然后滴加异丙醚、甲基叔丁基醚或乙腈，当发现有固体析出时停止滴加异丙醚、甲基叔丁基醚或乙腈，将上述反应液静止至得到类白色固体，将类白色固体过滤，真空干燥，得到白色粉末即为烟酰胺类衍生物的甲磺酸盐A晶型。

在无效宣告请求审查程序中专利权人没有修改权利要求书。

三、主要无效理由和证据

无效请求人请求宣告涉案专利权利要求全部无效，在无效审查过程中，无效请求人先后提交了3组证据（证据1~17），主要的无效理由为：权利要求3~10优先权不成立，全部权利要求不具备新颖性和创造性。

（1）权利要求3~10优先权不成立。请求人认为：①证据1是涉案专利优先权文件的公开文本，仅记载了阿帕替尼甲磺酸盐A晶型的XRPD图谱数据及图谱，含水量为2.5%~4.5%，但并没有记载本专利权利要求3保护的技术方案，即没有记载A晶型为一水合物；同时，证据1也没有记载阿帕替尼甲磺酸盐A晶型的DSC-TGA图谱和分析结果，根据XRRD图谱也无法判断出一水合物的存在。因此权利要求3的技术方案没有记载在本专利的优先权文本中，因而不能享受优先权。权利要求10引用权利要求3的技术方案也不能享受优先权。②权利要求4~9保护的技术方案并未在优先权文件中记载，其中优先权文件中还记载了时间特征，而权利要求4~9均删除了这些内容，而且权利要求4、权利要求6、权利要求8还增加了“甲磺酸盐与有机溶剂配比”的内容，权利要求4还涉及温度，因此，权利要求4~9不能享受优先权。

（2）全部权利要求不具备新颖性。请求人认为：①权利要求1~3相对于证据6不具备新颖性。证据6公开了化合物A（*N*-[4-(1-氰基环戊基)苯基]-2-(4-吡啶甲基)氨基-3-吡啶甲酰胺）的甲磺酸盐的制备方法，即与涉案专利相同化合物的一种晶体，涉案专利权利要求1限定了A晶型的XRPD图谱以及含水量，与证据6实施例4的区别在于证据6没有公开XRRD图谱。一方面，无法依据证据6公开的信息将其与权利要求1相区别；另一方面，含水量并不能对A晶型的结构和组成产生影响，而且涉案专利图2用DSC法测定对比物（重复证据6制备的晶体）的熔点是197.69℃，与涉案专利所述A晶型的熔点198~200℃非常接近，可以认为具有相同熔点的，因此，基于证据6公开的内容，无法将其中化合物A的甲磺酸盐的晶体与本专利的A晶型区分开；此外，证据6记载了将化合物A的甲磺酸盐在RH90%条件下放置6个月，在室温下放置6个月后，测定了所得物质的化学稳定性。根据涉案专利实施例17及表3的记载，由证据6制备方法获得针状晶体在RH90%条件下放置6个月，在室温下放置6个月后均能得到本专利的A晶型。由此可见，证据6实际已获得和披露了本专利的A晶型；同时，证据7中晶型研究部分记载了请求人按照证据6的上述制备方法获得了阿帕替尼甲磺酸盐的A晶型，且该晶型的XRPD图谱和含水量与涉案专利权利要求1中记载的完全一致，证据13依照证据6中制备实施例4进行重复试验，并测定所得针状晶体的含水量和XRPD图均与涉案专利权利要求1一致，由此足以证明证据6公开了与权利要求1相同的A晶型。综上所述，权利要求1~3不具备新颖性。②权利要求3和权利要求10相对于证据2~5不具备新颖性。证据2公开了甲磺酸阿帕替尼于2014年12月13日获得国家食品药品监督管理总局批准用于治疗晚期胃癌，某院于2015年4月—2016年3月在临床上使用阿帕替尼（商品名：艾坦，江苏恒瑞医药股份有限公司，批准文号国药准字H20140105，规格：0.425g），由此可见，在本专利申请日之前，请求人生产的艾坦已上市销售。与证据3对比可知，江苏恒瑞医药股份有限公司生产的“甲磺酸阿帕替尼片”的XRPD图谱与涉案专利权利要求1中记载的XRPD图谱完全相同，水分含量为3.46%，也落在涉案专利权利要求1中的2.5%~4.5%之内。综上可知，江苏恒瑞医药股份有限公司生产的“甲磺酸阿帕替尼片”、商品名称为“艾坦”的药品，其晶型完全落在了涉案专利权利要求1的保护范围之内。证据4对专利权人提供的甲磺酸阿帕替尼原料药（自制）及请求人上市的甲磺酸阿帕替尼片（含量0.425g，批号16051356）样品进行常规晶型分析，XRPD图谱显示，片剂样品的出峰位置与原料药的基本保持一致，从DSC图谱中可以看出，片剂样品与原料药样品在100℃之前均有一个吸收峰，在195~198℃间均出现一个熔融吸收峰，因参比原料药的XRPD的出峰位置与涉案专利权利要求1的出峰位置完全相同，因此，证据4表明艾坦片剂中的甲磺酸阿帕替尼的XRPD的出峰位置落入权利要求1的保护范围。证据5是专利权人购买艾坦用于证据4测试所附的药品说明书，最后一页0.425g规格的批准文号与证据2相同。由此可见，艾坦在本专利申请日之前在国内已被制造、上市销售和使用，其中活性成分阿帕替尼甲磺酸盐落入权利要求3的保护范围，因此，申请日前已经处于公众想要得知即可得知的状态，从而导致权利要求3不具有新颖性。由于证据2公开了艾坦在治疗胃癌中的应用，基于权利要求3相同的理由，权利要求10相对证据2也不具有新颖性。③权利要求4~9相对证据1不具备新颖性。证据1公开了与涉案专利具有相同XRPD图谱和含水量的A晶型及其制备方法，公开了涉案专利权利要求4~9引用权利要求1或权利要求2时的技术方案的全部技术特征，从而不具备新颖性。

（3）全部权利要求不具备创造性。请求人认为：权利要求1~10相对于证据6不具备创造性。涉案专利权利要求1与证据6相比，区别在于权利要求1限定了XRPD图谱的部分衍射峰和含水量，而证据6未明确产品晶型。即便证据6并未披露具体的A晶型及相应的XRPD图谱和含水量，但本领域技术人员依据证据6公开的稳定性试验可以确定，当证据6的化合物A的甲磺酸盐室温放置后，得到A晶型是非常容易的，而通过常规的晶型检测手段对其相应的参数进行测定是本领域公知的，因而权利要求1技术方案的获得是显而易见的，没有预料不到的技术效果，不具有创造性。

四、主要审查结论

对于无效请求人的主张，合议组认为：

1. 关于权利要求3~10优先权不成立

(1) 关于权利要求3、权利要求10的优先权，合议组认为涉案专利权利要求3相对于证据1即优先权文件增加了关于“一水合甲磺酸盐”的内容。判断权利要求3是否享受优先权，关键在于判断。当XRPD衍射峰相同时，限定为“一水合甲磺酸盐”的技术方案与未限定“一水合甲磺酸盐”的技术方案是否实质相同。

首先，根据本领域的常规理解，“一水合甲磺酸盐”是指每1mol甲磺酸盐含有1mol水，其含水量是确定的一个具体点值，根据甲磺酸阿帕替尼分子量为493.58可计算出一水合甲磺酸盐的含水量应为18/(493.58+18)≈3.52%，权利要求3限定为“一水合甲磺酸盐”相当于在证据1的基础上进一步限定了具体的含水量，但是证据1中并未记载具有该含水量的甲磺酸盐晶体，证据1实施例1~3所制得晶体的含水量均与之存在较大差异，因此“一水合甲磺酸盐”属于在证据1的基础上新增加的技术内容。

其次，在晶体领域，溶剂合物（包括水合物）可以分为化学计量类和非化学计量类，如果水合物晶体是非化学计量类，水分子一般不参与晶体结构中分子网络的构建，此时水含量变化对各晶胞参数值仅仅轻微变化甚至可能没有变化，这反映在XRPD图谱上衍射峰可能基本没有变化而无法区分。因此，尽管对于化合物晶体而言，XRPD图谱通常具有指纹性，但是在水合物的场合，具有相同XRPD衍射峰的水合物晶体并不必然具有相同的水含量并属于相同的水合物，即便本专利权利要求3限定了与证据1相同的XRPD衍射峰，仍然不能认为二者必然属于相同的水合物晶型。

最后，非化学计量类水合物是本领域中常见现象，证据1权利要求3的含水量范围与一水合物并非唯一对应关系，本专利权利要求3将不明确的比例关系限定为明确的比例关系，不属于从证据1记载的内容中能够得到的技术内容。

因此，涉案专利权利要求 3 相对于证据 1 增加限定“一水合甲磺酸盐”这一技术特征，导致与证据 1 中记载的技术方案实质上并不相同，不属于相同的主题，权利要求 3 不能享受在先申请证据 1 的优先权。同理，权利要求 10 也不能享受证据 1 的优先权。

（2）关于权利要求 4~9 的优先权：涉案专利权利要求 4~9 保护制备如权利要求 1、权利要求 2 或权利要求 3 所述的甲磺酸盐 A 晶型的方法，其中权利要求 4 限定了所述甲磺酸盐与有机溶剂的配比为 1：（150~250）g/mL，在室温下摇床震荡。一方面，证据 1 实施例 1 和权利要求 4 均记载将 500mg 烟酰胺类衍生物的甲磺酸盐投入 100mL 有机溶剂中，相应的配比为 1：200g/mL，可见，涉案专利权利要求 4 中甲磺酸盐与有机溶剂的配比在优先权文件的基础上扩大了保护范围；另一方面，由于结晶时间在某些情况下也会对所得晶型产生影响，证据 1 实施例 1 和权利要求 4 均记载“室温 35℃下摇床震荡 48 小时”，而涉案专利权利要求 4 删除震荡时间，也导致了保护范围扩大。综上所述，权利要求 4 的技术方案在证据 1 的基础上扩大了保护范围，二者不属于相同主题，权利要求 4 不能享受在先申请证据 1 的优先权。同理，权利要求 5 也不能享受在先申请证据 1 的优先权。

权利要求 6 和权利要求 8 分别限定了所述甲磺酸盐与甲醇和二甲基甲酰胺的配比范围，权利要求 6~9 均未限定将反应液静止的时间，而证据 1 中所述甲磺酸盐与甲醇和二甲基甲酰胺的配比均为具体值，且明确了将反应液静止 12 小时，因此，涉案专利权利要求 6~9 技术方案在证据 1 的基础上均扩大了保护范围，不属于相同的主题，权利要求 6~9 不能享受在先申请证据 1 的优先权。

2. 关于全部权利要求不具备新颖性

（1）关于权利要求 1~3 的新颖性：由于证据 6 公开了与本专利相同化合物的一种晶体，但并未提供该晶体关于晶型方面的信息。因而，判断权利要求 1 新颖性的关键在于根据证据 6 和涉案专利的记载能否判断二者是否属于相同的晶型。合议组考察了涉案专利所述的 A 晶型和证据 6 晶体之间的物性参数的异同。虽然二者关于晶体的熔点、溶解性、稳定性接近。但是，熔点高低反映了晶体的晶格能大小，熔点可以作为表征晶体的一种物性参数，但是由于同一物质的不同晶型也可能具有接近的熔点，该案中不能单独用熔点来确认两种晶型是否相同。固体物的溶解度与晶型、粒径等多种因素有关，也不能单独用来区分同一物质的不同晶型。化学稳定性反映的是物质发生化学反应的能力，理论上与晶型无直接关系，因此依据吸湿性、熔点、溶解度、化学稳定性等性质区分同一物质的不同晶型并不充分，需要结合其他表征手段进行佐证才能确认。固态表征手段，例如 XRPD 是目前公认的鉴定晶型的有效手段之一，涉案专利实施例 17 和表 3 采用固态表征手段 XRPD 对比了二者的晶型稳定度，虽然没有给出具体图谱进行对比，但明确记载了根据证据 6 的方法制备得到的对比针状固体在一定条件下可以转化为 A 晶型，初步表明二者属于不同的晶型，因此，在没有充分证据推翻涉案专利实施例 17 和表 3 的结论的情况下，不能得出涉案专利所述的 A 晶型与证据 6 所制得的晶体属于相同晶型的结论。

此外，对于请求人关于证据 6“稳定性”部分将所述的甲磺酸盐在室温下放置 6 个月后实际已获得和披露了本专利 A 晶型的主张，合议组认为，现有技术应当是在申请日以前公众能够得知的技术内容，换句话说，现有技术应当在申请日以前处于能够为公众获得的状态，并包含能够使公众从中得知实质性技术知识的内容。证据 6 在制备实施例 4 制得了化合物 A 的甲磺酸盐晶体，“稳定性”部分的实验目的是考察所述甲磺酸盐的稳定性，而非将其转化为一种新晶型并加以利用，虽然根据涉案专利实施例 17 的记载，证据 6 所述的甲磺酸盐在室温下放置 6 个月后客观上可转化为 A 晶型，但是证据 6 并未关注所述甲磺酸盐的晶型问题，更未关注稳定性实验前后晶型会发生变化，本领域技术人员不会由此而获得 A 晶型并加以利用，因此，根据证据 6 公开的内容，本领域技术人员无法获知经过稳定性试验后的样品是不同于制备实施例 4 所制备晶体的新晶型，也无法获知关于 A 晶型的实质性技术内容，不能认为证据 6 已经实际公开了 A 晶型。

（2）关于权利要求 3 和权利要求 10 的新颖性：请求人主张以证据 2 中记载的事件来说明：①甲磺酸阿帕替尼于 2014 年 12 月 13 日获得国家食品药品监督管理总局批准构成公开销售；②2015 年 4 月—2016 年 3 月阿帕替尼在某医院的临床使用构成使用公开。但是，①证据 2 并未记载何时开始上市销售，不能认为于批准日起立即发生了公开销售的事实，使药物的组成和结构信息处于社会公众想得知就能得知的状态。另外，未说明该药品是否是该医院通过公开销售渠道获得，也不清楚该医院与生产者之间的关系，2015 年 4 月—2016 年 3 月亦不能被认为是艾坦公开销售的时间，因而根据证据 2 并不能获知艾坦公开销售的准确时间。②对于某院临床使用是否构成本专利的使用公开的问题，合议组认为，临床试验是指由医师或药师将药物提供给患者服用，以验证药物的治疗效果为目的的系统性研究，根据该使用目的，医师或药师通常并不会对药品进行检测以获取其中相关药物成分除药品说明书以外的结构信息，接受治疗的患者更无对药品进行检测的可能性，否则违背临床试验的使用目的。即便该临床试验是公开进行的，相关人员也不会因临床使用而得知艾坦中甲磺酸阿帕替尼的晶体结构信息，因此本领域技术人员通过该临床使用无法得知艾坦中甲磺酸阿帕替尼的晶体结构信息，某院的临床试验不能破坏本专利权利要求的新颖性。

因此，根据现有证据尚不能证明艾坦在本专利的申请日以前已公开销售，且本领域技术人员通过临床使用无法获得艾坦中甲磺酸阿帕替尼的晶体结构信息，权利要求 3 具备《专利法》第二十二条第二款规定的新颖性。

（3）关于权利要求 4~9 的新颖性：由于权利要求 4~9 不能享受证据 1 的优先权，因此，证据 1 可以作为现有技术评价权利要求 4~9 的新颖性和创造性。证据 1 公开了烟酰胺类衍生物（即 *N*-[4-(1-氰基环戊基)苯基]-2-(4-吡啶甲基)氨基-3-吡啶甲酰胺）的甲磺酸盐 A 晶型的制备方法，A 晶型的 XRPD 图谱和含水量。其中，证据 1 实施例 1 所得 A 晶型的 XRPD 图谱及含水量均与涉案专利相同，也公开了权利要求 4~9 所述的制备方法，因此权利要求 4~9 直接或间接引用权利要求 1 和权利要求 2 的技术方案相对证据 1 不具备《专利法》第二十二条第二款规定的新颖性。

3. 关于权利要求 1~10 不具备创造性

双方当事人关于创造性的争议焦点在于该专利是否产生预料不到的技术效果。对此，合议组首先考察了涉案专利和证据 6 关于两种晶体性质和效果的描述。涉案专利分别对比了两种晶体的溶解度、化学稳定性和晶型稳定度。所述 A 晶型与对比物相比化学性质均很稳定，溶解度相当，没有明显的差异，对比物在 RH90% 条件下放置 6 个月、在室温下放置 6 个月后得到涉案专利的

A 晶型，说明本专利 A 晶型稳定度较好。因此，涉案专利权利要求 1 相对于证据 6 实际解决的技术问题是提供一种晶型稳定度较好的不同晶型。合议组认为权利要求 1 相比证据 6 是否具备创造性的关键在于，本领域是否存在寻找具有较高晶型稳定性的晶体以及本专利晶型稳定性方面的优点是否达到本领域技术人员预料不到的程度。

首先，合议组查明，多晶型是有机药物中的常见现象，在已知一种有机药物存在晶体的情况下，出于保证药品质量的最基本要求考虑，研究制备有机药物的多晶型，从中寻找符合药物生产和使用需要的优势药物晶型是本领域普遍存在的动机，而且通过改变结晶溶剂、结晶温度等条件以获得不同晶型属于本领域的常规技术手段。在证据 6 已经公开了所述化合物 A 的甲磺酸盐晶体的基础上，为了获得适合药物生产和使用需要的多晶型，本领域技术人员根据其掌握的普通技术知识容易想到，将证据 6 的结晶方法进行常规改变。例如，改变结晶溶剂并根据所得晶体的理化性能进行常规选择，即可得到本专利权利要求 1 所述的 A 晶型。

其次，对于晶体稳定度，如上文所述，在已知一种有机药物存在晶体的情况下寻找符合药物生产和使用需要的优势药物晶型是本领域普遍存在的动机，获得该专利的 A 晶型具有较好的晶型稳定度并未超出本领域技术人员的预期。因此，权利要求不具备创造性。

结论：宣告 ZL 201510398190. 1 专利权全部无效。

案件看点

该案涉及国家 1. 1 类新药遭遇专利侵权指控，该 1. 1 类新药是江苏恒瑞医药股份有限公司自主研发的甲磺酸阿帕替尼片（商品名为艾坦），其是用于治疗晚期胃癌的靶向药物中的口服制剂。2016 年年底，上海宣创生物科技有限公司以侵犯其“烟酰胺类衍生物的甲磺酸盐 A 晶型及其制备方法和应用”（专利号：ZL 201510398190. 1，即该涉案专利）发明专利权为由，将恒瑞医药起诉至法院，请求法院判令恒瑞医药立即停止生产、销售阿帕替尼，并赔偿经济损失 100 万元。虽然索赔额只有 100 万元，但牵涉到能够被纳入新版医疗保险目录谈判范围，随后，恒瑞医药向国家知识产权局专利复审委员会针对该专利权提起无效宣告请求。

决定中对案件涉及的晶体发明的优先权认定、临床试验是否构成专利法意义的使用公开及药品晶体发明的新颖性、创造性判断等医药领域的难点、热点问题进行了分析和解读。对药品晶体发明的优先权认定及新颖性、创造性判断等具有指导意义。

申请日或优先权日是划分现有技术的时间界限。优先权制度是为方便专利申请人在不同国家和地区申请专利提供便利的程序性设计，必须受在先申请原则的限制，在优先权日以后所作的任何改进，包括扩大保护范围和增加新的技术特征等，都不能享受在先申请的优先权，避免这一制度为其带来不应有的利益，损害社会公众的利益。要求享受优先权的权利要求应当涉及与在先申请相同的主题，即该权利要求的技术方案应当清楚地记载于该在先申请的文件中，如果该权利要求的技术方案不同于该在先申请的说明书和权利要求书中记载的相应技术方案，那么二者不属于相同主题，该权利要求不能享受该在先申请的优先权。

溶剂合物晶体中溶剂含量及溶剂分子数目的限定对相同主题的判定是否产生影响是核实晶体优先权的一大难题，该案通过对优先权制度的目的和技术方案的实质进行分析，结合现有技术和涉案专利的记载，判断使用溶剂含量及溶剂分子数目对溶剂合物晶体限定前后技术方案是否实质相同，尝试为优先权的审查提供一种思路。

该案提示我们，虽然优先权是专利申请中非常有用的一个工具，但能否享有优先权往往成为一件专利申请最终能否授予专利权和专利权稳定性的决定性因素。在后申请相对在先申请的保护范围往往会发生变化，这时候可能导致丧失优先权。同时，随着技术的不断进步，不可避免地出现后续申请的改进技术方案不能享有在先申请的优先权，申请人需要了解是否能够享有优先权的实质性判断基准，认识到申请、公开相关时间节点的重要性，如应尽量在在先申请的公布日之前提交在后申请，尽量不要提前公开等，尽量避免与自己技术内容相关的在先申请构成在后申请的现有技术或抵触申请的情形。

案例引申

引申案例 16-1

“植物提取物，含所述提取物的组合物，其提取方法及其用途”复审请求案

一、案件基本信息

涉案专利申请号：ZL 201080051551.0

案件类型：发明专利复审请求案

发明名称：植物提取物，含所述提取物的组合物，其提取方法及其用途

复审请求人：博仲盛景医药技术（北京）有限公司

复审决定编号：89636

二、案件技术方案情况

涉案专利请求保护的来自桑树叶的总亚氨基糖提取物对α-葡萄糖苷酶Ⅰ和Ⅱ相比纯化学 DNJ 具有更有力的抑制性活性。桑树叶在亚洲国家，尤其是中国具有长的医药使用历史。来自桑树叶的亚氨基糖成分呈现对α-葡萄糖苷酶Ⅰ和Ⅱ的特定抑制性活性，它们之中 1-脱氧野尻霉素（DNJ）显示最强活性。涉案专利使用的原料为桑树叶，相比于其他原料更容易再生，获得的桑树提取物的成本比获得纯化学 DNJ 的少得多，治疗过度色素沉着相关的疾病的成本可大大减少。

经过实质审查，涉案专利申请于 2014 年 9 月 9 日以全部权利要求不具备新颖性为由被驳回，驳回决定所针对的主要权利要求包括：

1. 植物提取物，其获自桑属（Morus）植物叶，其具有以小于 90μg/mL 的浓度抑制 α-葡萄糖苷酶Ⅰ的 IC_{50} 值，其特征在于包含：5%~40%（质量分数）总亚氨基糖，如通过定量 HPLC 和/或 LC-MS（液相层析/质谱法）测量，其中亚氨基糖还包括：1,4 双脱氧-1,4-亚氨基-D-阿拉伯糖醇（DAB），2-O－α-D-半乳吡喃糖基-DNJ（GAL-DNJ）和打碗花精 B；20%~70%（质量分数）总氨基酸；是浅黄色或近白色；以及易溶于水。

14. 生产权利要求 1~13 中任一项的植物提取物的方法，所述方法包括下列步骤：

（a）进行从叶材料用水或醇的提取步骤；（b）进行使用强酸性阳离子交换树脂的柱层析纯化步骤，用水洗涤，用氨溶液洗脱，收集洗脱液并从中去除氨；（c）使用大孔吸附树脂使洗脱液经历柱层析，收集溶液；以及（d）浓缩并干燥提取物，其中（a）将植物叶干燥并制造成粗粉，用 5~18 倍的 0%~40% 的低分子量醇/桑属（Morus）植物叶（w/w）量进行提取步骤，并重复达 5 次，（b）用柱体积 1~2 倍的水洗涤柱并去除洗涤液，以柱体积 1~3 倍/小时的洗脱速度，用柱体积的 2~8 倍 0.2~1.0mol/L 氨水溶液洗脱柱，并收集具有 9.0~11.0 的 pH 的洗脱液，（c）用 20∶1~5∶1 之间的溶液和柱之间的体积比洗脱柱，以及（d）将干燥的提取物粉碎而经过 80 目筛。

15. 权利要求 1~13 中任一项的植物提取物或权利要求 14 的方法的产物，其用作药物以治疗由色素沉着导致的病情。

18. 权利要求 1~13 中任一项的植物提取物或权利要求 15 或权利要求 16 的方法的产物，其用于控制血糖。

19. 化妆品或药物，所述化妆品或药物包含权利要求 1~13 中任一项的植物提取物或权利要求 14 的方法的产物与选自下列一种或更多皮肤光泽剂组合：维生素 C 和其衍生物，曲酸，熊果苷，二乙酰波尔定碱，壬二酸，十八碳烯二酸，十一碳烯酰苯丙氨酸，甘草提取物，芦荟提取物，水田芥提取物，叶藻属（Ascophyllum）提取物，啤酒花提取物，谷胱甘肽，蜕皮素和/或鞣花酸。

22. 药物，营养物或食品或饮料添加剂或补充物，其包含权利要求1~13中任一项的植物提取物或权利要求14的方法的产物。

23. 食品或饮料，其包含权利要求1~13中任一项的植物提取物或权利要求14的方法的产物。

复审请求人提出复审请求时，提交了权利要求书的全文替换页（共4页22项），相对于驳回决定所针对的权利要求书，修改之处在于修改了权利要求14、权利要求22、权利要求23，具体为：权利要求14的生产方法中添加了“在步骤（a）中获得的液体提取物的过滤之后”“从步骤（b）中的洗脱液去除氨，并调整到pH7”；删除权利要求22的部分技术方案、权利要求23，未对权利要求1进行修改。复审请求新修改的主要权利要求如下：

1. 植物提取物，其获自桑属（Morus）植物叶，其具有以小于90μg/mL的浓度抑制α-葡萄糖苷酶Ⅰ的IC_{50}值，其特征在于包含：5%~40%（质量分数）总亚氨基糖，如通过定量HPLC和/或LC-MS（液相层析/质谱法）测量，其中亚氨基糖还包括：1,4双脱氧-1,4-亚氨基-D-阿拉伯糖醇（DAB），2-O－α-D-半乳吡喃糖基-DNJ（GAL-DNJ）和打碗花精B；20%~70%（质量分数）总氨基酸；是浅黄色或近白色；以及易溶于水。

14. 生产权利要求1~13中任一项的植物提取物的方法，所述方法包括下列步骤：

（a）进行从叶材料用水或醇的提取步骤；（b）进行使用强酸性阳离子交换树脂的柱层析纯化步骤，用水洗涤，及用氨溶液洗脱，收集洗脱液并从中去除氨；（c）使用大孔吸附树脂使洗脱液经历柱层析，收集溶液；以及（d）浓缩并干燥提取物，其中（a）将植物叶干燥并制造成粗粉，用5~18倍0%~40%的低分子量醇/桑属（Morus）质量分数进行提取步骤，并重复达5次，（b）在步骤（a）中获得的液体提取物的过滤之后，用柱体积1~2倍的水洗涤柱并去除洗涤液，以柱体积1~3倍/小时的洗脱速度，用柱体积2~8倍的

0.2~1.0mol/L 氨水溶液洗脱柱，并收集具有 9.0~11.0 的 pH 的洗脱液，（c）从步骤（b）中的洗脱液去除氨，并调整到 pH7，用 20∶1~5∶1 之间的溶液和柱之间的体积比洗脱柱，以及（d）将干燥的提取物粉碎而经过 80 目筛。

15. 权利要求 1~13 中任一项的植物提取物或权利要求 14 的方法的产物，其用作药物以治疗由色素沉着导致的病情。

18. 权利要求 1~13 中任一项的植物提取物或权利要求 15 或权利要求 16 的方法的产物，其用于控制血糖。

19. 化妆品或药物，所述化妆品或药物包含权利要求 1~13 中任一项的植物提取物或权利要求 14 的方法的产物与下列一种或更多种皮肤光泽剂组合：维生素 C 和其衍生物，曲酸，熊果苷，二乙酰波尔定碱，壬二酸，十八碳烯二酸，十一碳烯酰苯丙氨酸，甘草提取物，芦荟提取物，水田芥提取物，叶藻属（Ascophyllum）提取物，啤酒花提取物，谷胱甘肽，蜕皮素和/或鞣花酸。

22. 药物，其包含权利要求 1~13 中任一项的植物提取物或权利要求 14 的方法的产物。

三、主要复审请求理由和证据

复审请求人认为：审查员对于优先权和新颖性的意见相矛盾：既然审查员认为权利要求 1 的提取物与 D1 的提取物完全相同，那么权利要求 1 的技术方案就可以享受优先权。在权利要求 1 的技术方案享受优先权的情况下，D1 就不能作为抵触申请，不能评价权利要求 1 的新颖性。修改后的权利要求 14 增加了过滤和调 pH 至中性的步骤，修改后的权利要求 14 享受优先权；修改后的权利要求 22 享受优先权。

四、主要审查结论

合议组核实了涉案专利和优先权文本记载的内容，认为：（1）关于权利要求 1 的优先权，涉案权利要求 1 中的植物提取物与在先申请中所述的植物提取物的制备方法的原料、步骤和工艺条件是完全相同。虽然，在先申请并未公开总亚氨基糖中还包含 1,4 双脱氧-1,4-亚氨基-D-阿拉伯糖醇（DAB），2-O-α-D-半乳吡喃糖基-DNJ（GAL-DNJ）和打碗花精 B，但由于选用了相同的原料，并采用了相同的制备方法、工艺条件，所以制备的提取物产品也应当相同，因此可以判断在先申请公开的植物提取物中也包含 1,4 双脱氧-1,4-亚氨基-D-阿拉伯糖醇（DAB），2-O-α-D-半乳吡喃糖基-DNJ（GAL-DNJ）和打碗花精 B。另外，该权利要求中所述的“如通过定量 HPLC 和/或 LC-MS（液相层析/质谱法）测量”仅是总亚氨基糖的测定方法，不会对该植物提取物的组合和/或结构产生任何影响。由于产品权利要求的范围是由产品的组成、含量等特征确定的，因此，在在先申请和本申请的提取物的组合、含量、结构相同的情况下，可认为涉案专利申请权利要求 1 与在先申请属于相同的主题。因此，涉案申请权利要求 1 享有优先权。

（2）从属权利要求 4 限定了总亚氨基糖的含量范围为 15%～20%（质量分数）、权利要求 11 限定了 DNJ 的含量范围，在先申请中虽然没有记载权利要求 4、权利要求 15 的上述附加技术特征，但是参考对权利要求 1 的评述过程，也可以判断在先申请公开的植物提取物中也包含相同含量范围的总亚氨基糖和 DNJ，提取获得的植物提取物的组成、含量、结构不变。对于权利要求 2～3、权利要求 5～14、权利要求 16～22 中的附加技术特征或者其他特征均已记载在在先申请中，因此，涉案专利申请权利要求 2～22 也享有以在先申请为在先申请的优先权。

由于权利要求 1～12 享有在先申请的优先权，因此，在先申请不能作为涉案专利申请的抵触申请，不具备新颖性的理由不成立。

结论：撤销国家知识产权局于 2014 年 9 月 9 日对该申请作出的驳回决定。

该案涉及优先权中涉及的“相同主题的发明”与新颖性评述中涉及的“同样的发明创造”的判断原则，前审认为优先权是否成立与是否具备新颖性，两者是相互独立的，不存在必然关系。在核实优先权时，需要核实在先申请是否涉及与在后申请相同的主题，即判断在后申请中各项权利要求所述的技术方案是否清楚地记载在上述在先申请的文件中。认为涉案专利申请的优先权文本中没有记载打碗花精 B 等特征，但是在后申请（涉案专利申请）中则增加了这些并未记载过的特征，不能从在先申请中直接和毫无疑义地得出，导致其优先权不成立。而在评述新颖性的时候，前审认为在先申请与涉案专利申请选用相同的原料、以相同的制备方法得到一种提取物，该提取物应当是相同的。虽然涉案专利申请还限定了提取物中含有打碗花精 B 等特征，但并未改变提取物的组成，因而在先申请构成涉案专利申请的抵触申请，推定权利要求不具备新颖性。

但是，合议组认为：核实作为要求优先权基础的在先申请与要求优先权的在后申请是否是相同的主题时，应当把在先申请作为一个整体进行考虑，只要在先申请文件记载了在后申请权利要求所述的技术方案，就应当认定该在先申请与在后申请涉及相同的主题。所谓记载，并不要求在叙述方式上完全一致，只要阐明了在后申请的权利要求所述的技术方案，即可认为技术方案实质上相同。具体到此案，在先申请清楚地记载了植物提取物的原料、制备方法、工艺条件、提取物形态特征等，即已经对提取物作了清晰的限定和描述，虽然没有记载 DAB 等具体的成分信息，但是上述成分信息属于提取物中客观存在的物质，即使没有记载，也不会使提取物的组成、结构等发生变化。

可见，前审在判断优先权是否成立的时候，对“相同主题的发明”的判断原则理解有偏颇，判断时不要求在叙述方式上完全一致，只要在先申请与在后申请的技术方案实质上相同即可。《专利法》第二十九条所述“相同主题的发明或实用新型”，是指技术领域、所解决的技术问题、技术方案和预期的技术效果相同的发明或实用新型。这一定义决定了《专利法》第二十九条语境下“相同主题的发明或实用新型”的判断与新颖性条款中“同样的发明或实用新型”的判断具有相似之处，表现在，可以尝试将在先首次申请看作对比文件，考察在后申请的各项权利要求是否具备新颖性。如果在后申请的某项权利要求不具备新颖性，则其能够享有优先权；反之，则不能享有优先权。

但是，基于优先权制度的本质要求，如果在后申请增加了新的内容，使其权利要求的范围超出了在先申请记载的范围时，允许申请人享有在先申请的优先权将有违优先权制度建立的初衷。这使优先权成立与否的判断与新颖性判断又存在细微差异。例如，某一技术特征在在先申请中为下位概念，当在后申请将其扩展为上位概念时，尽管在先申请可以“破坏”在后申请的新颖性，但在后申请因增加了不能从在先申请直接地、毫无疑义地确定的新内容，所以不能享有在先申请优先权。

引申案例 16-2

“DPP-Ⅳ抑制剂的固体柠檬酸盐和酒石酸盐”复审请求案

一、案件基本信息

涉案专利申请号：ZL 200780036564. 9

案件类型：发明专利复审请求案

发明名称：DPP-Ⅳ抑制剂的固体柠檬酸盐和酒石酸盐

复审请求人：杭州华东医药集团新药研究院有限公司、杭州中美华东制药有限公司

复审决定编号：84211

二、案件技术方案情况

涉案专利涉及吡咯烷基氨基乙酰基吡咯烷硼酸化合物（一种有效的选择性 DPP-Ⅳ抑制剂）的酒石酸盐和柠檬酸盐形式。取代的氨基乙酰基吡咯烷硼酸是二肽基肽酶-Ⅳ（DPP-Ⅳ）抑制剂，可用于治疗糖尿病，但是不稳定，易于吸收空气中的潮气。涉案专利请求保护的 DPP-Ⅳ抑制性吡咯烷氨基乙酰基-吡咯烷-2-硼酸的物理化学上稳定的有机盐形式。其柠檬酸盐和酒石酸盐是基本上不潮解的固体，可在环境条件下贮存至少 12 个月而不分解。这些化合物的固体形式适于 DPP-Ⅳ抑制剂的处理、配制、贮存和施用，所述 DPP-Ⅳ抑制剂可用作用于治疗糖尿病的口服药物。

经过实质审查，涉案专利申请于 2013 年 7 月 2 日以全部权利要求不具备创造性为由被驳回，驳回决定所针对的主要权利要求包括：

1. 式(Ⅰ)的吡咯烷化合物

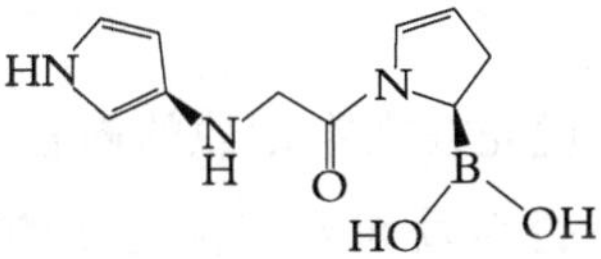

(Ⅰ)

或其下式的环状异构体

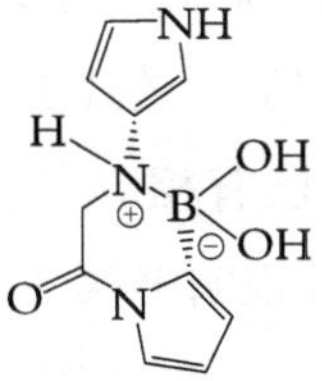

或其混合物的L-酒石酸盐水合物的固体形式,其中所述固体形式包含按质量计9%~13%的水，其中所述固体形式是不吸湿的。

3. 一种药物组合物，包含：

(a) 权利要求1的形式；以及

(b) 可药用载体。

7. 权利要求1的L-酒石酸盐水合物固体形式，其中所述固体形式当在25℃下在40%~60%的相对湿度下暴露于气体时为基本上不吸湿的固体。

复审请求人没有修改申请文件。

三、主要复审请求理由和证据

复审请求人提交了证据1（作为要求优先权的基础的美国临时申请US 60/841097的复印件，共60页），认为：该优先权申请（证据1）的第5页第6~7行、第14页第2~3行和第6行均记载了酒石酸盐稳定地形成固体并且所述固体不潮解的相关内容。因此，“基本不潮解的固体形式”这一特征已明确地记载在优先权申请中，因此该申请各权利要求的优先权都是成立的。因而，对比文件2（WO 2007016356A1，其公开日2007年2月8日在本申请优先权日2006年8月30日之后）不能用于评价本申请的创造性。

四、主要审查结论

合议组核实了涉案专利和优先权文本记载的内容，认为：①核实作为要求优先权的基础的在先申请是否涉及与要求优先权的在后申请相同的主题。在核实涉案申请的优先权时，需要将涉案申请要求保护的权利要求 1~9 的技术方案与 US 60/841,097 的说明书和权利要求书的内容进行比较。该案的争议特征“所述固体形式是不吸湿的”，在 US 60/841,097 文件说明书的第 5 页第 6~7 行、第 14 页第 2~6 行中已有相应表述。权利要求 1~9 的整体技术方案也可以由 US 60/841，097 文件说明书第 2 页最后一段至第 3 页、第 5 页第一段、第 14 页、16 页、20~22 页、实施例 5、附图 8 等的记载得出。因而，在先申请文件 US 60/841,097 记载了与该申请权利要求 1~9 要求保护的技术方案相同的技术方案，二者涉及相同的主题。②核实该在先申请是否是记载了同一主题的首次申请。在判断在先申请是否为首次申请时，需要核实是否存在同一申请人、早于在先申请提出的、记载了相同主题的专利申请。在涉案申请中，原审查部门认为文件 WO 2007016356A1 为同一申请人、早于在先申请提出的、公开了相同的主题的专利申请，其应该被认定为首次申请。虽然文件 WO 2007016356A1 是属于“同一申请人”“早于在先申请提出”的专利申请，但在其中并没有记载与本申请相同的主题，WO 2007016356A1 涉及一种制备杂环硼酸及其衍生物的方法，在其说明书实施例 6 中记载了一种 9T 化合物（即(2R)-1-{2-[(3R)-吡咯烷-3-基氨基]-乙酰基}-吡咯烷-2-硼酸单-L-酒石酸盐）的制备方法，得到上述盐的冻干物。虽然 WO 2007016356A1 中公开的 9T 化合物是该申请权利要求 1 记载的式(Ⅰ)化合物，但在 WO 2007016356A1 的说明书和权利要求书全文中均未提及该化合物的“水合物固体形式产品”。因而，文件 WO 2007016356A1 并未记载与该申请相同的主题，因此其不影响在先申请 US 60/841,097 是该申请相同主题的首次申请的认定。因此，涉案申请请求的优先权成立。

结论：撤销国家知识产权局于 2013 年 7 月 2 日对该申请作出的驳回决定。

案例十五和案例十六以及引申案例 15-1、引申案例 15-2、引申案例 15-3、引申案例 15-4 均涉及优先权的核实。目前，行政审查中涉及专利优先权案件越来越多，并且优先权的表现形式也日益多样复杂化。根据《专利法》第二十九条的规定，判断优先权成立与否需要重点考察三个要件：一是在后申请与在先申请针对的是否为相同主题的发明或实用新型；二是在先申请是否为申请人针对相同主题的发明或者实用新型提出的“首次申请”；三是提出在后申请的时间是否在在先首次申请之后的12个月内。专利优先权核实的关键在于“相同主题”的判断，在“相同主题”的判断上，既要保护申请人的利益；又要避免申请人过度扩大其权利，造成专利优先权的滥用，即如何拨好天平的砝码以权衡申请人与公众之间的利益成为一直以来的难题与挑战。

在“相同主题”的判断上，重点在于在先申请和在后申请之间的主题比较，具体包括“主题”的界定、“主题”范围的确定和“主题”相同判断标准。①“主题”的界定。在判断对象上，普遍认为判断“相同主题”时，认为应当将在先申请的说明书和权利要求或者附图作为一个整体考虑，而在后申请主要针对的是权利要求，并且认为“主题”应解释为“技术方案”。②“主题”范围的确定。不要求二者在文字记载或者叙述方式上完全一致，没有改变整体的技术方案，也没有改变所解决的技术问题和实现的技术效果即可。③“主题”相同判断标准。在考察早于优先权日的在先申请是否已经记载了要求优先权的涉案专利的权利要求相同主题的发明时，应整体考察二者所属技术领域、所解决的技术问题、为此所采用技术方案和预期能够达到的技术效果是否均相同。在判断二者技术方案是否相同时，不应拘泥于记载内容形式是否完全一致，而要考虑二者技术方案的实质内容；如果二者技术方案相比，具有实质限定作用的技术特征之间分别属于上下位概念、惯用手段的直接置换或重叠或交叉的数值范围，则应认为二者技术方案具备实质差异，不属于相同主题的发明；但是，不应将涉案专利权利要求中不具有限定作用的内容纳入技术方案的对比范畴，此类限定不能使二者主题产生实质变化。

此外，《专利法》第二十九条语境下“相同主题的发明或实用新型”的判断与新颖性条款中“同样的发明或实用新型”的判断具有相似之处，但优先权成立与否的判断与新颖性判断又存在细微差异。

优先权制度是有利于申请人的。例如：①抢先申请，并通过在后申请要求优先权的方式来修改、完善技术方案；②将符合单一性的若干在先申请合并到一份在后申请中，减少专利费用，从而减轻申请人的负担；③在优先权期限内，重新提交一份与首次申请完全一致的申请，使该专利权的保护期延长等。但是，申请人在利用优先权的时候，尤其是国内优先权，在后申请相对作为优先权基础的在先申请的保护范围往往会发生变化，要求优先权时稍有不当，就会落入优先权陷阱，导致丧失优先权，甚至导致在后申请最终因优先权问题无法授权。

专利攻防的实例篇

实例 1

缺血性脑卒中治疗药物丁苯酞的研发历程和专利布局

丁苯酞是由中国医学科学院和石药集团共同研发的我国脑血管病领域第一个拥有自主知识产权的 I 类创新药物，其商品名为恩必普，适应证为轻、中度急性缺血性脑卒中。1978 年，中国科学院上海药物研究所杨俊山在南方水芹菜籽种提取分离出丁基苯酞，又名芹菜甲素。1980 年该所研究员杨靖华首次化学合成了 dl-3-正丁基苯酞。期间，药理实验证明丁苯酞有明显的抗惊厥和中枢镇静作用，该化合物于 1984 年在《药学通报》上发表名为“芹菜抗惊有效成分的分离和鉴定”的文章，但是由于后续实验发现该药发挥抗癫痫作用所需有效剂量过大而陷入研究瓶颈。直到 1986 年，冯亦璞研究员将丁苯酞的药效学研究重点从抗癫痫转向防止脑缺血和脑卒中，在分子、细胞、组织和动物水平证实了丁苯酞能够重建脑缺血区微循环，显著缩小脑梗死面积，并能保护线粒体功能，改善脑代谢。

由于丁苯酞的诞生远远超越了中国专利法的进程，比中国专利法正式实施早了整整 7 年，在当时的历史背景下，丁苯酞的化合物专利并没有条件申请专利保护就已被期刊文献公开，虽然早期公开在一定程度上起到了公开占先的防御作用，但没有核心化合物专利保护终究成为医药研发人员永远的遗憾。我国专利法第一次修订后，将“药品和化学方法获得的物质”纳入专利权保护范围，并于1993年1月1日起正式实施。同年9月，第1件名称为“芹菜甲素作为制备预防和治疗脑缺血引起的疾病的药物中的应用”（申请号CN 93117148.2）的发明专利申请正式提出，说明书及附图页数多达38页，详尽地记载了芹菜甲素的研发历程及各种脑缺血大鼠模型的相关药效学实验，该申请于2000年1月正式被授予发明专利权。通过浏览申请文件的权利要求书可以看出，科研人员在撰写过程中对于独立权利要求的概括范围及从属权利要求的纵向扩展，把握得恰到好处，9项权利要求涉及脑缺血及其引发的相关疾病，有效地以脑缺血的制药用途为核心形成保护壁垒，从而防止竞争者绕过脑缺血的制药用途以其他相关疾病进行仿制。该申请文件内容翔实、逻辑清晰，仅经过形式方面的修改即获得授权，这在当时的时代背景下是非常难得的。1996年6月开始进入丁苯酞各期临床研究阶段，1997年6月丁苯酞被列入“国家自然科学基金重大项目”。1998年科研人员提交了第2件名称为“丁基苯酞在制备抗血栓形成及抗血小板聚集药物中的应用”（申请号CN 98125618.X）的发明专利申请，2002年7月也被授予发明专利权。1999年7月中国医学科学院药物研究所又申请了第3件发明专利“制备光学活性3-正丁苯酞的方法”（申请号CN 99109673.8），该方法选择光学活性胺作为拆分试剂，由消旋dl-3-正丁苯酞或含有不等量的（-）-或（+）-3正丁苯酞对映体混合物经化学拆分方法分别获得高纯度旋光活性的（-）-或（+）-3正丁苯酞，该申请于2004年1月获得专利权。制备方法获得专利权能够有效防止竞争者利用该方法获取高纯度旋光活性的（-）-正丁苯酞和（+）-正丁苯酞，从侧面避免了对于核心化合物的仿制获取。虽然早期的科研人员对知识产权保护的策略并没有清晰的概念，但凭借研发人员扎实的科研功底及丰富的文章撰写经验，撰写并提交了以上3件高质量的发明专利申请文件，为后续丁苯酞的创新研发及专利战略奠定了坚实的基础

由于早期中国原创药并没有申请专利，客观上使中国原创药物市场地位远低于进口专利药品，甚至低于已过专利期的国外原研药品。面对原创化合物专利缺失的尴尬局面，中国医学科学院药物研究所联合石药集团中奇制药技术（石家庄）有限公司开始对丁苯酞新的制药用途和新剂型进行多方位的专利布局，2012年以前，研发重点主要集中在制药用途和剂型及其制备方法

的保护主题；2012 年以后，开始将研发重点转向含有丁苯酞的药物组合物和制备工艺主题类型的申请。此外还有少量涉及丁苯酞衍生物的专利申请。

虽然留下了化合物核心专利缺失的遗憾，但庆幸的是，石药集团在购买下丁苯酞并申报新药后，凭借多年的研发经验和市场转化的丰富阅历，迅速对恩必普的市场环境、市场需求、市场竞争、市场定位、产品推广、市场营销等情况作出了全面的分析和策略规划。要实现新药的市场价值，“创新、专利、价值”三者的有机结合不可或缺，研究开发、专利保护和市场运营构建出整体、全方位的专利战略体系。从 2003 年开始，中国医学科学院药物研究所联合石药集团中奇制药技术（石家庄）有限公司先后提交了预防和治疗痴呆（CN 03137457.3）、脑梗死（CN 200310100222.2）的制药用途的发明专利申请，中奇制药技术（石家庄）有限公司联合恩必普药业有限公司于同年 12 月提交了丁苯酞软胶囊及其制备工艺（CN 200310119336.1）发明专利申请，该申请于 2006 年 5 月被授予专利权，并获得第十三届中国专利金奖。2004 年以涉及预防和治疗脑梗死的发明专利（CN 200310100222.2）为优先权申请了专利合作条约（PCT）国际申请（CN 200480029409.0），并进一步就治疗脑缺血的制药用途提交了申请（CN 200410001748.X，CN 200410036628.3）。2005 年丁苯酞软胶囊（商品名：恩必普）在中国获批上市，用于治疗轻、中度急性缺血性脑卒中。以上主要列举的是石药集团早期对丁苯酞以制药用途为主，以剂型和制备工艺为辅的横向专利布局中的主要申请；在横向专利布局的同时，不同的专利申请技术方案中还加入了优选或从属技术方案（如 CN 200310119336.1 中丁苯酞软胶囊剂型中对于组分的优选和丁苯酞异构体的限定），从而在横向布局的同时形成扩展布局的从属专利，这些从属方案可有效地提供防御保护的作用，在应对后续无效攻击时能够形成有力的缓冲。2005—2013 年石药集团先后对丁苯酞的各种制剂形式和制药用途进行了外围专利布局，剂型包括：滴丸、片剂、缓释片、微乳透皮凝胶剂、舌下片、控释制剂、注射液、微囊、液体硬胶囊；制药用途包括：治疗线粒体病、脑卒中、帕金森病、促进血管生成、放射性脑损伤、糖尿病、脑震荡、脑瘫、脊髓损伤、脑血管病。上述列举的外围专利布局有效地围绕丁苯酞这一特定技术的创新研发形成了既有区别但又紧密相关的众多专利组成的战略性专利网。

作为我国自主研发的一类新药，丁苯酞的专利申请正是早期原创药物专利保护的缩影。为了弥补发明成果在先已经发表及制度的缺位，早期研发人员和石药集团在新药各期临床研究阶段针对丁苯酞的衍生物、制药用途和剂型采用了城墙式布局方式，从而尽可能地抵御竞争者进入其技术领域。虽然没有获得以丁苯酞为基本结构的核心化合物专利保护，但通过后续的专利布局在很大程度上起到了防御竞争者仿制和延长专利保护期的作用，合理和有效的专利布局极大地保证了新药的顺利上市及上市后的市场份额，恩必普的销售额也从2007年的年销售额3000万元，一跃增长到2015年销售额超过15亿元，成为石药集团的重磅品种之一。

从丁苯酞的诞生到恩必普2017年销售额接近36亿港元的产业效益，丁苯酞不负众望成了石药集团的“重磅药物”。丁苯酞的诞生得益于中国医学科学院药物研究所科研人员较高的创新研发能力，而产业化的成功则得益于石药集团雄厚的企业实力、多方位的专利布局及产业化策略。企业与高校及科研院所之间的项目合作，已经成为推动科技创新发展的重要途径，充分利用科研机构的创新资源，有利于企业降低创新风险与研发成本，提升企业在行业或区域内的影响力。企业进而促进产业技术转移和市场化，从而实现优势互补，促进我国自主创新的科研成果有效转化为产业效益，在国际市场竞争中游刃有余、大放异彩。

专利价值是指专利预期可以给其所有者或使用者带来的利益在现实市场条件下的表现。专利显性价值可以体现为提供新产品、新市场，或提高效率、降低成本，增加经济效益。专利隐形价值则体现为通过合理有效的专利布局保护其核心技术，通过一系列技术改进或不同技术主题的探索，来设置全方位的支撑性专利、互补性专利、竞争性专利及其他外围专利，从而形成由核心技术和外围相关技术构成的专利池，阻碍竞争对手进入专利技术领域，保护企业的市场地位不被侵犯。一项具有产业价值的核心技术没有任何专利保护即进入市场，就像能够统领百万大军的将军赤手空拳上了战场，可能转瞬就被激烈的市场竞争所吞噬。不仅如此，企业之间的竞争早已从市场领域的竞争过渡到更深层的自主技术的竞争。知识产权代表了创新，代表了自主技术，而拥有自主技术才能长久地创造价值。尤其在医药领域，拥有自主研发的创新药无疑是企业参与市场竞争的重要武器，通过申请高质量的专利以及制定完备的专利战略是让武器发挥实力的重要保障。

丁苯酞在从无到有、从小到大的40年艰辛历程中，仍能够成为石药集团的一枝独秀，风雨不动，最关键的工作在于通过高质量的专利申请、专利申请时机的选择及专利网的构建，保证了专利权的稳定性和持续有效的保护期，从而实现了其独占市场的产业效益。在恩必普上市初期，石药集团也面临政策不认可、市场不认可、患者不认可的艰难局面，也曾面临投资3亿元、年销售额仅有3000万元的惨淡市场。也曾为走捷径简单地把在美国的专利权许可给国外企业，从而获得几千万美元的专利许可费。现在回想起来，很多创新药都曾出现过相似的局面，其中的问题既有缺少政策扶持和指导，也有企业市场转化能力不足。中国医药产业要做到持续稳定的发展，走向国际并保持竞争优势地位，必须加强知识产权尤其是专利战略的研究，做好对创新技术的有效保护，形成技术网络与产业战略，最终提高产业竞争力。在此方面，很多国内大型药企已经逐渐探索出了较为成熟的知识产权保护战略。作为企业自身不仅要顺应时代发展，更要增强自身产业化能力，熟悉专利规则和新药国际市场准入规则，才能将“创新、专利、价值”三者有效结合，创造出更大的经济价值。

实例2

从抗凝药利伐沙班看化学药物专利布局与无效策略

利伐沙班为噁唑烷酮类化合物，是一种高效选择性的Xa抑制剂，主要用于预防髋关节或者膝关节置换术后患者深静脉血栓和肺栓塞的形成，原研药最早由拜耳公司和强生公司共同研发，于2008年9月30日获欧洲药物管理局（EMA）批准上市，2011年7月1日获FDA批准在美国上市。拜耳的利伐沙班于2009年6月进入中国（商品名：拜瑞妥），用于成人择期全髋或全膝关节置换术后静脉血栓的预防。2015年5月，利伐沙班片的两个新适应证又取得CFDA批准，分别为医治和预防深静脉血栓构成并预防肺栓塞和房颤患者的卒中。目前，在中国市场上仅有原研产品上市销售，据悉，利伐沙班属于2017年国家医保目录乙类药品，限华法林治疗控制不良或出血高危的非瓣膜性房颤患者、下肢关节置换手术患者。2018年，利伐沙班中国医药市场销售额约为人民币15.27亿元。利伐沙班自上市以来，市场走势强劲，在2017年全球心血管系统药物中仅次于阿派沙班，销售排名第二。

随着利伐沙班的逐渐上市和应用，利伐沙班的专利申请逐渐增多，主要集中在中国和印度，国内申请比较有代表性的公司为中国医药工业研究总院、上海医药工业研究院和天津药物研究院。拜耳公司在2000年申请保护了利伐沙班之后，就进行了外围专利申请，并在2002年后开展专利网的布局，并且在2007—2008年申请量达到顶峰，在2005—2008年其专利申请包含了化合物的改造、组合物或制剂、制备方法、晶型，全方面包含了涉及利伐沙班的相关专利。这种申请策略也符合药物从研发到上市及后续开发的一般规律。

2003年，在WO 03000256 A1中首次公开了利伐沙班与氯吡格雷联合用药，两者具有协同作用，能够明显改善抗血栓形成的治疗。随后，在专利WO 2007039134 A1中以利伐沙班和抗心律不齐药的组合，用于防治血栓栓塞疾病和/或并发症。而利伐沙班与乙酰基水杨酸和ADP受体拮抗剂（氯吡格雷）三者的联合用药（WO 2008052671 A2），其具有协同作用，显示高度显著的血栓重量减轻，能够显著改善血栓治疗效果。在此之后，并未深入研究利伐沙班与其他药物的联合用药，而是在2014年提供一种新的苯并噁唑类化合物与利伐沙班的组合产品，用于治疗血栓栓塞等疾病（WO 2014195231 A1）。利伐沙班作为口服的Xa抑制剂，为了提高其溶解度和生物利用度，在专利中常采用改进药物剂型的方式。在2006年，拜耳先后提出了亲水形式的利伐沙班口服固体组合物，以改善利伐沙班的水溶性和稳定性，提高其口服生物利用率（WO 2005060940 A2），以及可口腔给药的含利伐沙班的具有改进释放性的固态给药组合物，这种制剂可以降低服用频率、调节活性成分释放性而使血药浓度恒定、副作用减小（WO 2006072367 A1）。在2007年提出一种能够口服的包含无定形和/或热力学亚稳定的结晶变体形式的利伐沙班的固体药物剂型，其能够快速释放，而且还提高了活性成分的溶解度（WO 2007039122 A2）。而固体可口服的药物剂型一直是研究的重点，其还在2014年提出包含利伐沙班的固体可口服的药物剂型，使部分量的利伐沙班快速释放和部分量以受控的（改良、滞后、延迟）的方式释放（WO 2014005934 A1）。

原研公司申请的这类组合物专利主要是将利伐沙班与其他药物进行联用，或针对原研药物的性质缺陷研究药物制剂，进而更好地对原研药物进行进一步的开发利用。与原研公司相比，国内主要是将利伐沙班制备成不同的剂型，如利伐沙班口服微球制剂（CN 103550166 A）、利伐沙班片剂（CN 104055743 A、CN 104173313 A）等，也主要解决利伐沙班溶出度、生物利用度等问题。虽然国内的研究比较单一，但这也不失为一条快速而经济的研发途径与申请策略。

但是，从已授权专利的保护范围，对仿制药上市的影响并不大。或是因此，利伐沙班仿制药大军尤其庞大，2019年，南京正大天晴制药有限公司成为国内首个拿到“利伐沙班片”仿制药上市资格的厂家，据统计，目前注册申报6类仿制药的有41家，申报3类、5类新药的51家，其中，已获得批件的68家，而获得生产批件的有45家之多。

利伐沙班原研化合物专利已于2020年年底到期，但拜耳对原料药销售和许诺销售行为的大力维权举措仍在进行，这对于觊觎利伐沙班巨大市场的国内外企业来说都是重大机遇，在此之后势必会有大量仿制药跟进申报上市，国内企业在进行利伐沙班制药的后续专利的开发中，同样要注意绕开原研公司对于利伐沙班仍然握有晶型、化合物共晶专利等核心专利，并可以根据自身对利伐沙班的研发适时挖掘更加稳定的晶型，或高生物利用度的利伐沙班制剂，并尽早申请专利保护，以开发出具有自主知识产权又能绕开原研公司已有有效专利保护的产品。

实例3

抗糖药阿格列汀的专利攻防战

中国糖尿病患者患病率达到10.9%，2019年，中国预估有1.16亿名成年人患有糖尿病，位居全球第一，治疗糖尿病药物的研发一直是医药研发的热点。目前，糖尿病治疗药物主要包括口服药和注射剂两大类，其中二肽基肽酶-4抑制剂（DPP-4抑制剂）作为治疗糖尿病的口服药物，市场占有率达到糖尿病整体药物市场的1/4。我国当前DPP-4抑制剂领域的降糖药主要是国外制药企业的原研药，目前已经有西格列汀、沙格列汀、维格列汀、阿格列汀和利格列汀等多种，其中阿格列汀于2013年获批进入中国市场，是我国批准的第5个DPP-4抑制剂，并被纳入2017年版医保目录，公开数据显示，2017年苯甲酸阿格列汀片全球销售额达537亿日元（约35亿元人民币）。阿格列汀是日本武田制药研发的一种二肽基肽酶4（DPP-4）抑制剂（商品名：尼欣那），2010年4月在日本被批准用于治疗Ⅱ型糖尿病。该类药物在体内能够抑制胰高血糖素样肽-1和葡萄糖依赖性促胰岛素分泌多肽的灭活，提高内源性胰高血糖素样肽和葡萄糖依赖性促胰岛素分泌多肽的水平，从而葡萄糖依赖性地促进胰岛β细胞释放胰岛素，抑制胰岛素α细胞分泌胰高血糖素，由此改善高血糖。

目前，国内已经有2个DPP-4抑制剂仿制药品种获批上市，分别为江苏奥赛罗的沙格列汀、豪森和齐鲁的维格列汀，亚宝药业集团股份有限公司（以下简称亚宝药业）获批成功拿下阿格列汀国内首仿，且成为第3个国产DPP-4抑制剂药物。我国制药企业在申报仿制药的同时，也对原研药的相关专利发起挑战，其中就包括亚宝药业就日本武田制药所拥有的阿格列汀系列专利发起的专利无效宣告请求案件。亚宝药业成立于1998年，被评为“中国医药工业百强企业”，其主攻创新药、高端仿制药、原料药和中间体等方向，在创新药领域，尤其注重糖尿病、抗肿瘤药物研发。

涉案的3件发明专利名称均为“用于治疗糖尿病的二肽基肽酶抑制剂”，专利号分别为：ZL 201210332271.8、ZL 201210399309.3、ZL 200680042417.8。2006年9月13日，武田制药就专利三向国家知识产权局提交发明专利申请，并以此为基础，分别提交了4件专利分案申请，专利一和专利二便是这4件申请中的2件。经审理，这5件专利均被授予了专利权，保护期限至2026年9月13日。本次涉案的3件专利分别要求保护包含阿格列汀用于制备治疗2型糖尿病的制药用途（ZL 201210399309.3），包含阿格列汀和载体的药物组合物（ZL 201210332271.8），配制成特定规格的单剂量形式的阿格列汀药物组合物（ZL 200680042417.8）。

在涉案专利（ZL 200680042417.8）中，说明书显示，“用于治疗糖尿病的二肽基肽酶抑制剂”发明专利保护配制成单剂量形式的药物组合物，即含有5~250mg阿格列汀化合物。“尽管该专利在药物专利布局中处于较为外围的地位，但其专利权利要求保护范围为阿格列汀化合物从5~250mg，而这样的保护范围便成了仿制药厂难以逾越的鸿沟。”三聚阳光知识产权集团顾问冯伟解释道，由于仿制药要求必须与原研药用量一致，而武田公司的原研药“尼欣那”的规格包含6.25mg、12.50mg、25.00mg，这3个规格均落入涉案专利5~250mg的保护范围，这意味着，仿制药厂若要仿制阿格列汀，则无法绕开武田制药的专利权，或许其要等到专利权保护期限到期才可以。

而对于药厂来说，坐等武田制药的专利权保护期限到期，恐怕是一个不现实的选择。资料显示，亚宝药业早在2016年便启动了苯甲酸阿格列汀片的生物等效性实验，研发投入高达889万元，当时业界就预测该仿制药非常有望通过实验，获得“药品注册批件”。事实也是如此，2019年11月，亚宝药业成为国内第一家获得阿格列汀片注册批件的企业。在业内人士看来，通过提起专利权无效宣告请求扫除专利障碍成为亚宝药业的不二选择。

2018年9月，亚宝药业以涉案3件专利说明书公开不充分、权利要求得不到说明书支持、权利要求无新颖性和创造性、权利要求不清楚等理由，向专利复审委员会提起专利权无效宣告请求，亚宝药业与武田制药之间的专利攻防战由此拉开序幕。

在系列纠纷中，双方争议的焦点在于请求人亚宝药业提交的一份证据

(以下简称证据4）是否已经分别公开了与三件涉案专利相同主题的发明。

证据4为武田制药的另一件在先专利申请的公开文本，其申请日早于前述涉案专利的最早优先权日。涉案三份专利相对于证据4而言，分别增加了“以5毫克至250毫克的日剂量给药”或“配置成单剂量形式，该单剂量形式含有5毫克和250毫克之间的化合物Ⅰ”等技术特征。如果证据4已公开了与涉案专利相同主题的发明，那么作为涉案专利优先权基础的在先申请就不是首次申请，则涉案专利的优先权就不成立了，判断是否构成涉案专利的现有技术的相关日期节点也会随之发生变化，并可能影响专利的新颖性，一旦新颖性受到质疑，那么专利权也随之受到冲击。

在该案审理中，请求人亚宝药业认为这些新增加的技术特征属于对药物组合物用药方式的限定，对所述组合物、制药用途无影响，因此证据4与涉案专利属于相同主题的发明。而专利权人武田制药则认为，“口服给予日剂量为10毫克至250毫克的化合物Ⅰ”等技术特征是该专利权利要求的必要组成部分，证据4从没有实际公开与涉案专利完全一致的技术方案，因此证据4没有公开相同主题的发明，涉案专利的优先权是成立的。

因此，系列案件的审理重点之一就落到了对优先权核实中相同主题的判断上。以在先申请并非首次申请为理由，认定优先权不成立的情况在实践中并不常见。根据《专利法》第二十九条规定，优先权的判断，除时间因素外，主要有两个方面：一个是判断本专利和优先权文件中的技术方案是否相同，这在实践中较为常见；另一个判断是作为要求优先权基础的在先申请是否是该发明的首次申请，而这在实践中缺少相关案例对此标准予以明确或清楚的阐述，一直以来也是困扰业界的难题。

经审查后，合议组认为，以特定日剂量给药属于给药特征，仅体现在医生的给药过程，即同样的药片医生可能每天让患者吃5mg或者10mg，但这种限定对于药厂生产产品并没有实质性的限定作用。但是，药物产品本身的剂量规格对药物的组成/结构具有限定作用，能够对专利权利要求的保护方案产生影响，简言之，即药片中所含化合物有效成分是5mg还是10mg，是有实质区别的。以此为基础，合议组在审查决定中明确了对于涉及用药特征的限定的技术方案，在先申请和在后申请是否仍属于相同主题的判断标准。

根据这一标准，合议组认为专利一和专利二以 5~250mg 的日剂量给药的限定属于给药特征，这种限定对药厂生产的产品没有实质性作用；而专利三的单剂量药物组合物含有 5~250mg 则被认为确实给药厂生产的实体产品赋予了新的技术特征。

因此，ZL 201210332271.8 和 ZL 201210399309.3 不能够享受优先权；根据相关规定，ZL 201210399309.3 被宣告全部无效；ZL 201210332271.8 被宣告部分无效，保留了联合用药的技术方案；ZL 200680042417.8 可以享有优先权，根据相关规定，被维持有效。

多位业内人士表示，该系列纠纷是典型的仿制药厂向原研药厂发起的挑战。不过，在该轮挑战中，ZL 200680042417.8 的专利权被维持有效，苯甲酸阿格列汀片仍然有专利保护；ZL 201210332271.8 的专利权仅部分无效，目前维持有效的权利要求 12~30，以及直接或间接引用权利要求 12~30 的权利要求 31~44，未来也依然是上市阿格列汀复方仿制药的阻碍。“不仅如此，武田制药布局的阿格列汀化合物及制备方法专利更是阿格列汀仿制药厂的‘拦路虎’。”武田制药在 2004 年 12 月 15 日提交了名为“二肽基肽酶抑制剂”的发明专利的申请（申请号：CN 200480042457.3），并以该专利申请为基础，武田制药还提交了其他 7 个分案专利申请，其中，ZL 201110006009.X 的发明专利已经于 2019 年 6 月 28 日获得授权，可以保护阿格列汀化合物直至 2024 年 12 月 15 日。这也说明，仿制阿格列汀仍然需要面对武田制药阿格列汀的多个相关专利权。正因如此，短时间内并不会有阿格列汀的仿制药进入市场。不过，仿制药的推迟上市，对于我国在 DPP-4 制剂领域研发原研药的企业而言是利好消息，因为它们有更加充足的时间推进原研药的上市进程；而对于仿制维格列汀、沙格列汀或是西格列汀等的制药企业而言，它们也将更加有动力向原研药厂的专利权发起挑战。

实例 4

舒尼替尼国内专利布局分析

舒尼替尼为新型小分子多靶点酪氨酸激酶抑制剂，能够阻断血管内皮生长因子受体（VEGFR-1、VEGFR-2 和 VEGFR-3）、血小板衍生生长因子受体（PDGFR-α 和 PDGFR-β）、干细胞因子受体（C-kitR）、FMS 样酪氨酸激酶-3（FLT-3）、Ⅰ型集落刺激因子受体（CSF-1R）和神经胶质细胞系衍生的神经营养因子受体等的功能，具有很强的抑制肿瘤细胞增殖和抗血管生成的双重作用。舒尼替尼的多靶点协作既可大大提高抗癌活性，又具有可以接受的毒性，不仅能够用于肾细胞癌的治疗，还对非小细胞肺癌、神经内分泌瘤、三阴乳癌、恶性黑色素瘤、白血病等均具有一定的治疗作用。苹果酸舒尼替尼是由辉瑞制药研发的一种蛋白酪氨酸激酶抑制剂类抗肿瘤药物，分别于 2006 年 1 月和 7 月获得美国和欧洲的批准，目前，并于 2008 年在我国上市，目前 FDA 批准的适应证包括消化道基质瘤、肾细胞癌与胰腺神经内分泌瘤，且此三种适应证均已在中国获得批准。2011 年舒尼替尼在各大药企的酪氨酸激酶抑制剂产品全球销售榜中排名第三，销售额达到 11.87 亿美元。舒尼替尼广阔的市场前景使对于舒尼替尼的专利保护竞争日趋激烈，已有多家国内企业布局苹果酸舒尼替尼的仿制，包括湖南科伦制药有限公司、齐鲁制药（海南）有限公司、正大天晴药业集团股份有限公司和江苏豪森药业集团有限公司等。目前，原药药企的专利布局主要涉及化合物与晶型。需要指出的，虽然 CN 02815892.X 的美国同族专利未收载于橙皮书中，而且该专利未限定化合物的 Z/E 构型，但 CN 201410730965.6 号专利申请的审查意见中却以该专利作为对比文件（I 型苹果酸舒尼替尼）否定了 L 型苹果酸舒尼替尼的制备方法的创造性。

国内的舒尼替尼专利布局围绕衍生物、晶型、中间体、制剂产品、组合物产品、制备方法、质量研究研究方方法与医药用途展开。其中，与拟上市产品密切相关的可能是晶型专利、制剂产品、制备方法专利、质量研究方法专利。

原料药（包括晶型与中间体）的制备方法专利可能是许多仿制药生产企业寻求实质性专利保护的主要途径之一，但舒尼替尼的原料药制备方法专利的授权情况并不理想，多件专利申请均存在难以克服的创造性缺陷。在现实操作中，企业除了做好申请前检索、提方法的可专利性外，质量研究方法专利也是与产品密切相关的一类专利，比如中山万汉制药有限公司即通过“一种测定奥利司他胶囊中降解杂质的方法”专利（ZL 201610077367.2）实现了对其主营产品奥利司他胶囊的保护，不仅凭借该专利通过高新技术产品与企业的认定，还以该专利所披露的方法为依据，提高了产品的质量与知名度，并获得了喜人的商业收益。

实例 5

丙肝神药丙通沙专利围墙能否撼动

据统计，全球范围内大概有 7100 万例慢性病毒丙肝患者，其中 40% 的患者无法方便地获取丙肝新药的仿制药，当然也包括中国的丙肝患者。丙肝具有非常大危害，若不及时治疗，可能会导致肝硬化、肝功能衰竭。丙肝 RNA 病毒是引起慢性肝炎的重要病原体之一，该病毒 RNA 含有 9.6kb 的基因，分别编码 3 个结构性蛋白和 7 个非结构性蛋白，其中 p68 编码 NS5B RNA 聚合酶，索非布韦（原名索磷布韦）是针对丙肝病毒 NS5B RNA 聚合酶开发的药物。索非布韦是 2′-氟代-2′-甲基脱氧胞苷的前药，自从索非布韦上市以来，仅有 300 万例患者接受了索非布韦等新药的治疗，仍有几千万例患者因为该类药物定价太贵没有使用这一最新的治疗方案。

维帕他韦是一种直接抗病毒药物，与另一种直接抗病毒药物索非布韦的组合成为吉三代，作为一种泛基因型药物，该组合有效，且易于为病人所接受，是用于治疗所有六种基因型的丙型肝炎的关键药物。维帕他韦和索非布韦的固定剂量组合疗法本该是国家丙型肝炎治疗计划的重要治疗方案，将丙型肝炎治愈率提升到接近100%。然而，获得该药物的方式仍然受限。在多个国家，由于受专利壁垒的保护，吉利德将药物的价格定得很高。起初，吉利德在美国将索非布韦定价为每片1 000美元，即12周疗程需花费84 000美元。在可获得仿制药的国家，药价迅速下降。例如，在中国，12周的索非布韦和维帕他韦组合治疗价格为10 000美元。在能够买到仿制药的国家，同样的组合药物治疗只需285美元。其中，索非布韦的售价不到100美元。

过去几年里，吉利德在中国为其丙肝药物申请了多项专利，多项与索非布韦相关的专利申请都被国家知识产权局拒绝或撤销，这为中国引入更多价格可负担的仿制抗病毒药提供了机会。吉利德为抗病毒药所申请的专利及已授予的专利，在其他许多国家和地区也都受到其他企业和公益组织的挑战，包括印度、美国、巴西、乌克兰、俄罗斯和欧盟等。

索非布韦诞生于2007年的Pharmasset公司，2011年，吉利德斥资110亿美元收购Pharmsset，获得了索非布韦。2013年12月6日，美国食品和药品监督管理局批准其在美国上市。2014年，国际非营利组织I-MAK在中国挑战索磷布韦的前药专利申请，认为索非布韦的氨基磷酸酯前药，只是在原来化合物的基础上进行了改进，并无创造性。2015年5月，国家知识产权局驳回了吉利德对上述专利的申请。此后，索非布韦的制备方法、晶型专利申请也相继被驳回。2016年2月3日，国家知识产权局以权利要求不具备创造性为由驳回了发明名称为“核苷氨基磷酸酯”的专利申请，2017年3月13日，复审委员会维持驳回决定。2017年年底，无国界医生组织挑战了索非布韦和维帕他韦组合物的在华专利，2018年6月19日，无国界医生组织向国家知识产权局提交了维帕他韦的专利无效申请。无国界医生组织发起的专利无效申请，试图穿透丙肝药在中国的专利保护层，让更多的中国药企放心仿制，并廉价出售，但是在专利复审（复审委员会已经作出决定维持该专利有效）与随之而来的漫长行政诉讼面前，让中国超过1000万名丙肝患者真正用上廉价的抗丙肝药物并非一日之功。

虽然对现有专利的挑战行动没有成功，但这也促成了吉利德跟中国政府合作，积极与相关部门进行沟通以提高药物的可及性：索非布韦已经提供了多项赠药计划；并且在自愿许可方面也有了一定进展，最新获批在华上市的丙通沙，目前已有印度、埃及等13家药厂获得了吉利德的自愿许可，可以向许可协议商定范围的国家和地区输送价格可负担的仿制药（中国药企尚未入选自愿许可之列）。